HERMANN MEYER

GESETZE DES SCHICKSALS

DIE BEFREIUNG VON UNBEWUSSTEN ZWÄNGEN

SPHINX

Die Deutsche Bibliothek – CIP-Einheitsaufnahme
Meyer, Hermann:
Gesetze des Schicksals: die Befreiung von unbewußten Zwängen /
Hermann Meyer. – 4. Aufl. –
Basel: Sphinx, 1991
ISBN 3-85914-226-7

1991   4. Auflage
© 1987 Sphinx Medien Verlag Basel
Das Werk einschließlich aller seiner Teile ist urheberrechtlich
geschützt. Jede Verwertung ist ohne Zustimmung des Verlages unzulässig.
Das gilt insbesondere für Vervielfältigungen,
Übersetzungen, Mikroverfilmungen und die Einspeicherung und
Verarbeitung in elektronischen Systemen.
© 1987 Hermann Meyer
Gestaltung: Charles Huguenin
Satz: Uhl + Massopust, Aalen
Herstellung: Clausen & Bosse, Leck
Printed in Germany
ISBN 3-85914-226-7

INHALT

	Vorwort	7
	Einleitung	9
	Denkvoraussetzungen	13
	Die zehn Schicksalsgesetze	23
1	Das Gesetz der Entwicklung	25
2	Das Gesetz des Ausgleichs	44
	Positive und negative Gefühle	49
	Komplementärbilder als Ausgleich im Persönlichkeitssystem	60
	Warum geistige Übereinstimmung in der Partnerschaft meist Defizite auf anderen Lebensgebieten verstärkt	68
	Das Ideal	72
	Das Schuld-Sühne-Prinzip	87
	Jede Krankheit hat die ihr gemäße Ideologie und erzeugt andere Krankheiten	93
3	Das Gesetz der Wiederkehr des Verdrängten	97
	Der Dieb und der Bestohlene	104
	Der Täter und das Opfer	106
	Der Politiker und der Terrorist	108

	Vier Stufen der Schattenintegration	110
4	Das Gesetz der Affinität	116
	Rollenspezifische Affinität	126
	Paarspezifische Affinität	128
	Unbewußtes Aufsuchen von Krankheitsauslösern	133
5	Das Gesetz der Anziehung	136
	Biographische Situation	137
	Der Wiederholungszwang	138
6	Das Gesetz von Ursache und Wirkung	157
	Innerhalb der Lebensgeschichte	162
	In der Partnerschaft	166
	Bei Mißhandlungen	171
7	Das Gesetz der Bestätigung	177
	Schamgefühle	180
	Schuldgefühle	185
	Eifersuchtsgefühle	186
	Streß	189
	Angstgefühle	190
	Ärger	198
	Maßstäbe und Normen	200
	Abwehrhaltungen – gibt es die Winke des Schicksals?	202
	Erfahrung	207
8	Das Gesetz der negativen und positiven Verstärkung	215
9	Das Gesetz von Inhalt und Form	224
10	Das Gesetz des Denkens und Glaubens	237
	Krankheit – eine Reaktion auf negative Selbstsuggestion	243
	Chancen für ein glückliches Schicksal	249

VORWORT

Da ich bisher nur verstreut in meinen astrologischen Fachbüchern und nur mittels astrologischer Terminologie über einige der Schicksalsgesetze gesprochen habe, wurde ich von verschiedenen Seiten gedrängt, ein Werk zu schaffen, das
   von *allen* Menschen, also auch von denjenigen, die sich weniger mit Astrologie beschäftigt haben, verstanden werden kann;
   alle Gesetze des Schicksals zusammenfaßt;
   als «Nachschlagwerk» fungieren kann; denn nach einem Schicksalsschlag ist es wichtig, zu erkennen, gegen welches Gesetz man verstoßen hat;
   das Phänomen Schicksal entmystifiziert und dadurch völlig neue Perspektiven und Lösungsmöglichkeiten eröffnet.

Im übrigen möchte ich mich bei Hilde Ehmann bedanken für die korrekte Ausführung der Schreibarbeiten und bei Uschi Zäch für die wertvollen Anregungen, die an manchen Stellen eine Differenzierung der Ausführungen bewirkten.

EINLEITUNG

Der ist ein Arzt, der um das Unsichtbare weiß, das keinen Namen hat, keine Materie hat und doch Wirkung. Paracelsus

Fünfzig Jahre nach Freud weiß heute noch kaum jemand etwas über Anatomie, Physiologie und Pathologie der Seele. Fünfzig Jahre nach Freud kennen die meisten Menschen nicht die Mechanismen und Gesetzmäßigkeiten der Seele. Auf fast allen Lebensgebieten bleibt das Unbewußte unbeachtet, wird das Unbewußte nicht in Erwägungen und Entscheidungen miteinbezogen. Wir hätten eine andere Medizin, eine andere Legislative, eine andere Exekutive, eine andere Judikative, eine andere Pädagogik, eine andere Philosophie, eine andere Religion..., wenn die Menschen um das Unbewußte wissen würden.

Nehmen wir als Beispiel die politische Szenerie. Wie soll effektiv einmal Abrüstung möglich werden, wenn der eigene Schatten jeweils auf den anderen projiziert wird? Wie soll Friede und Glück auf Erden herrschen, wenn dem anderen das Schlechte und Böse, das eigene Verdrängte – wie etwa Manipulation, Lüge, Machtgelüste und

Kriegstreiberei – unterstellt wird? Ohne Wissen um diese Mechanismen können niemals die Feindbilder im Unbewußten abgebaut werden. Fast überall spielt sich alles nur auf der bewußten Ebene ab, auf einer sehr oberflächlichen Ebene, selbst wenn scheinbar edle und tiefsinnige Worte gewählt werden, selbst, wenn der Eindruck erweckt wird, als ob man komplexe Zusammenhänge erkennen würde und die letzten Ursachen eruiert hätte. Die Ganzheit des Lebens und die letzte Ursache kann jedoch nur über die Einbeziehung des Unbewußten erkannt werden. Nur über die Gesetzmäßigkeiten des Unbewußten wird das Leben, die wirkliche Wirklichkeit und das Schicksal evident.

Eine Umfrage zum Thema «Unbewußtes» im Stadtgebiet von München ergab, daß die Mehrzahl der Befragten, insbesondere die Männer, glaubten, ihr Leben selbst im Griff zu haben und daß das Unbewußte nur bei schwachen Individuen Einfluß haben könne. Unter einem Zugriff von außen auf eigene Meinung, Vorstellung und Weltanschauung zu stehen, also eventuell manipuliert zu sein, war vielen der Befragten nicht bewußt.

Viele Menschen wissen nicht, daß sie nur Marionetten des Unbewußten sind, weil sie dessen Mechanismen und Gesetzmäßigkeiten nicht kennen. Sie wissen nicht, daß sie nur Programme abspulen, nur Rollen leben. Sie glauben, daß sie nach ihrem eigenen Programm leben und doch ist dieses Programm nur das der Vorväter, Eltern und Erzieher, das von Konvention und Moral, des patriarchalen Systems.

Solange diese alten, anachronistischen Programme in allen Schattierungen und Nuancen nicht erkannt, in Zweifel gezogen und aufgelöst werden, steht der einzelne unter einer Kulturhypnose und bleibt manipuliert. Er ist fremdbestimmt. Ohne Wissen um das Unbewußte kann er niemals dem Schicksalszwang entfliehen, er bleibt gesteuert von unbewußten Programmen und Kräften.

Ziel dieses Buches ist es daher, den Blick für unbewußte Zusammenhänge zu schärfen, dem Leser aufzuzeigen, daß das Unbewußte es ist, das die Ereignisse in der Außenwelt «holt», daß das Unbewußte die Partner anzieht, den Arbeitsplatz wählt, für Krankheiten und Gesundheit verantwortlich ist, kurzum, daß das Unbewußte das Schicksal bewirkt.

Die analytische Psychologie unterscheidet zwischen persönlichem Unbewußtem und kollektivem Unbewußtem. Das kollektive Unbewußte ist älter als das Bewußtsein und im Sinne eines psychischen Feldes bereits vor dem Menschen da. In ihm sammelt sich später die gesamte geistige Erbmasse der Menschheitsentwicklung. Das persönliche Unbewußte löst sich gewissermaßen als ein herausdifferenziertes Persönlichkeitsfeld des Individuums ab. Jung betont, daß es sich beim Begriff des Unbewußten für ihn ausschließlich um einen psychologischen Begriff handle. «Das Unbewußte ist m. E. ein psychologischer Grenzbegriff, welcher alle diejenigen psychischen Inhalte oder Vorgänge deckt, welche nicht bewußt sind, d. h. nicht auf das Ich in wahrnehmbarer Weise bezogen. Die Berechtigung, überhaupt von der Existenz unbewußter Vorgänge zu reden, ergibt sich mir einzig und allein aus der Erfahrung.»

Als ich vor zehn Jahren das erste Mal einen Vortrag mit dem Titel «Die Gesetze des Schicksals» halten wollte, ist niemand erschienen, niemand interessierte sich für das, was ihn eigentlich tagtäglich angeht, niemand interessierte sich für sein eigenes Schicksal.

Heute hat sich dies grundlegend geändert. Immer mehr Menschen wollen über diese Zusammenhänge wissen, immer mehr wollen sich aus alten Zwängen befreien, immer mehr wollen anders leben, inhaltsreicher, bewußter, qualitativer, glücklicher. Für diese Menschen habe ich dieses Buch geschrieben.

DENK-
VORAUSSETZUNGEN

Bevor im einzelnen auf die Schicksalsgesetze eingegangen wird, heißt es sich zunächst einmal vor Augen zu führen, welche Persönlichkeitsanteile denn eigentlich beim Menschen schicksalsfähig sind. In jedem Menschen sind artspezifische Anlagen und Fähigkeiten verankert, die es im Laufe des Lebens zu entfalten gilt:

Durchsetzungsfähigkeit
Selbstbehauptung
Entfaltung der eigenen Triebe

Abgrenzungs- und Genußfähigkeit
wirtschaftliche Fähigkeiten
Fähigkeit, sich abzusichern
Fähigkeit, einen realen Eigenwert zu entwickeln

Kommunikationsfähigkeit
technische Fähigkeiten
Fähigkeit, sich einen eigenen Aktionsradius zu schaffen
Fähigkeit, sich frei zu bewegen

Fähigkeit, Zärtlichkeit zu schenken und zu empfangen
Fähigkeit, Geborgenheit zu schaffen und zu vermitteln
Fähigkeit, zu fühlen
Fähigkeit, sich in andere einzufühlen
Fähigkeit, die Stimme des Lebens zu hören
Fähigkeit, seine eigene Identität zu entdecken

Fähigkeit zur Selbständigkeit
schöpferische Fähigkeiten
sexuelle Fähigkeiten
Orgasmusfähigkeit
Handlungsfähigkeit
Managementfähigkeiten
unternehmerische Fähigkeiten

Wahrnehmungs- und Beobachtungsfähigkeit
analytische Fähigkeiten
diagnostische Fähigkeiten
Kritikfähigkeit
Fähigkeit, Gefühle zu zeigen
Anpassungsfähigkeit
Fähigkeit, sein Wesen in seiner Arbeit auszudrücken
Reinlichkeit

Kontaktfähigkeit
Partner- und Begegnungsfähigkeit
Friedensfähigkeit
erotische Fähigkeiten
Fähigkeit, einen eigenen Geschmack zu entwickeln und auszudrücken

Beziehungsfähigkeit
Fähigkeit, sich zu binden
Fähigkeit, Pläne und Konzepte zu entwickeln

Fähigkeit, sich eine eigene Meinung zu bilden
Fähigkeit, eigene Vorstellungen zu entwickeln
Fähigkeit, den eigenen Weg zu gehen
Fähigkeit, Macht über sich selbst zu gewinnen
Fähigkeit, ein eigenes Lebensprogramm zu entwerfen und danach zu leben

Fähigkeit zur Toleranz
Einsichtsfähigkeit
Fähigkeit zur eigenen Sinnfindung
Fähigkeit, eine eigene Weltanschauung und Lebensphilosophie zu entwickeln
Fähigkeit zur ständigen Weiterbildung
Fähigkeit, sich selbst zu fördern und zu beglücken

Fähigkeit, die eigenen Rechte zu entdecken und durchzusetzen
Fähigkeit, Verantwortung zu übernehmen
Fähigkeit, eigene Ziele zu entwickeln
Fähigkeit, nach den Lebensgesetzen zu leben
Fähigkeit, seine Berufung wahrzunehmen

Fähigkeit, sich zu emanzipieren und zu befreien
Fähigkeit zur Unabhängigkeit
Fähigkeit, seine Freizeit zu gestalten
Fähigkeit zur Mitbestimmung
Fähigkeit, für Abwechslung zu sorgen

Fähigkeit, Phantasie zu entwickeln
Fähigkeit, Überkommenes aufzulösen
Fähigkeit, Alternativen zu entwickeln
Fähigkeit, Verantwortung zu praktizieren
Fähigkeit, Hintergründe aufzudecken, zu entlarven.

Die Schwierigkeit liegt nun aber darin, daß die Anlagen und Möglichkeiten des Menschen in unserer patriarchalen Kultur nicht so verwirklicht werden können, wie sie von Natur aus angelegt wären.

Die Anlagen und Fähigkeiten stoßen auf die Gebote, Verbote, Normen, Maßstäbe und Ideale der Zeitepoche, der Kultur, der Nation und der Familie. Es kommt dann zu den sogenannten Abwehr- und Anpassungsmechanismen, d. h. die Lebensenergie oder Anlage tritt dann nicht mehr in ihrer ursprünglichen Erscheinungsform auf, sondern wird an die gesellschaftlichen Verhältnisse, an die Umwelt und an die Norm angepaßt.

Anlagen ⟶	*Gebote* ⟶	*Abwehr- und Anpassungsmechanismen*
Fähigkeiten	Verbote	Sublimierung
Energien	Maßstäbe	Verschiebung
Bedürfnisse	Normen	Symbolisches Ausagieren
	Ideale	Somatisierung
		Imitation
		Identifikation
		Projektion
		Regression
		Reaktionsbildung
		Verdrängung

Diese Abwehr- und Anpassungsmechanismen bilden zusammen die zweite Natur des Menschen, welche die erste, die primäre Natur überlagert. Sie hemmen den Wachstumsprozeß der natürlichen Fähigkeiten oder lassen die Anlagen sich nur so entwickeln, wie es der Norm gemäß ist. Die Anlagen werden pervertiert und dadurch *verwunschen* und *verzaubert*.

Aufgrund dieser Situation ist jede Anlage in der patriarchalen Kultur in zwei Pole aufgesplittert – in einen Minus- und in einen Pluspol.* Im

---

* Beide Pole werden aus der Sicht der Gesetze des Schicksals nicht bewertet. Der Pluspol ist also nicht «mehr wert» als der Minuspol, sondern nur eine andere Auslebensform ein- und derselben Anlage.

Minuspol ist es dem einzelnen nicht möglich, den Normen der Kultur und Zeitepoche zu entsprechen – er ist *gehemmt*. Man kann ihn als *Kindrollenspieler* bezeichnen, weil er stets die Situation seiner Kindheit wiederholt, in der er seinen Eltern auf den verschiedensten Lebensgebieten unterlegen war. Der *Gehemmte* oder *Kindrollenspieler* wird angegriffen, ausgebeutet, überredet, umsorgt, unterdrückt, manipuliert, verplant, gefördert, gemaßregelt, bestraft, getäuscht usw. Er reagiert ständig auf das Vorgegebene. Er paßt sich an Vorschriften an, ärgert sich darüber, entwickelt Haßgefühle, lehnt sich dagegen auf oder umgeht sie heimlich.

Da er ständig *reagiert*, kann er nie seinen eigenen Lebensweg finden und gehen, ist kein konstruktiver Aufbau in seinem Leben zu verzeichnen, kann er nie etwas ernten. Andere bestimmen über ihn und degradieren ihn zu einem Erfüllungsgehilfen ihrer Vorstellungen und Ziele. Weil er die Welt nur aus seinem Minuspol erblicken kann, erkennt er die Wirklichkeit nicht; er bleibt abhängig und gefangen im Schicksalskarussell.

Tritt er jedoch als *Kompensator* oder *Elternrollenspieler* in einer Anlage auf, bedeutet dies, daß er sich im Pluspol befindet. Der Betreffende ist zwar in seiner natürlichen Anlage genauso durch die Norm gehemmt wie der Kindrollenspieler, kompensiert aber diese Hemmung, indem er gerade diese Norm oder das Ideal zu verkörpern sucht.

Der Elternrollenspieler fühlt sich immer überlegen, oben, übergeordnet, vorbildlich, besserwissend – und er wird an allen Ecken und Enden bestätigt, denn die Norm ist ja auf seiner Seite.

Der *Elternrollenspieler* kompensiert z. B. seine Hemmung in der Bildung eines Stils, indem er sich so kleidet, daß er damit allgemein anerkannt und bewundert wird. Er stabilisiert sich am Kindrollenspieler, der sich unmodisch und billig kleidet. Der Elternrollenspieler hat genausowenig wie der Kindrollenspieler etwas Eigenes, weil er seine Anlagen kulturspezifisch ausbildet bzw. sich nach der Norm richtet. Er hat also keine persönliche Eigenart ausgebildet; im obigen Fall wäre dies die Ausbildung eines wirklich eigenen Stils.

Die dritte Auslebensform einer Anlage ist die des *Erwachsenen*. Der Erwachsene hat sich aus der komplementären Verflochtenheit zwischen Kind- und Elternrollenspieler gelöst, indem er die Anlage, so wie sie von Natur aus angelegt war, ausbildet. Die Anlage ist also gewachsen, ist gereift. Sie ist daher weder im Wachstumsprozeß steckengeblieben (Kindrolle), noch nur kultur- und zeitepochenspezifisch entwickelt worden (Elternrolle).

Erst im Erwachsenenstadium ist es möglich, über Kind- und Elternrolle, über Minus- und Pluspol einer Anlage zu transzendieren.

Einige Beispiele für den Minus- und Pluspol von Anlagen:

	Durchsetzungsfähigkeit	
Minuspol Durchsetzungsschwach		*Pluspol* Angreifer Eroberer Held

	Eigenwert	
Minuspol Mangel an Eigenwert		*Pluspol* Prestige

	Kommunikationsfähigkeit	
Minuspol nicht redegewandt		*Pluspol* Rhetoriker

	eigene Identität	
Minuspol Mangel an eigener Identität		*Pluspol* Identität im Rahmen der patriarchalen Gesellschaft

	Handlungsfähigkeit	
Minuspol Handlungsblockade		*Pluspol* der Manager

	Kritikfähigkeit	
Minuspol mangelnde Kritikfähigkeit		*Pluspol* der Kritiker

	Kontaktfähigkeit	
Minuspol		*Pluspol*
Kontaktarmut		konventionelle Kontakte

	eigener Weg	
Minuspol		*Pluspol*
Fremdbestimmt		Fremdbestimmer
Anhänger eines Gurus		Guru

	Bildung	
Minuspol		*Pluspol*
der Ungebildete		der konventionell Gebildete

	Rechtsfähigkeit	
Minuspol		*Pluspol*
Schuldgefühl		Strafe

	Fähigkeit zur Emanzipation	
Minuspol		*Pluspol*
nicht emanzipiert		Feministin
		Hausmann

	Fähigkeit, Alternativen zu finden	
Minuspol		*Pluspol*
Angst		Sucht

Indem der Erwachsene beide Pole wahrnehmen kann, wird er fähig, die *Ganzheit* des Lebens zu erfassen. Er verhält sich nicht mehr wie die Blinden in der folgenden Geschichte:

Jenseits von Ghor lag eine Stadt. Alle ihre Einwohner waren blind. Eines Tages kam ein König mit seinem Gefolge in die Nähe; er brachte sein Heer mit und lagerte in der Wüste. Er besaß einen mächtigen Elefanten, den er zum Angriff einzusetzen pflegte, um den Schrecken des Feindes zu vergrößern.

Die Bevölkerung war begierig, den Elefanten zu sehen, und einige aus dieser Gesellschaft von Blinden rannten los wie die Narren, um ihn zu finden.

Nachdem sie nicht einmal wußten, was für eine Form oder welchen Umriß der Elefant hat, betasteten sie ihn blindlings, um durch die Berührung seiner Körperteile mehr Aufschluß über ihn zu erhalten. Jeder bildete sich ein, etwas zu wissen, weil er einen Teil fühlen konnte.

Als sie zu ihren Mitbürgern zurückkehrten, wurden sie von aufgeregten Gruppen umringt; jeder einzelne dieser Irrenden war begierig die Wahrheit von denen zu erfahren, die doch selber in die Irre gingen.

Sie fragten, wie der Elefant geformt sei und welche Gestalt er habe, und sie hörten sich alles an, was man ihnen erzählte.

Der Mann, der das Ohr des Elefanten betastet hatte, wurde nach dem Wesen des Elefanten gefragt. Er sagte: «Er ist ein großes, rauhes Etwas, weit und breit wie eine Decke.»

Und der den Rüssel betastet hatte, sagte: «Ich weiß, was er wirklich ist! Er ist eine gerade und hohle Röhre, furchterregend und gefährlich.»

Derjenige aber, der den Fuß und die Beine gefühlt hatte, sagte: «Er ist mächtig und fest gleich einer Säule.»

Jeder hatte nur einen Teil des Ganzen betastet. Alle hatten es falsch verstanden. Keiner begriff das Ganze.

Der sich im Minus- oder Pluspol-Befindliche kann ebenso wie diese Blinden nur einen Teil der Wirklichkeit erfassen. So können z. B. weder die total abhängige Hausfrau, die vorwiegend nur die ihr zugewiesene Rolle lebt noch die militante Feministin, die sich gegen die Männerwelt auflehnt, erkennen, was eine reale Weiblichkeit sein könnte. Da sie befangen sind, betrachten sie das Leben nur von diesem Pol aus und argumentieren dementsprechend. Ihre Argumente sind solange stichhaltig und richtig, solange man den anderen Pol ausblendet. Unter dem Gesichtspunkt der Ganzheit und der Wirklichkeit des Lebens aber wirken sie einseitig und dogmatisch. Indem beide Pole gesehen werden, kann die Perspektive erweitert bzw. neu gestellt werden.

Ging man vorher stets im Kreis, so erscheinen von der erwachsenen Position aus viele Probleme und Konflikte in einem neuen Licht und es ergeben sich plötzlich Lösungsmöglichkeiten auf einer völlig anderen Ebene. Eine solch erwachsene Position ist die Sichtweise der Schicksalsgesetze. Die Gesetze des Schicksals sind ewige Gesetze. Da die Schicksalsgesetze sich jenseits von Gut und Böse befinden, unterscheiden sie sich meist grundlegend von den Maßstäben, die Moral und Konventionen vorschreiben. Bei den Schicksalsgesetzen wird keine moralische Wertung vorgenommen. Man schlägt sich hier nicht auf die Seite der einen oder der anderen Partei, sondern versucht lediglich die Mechanismen des Schicksals zu artikulieren und zu beschreiben. Es sind dieselben natürlichen Gesetzmäßigkeiten, nach denen der körperliche Organismus des Menschen funktioniert – übertragen auf die psychische Ebene und die damit verbundene Szenerie des Schicksals. Um ein Beispiel aus der Fülle herauszunehmen:

Spricht man in der Medizin von einer Hypofunktion (Unterfunktion) eines Organs, so ist dies ein Gleichnis für eine Unterfunktion, für eine Hemmung (siehe Beschreibung des Gehemmten oder Kindrollenspielers), für ein Defizit im seelischen Organismus. Redet man dagegen von einer Hyperfunktion (Überfunktion) eines Organs, so entspricht dies einer Überfunktion bzw. einer Kompensation (siehe Beschreibung des Kompensators oder Elternrollenspielers) auf der psychischen Ebene.

Die Schicksalsgesetze wirken ohne Ansicht der Person, Weltanschauung, Religion, Philosophie oder politischen Ideologie. Sie können lediglich als Reaktion auf die geistige Einstellung oder Weltanschauung in Erscheinung treten. Nie aber bevorzugen sie den einen oder anderen Menschen. Nie unterstützen sie eine bestimmte politische Richtung. Sie helfen weder zum Gläubigen noch zum Atheisten, weder zum Armen noch zum Reichen, weder zum Moralisten noch zum Amoralischen, weder zum Etablierten noch zum Ausgeflippten, Hippie oder Gammler... Sie gleichen der Sonne, die für die *Bösen* genauso scheint wie für die *Guten*. Die Schicksalsgesetze sind neutral und können nicht beeinflußt werden – es sei denn, man integriert sich in sie.

Es gibt keine Gnade, die von irgendeinem außerirdischen Wesen erteilt werden kann. Die einzige Gnade, die einem zuteil werden kann, ist die, daß man sich selbst begnadigt, indem man nicht mehr gegen die Gesetze verstößt.

Die Schicksalsgesetze sind unnachgiebig, aber gerecht. Niemand ist da, den man bestechen könnte, niemand ist da, den man beeinflussen oder manipulieren könnte, niemand ist da, der für einen das Rad des *Karmas* aufhalten könnte.

Wir sind auf uns selbst gestellt. Wir sind für uns und unser Schicksal selber verantwortlich.

DIE ZEHN SCHICKSALSGESETZE

1
DAS GESETZ DER ENTWICKLUNG

Ostanes hat die Entwicklungsphasen des Menschen und der Menschheit wunderbar ausgedrückt:

Die Natur erfreut sich der Natur
Die Natur besiegt die Natur
Die Natur beherrscht die Natur

Freud sprach von der oralen, analen und genitalen Phase, die es zu durchlaufen gilt und die Natur selbst gibt ein Gleichnis mit der Entwicklungsfolge von Larve, Puppe und Schmetterling.
Jeder dieser großen Entwicklungsschritte ist aber selbst wiederum in mehrere Stufen oder Reifegrade eingeteilt. Es ist ein Unterschied, ob die Puppe sich gerade vom Larvenstadium gelöst hat oder ob sie schon bald zur Entpuppung kommt. Die orale, anale und genitale Phase bzw. die Entwicklungsfolge von Larve, Puppe und Schmetterling kann auch auf die großen Entwicklungszyklen der Menschheit übertragen werden: in das Matriarchat (orale Phase), das Patriarchat (anale Phase) und das Zeitalter der Gleichberechtigung und Selbstverwirklichung (genitale Phase).

Während im Matriarchat der Mensch noch in die Gesetze der Natur und des Kosmos eingebettet war, versuchte er in der patriarchalen Phase sich seine eigenen Gesetze zu machen. Es spricht vieles dafür, daß sich das Zeitalter des Patriarchats allmählich dem Ende zuneigt.

Patriarchat ist gleichbedeutend mit Herrschaft (die griechische Wurzel *archos* bedeutet Herrscher) der Väter (Männerherrschaft). Es ist die Phase der Menschheitsgeschichte, in der – wie Ernest Bornemann schreibt – der Mann die Frau tatsächlich beherrscht. Doch nicht nur die Frau, sondern alles Weibliche schlechthin wird in dieser Entwicklungsphase unterdrückt, so auch Mutter Natur und die Ganzheit der menschlichen Natur.

Die biblische Aufforderung: «Macht euch die Erde untertan!» ist ein Ausfluß dieser patriarchalen Ideologie.

Ein Blick zurück in die vergangenen Jahrhunderte und Jahrtausende zeigt, daß die Unterdrückung der Frau auch mit der Unterdrückung und Ausbeutung von Mutter Natur einherging. Eng verflochten mit dem Weiblichen ist auch das Seelische, das in einer patriarchalen Kultur zwangsläufig nur eine untergeordnete Rolle spielen kann. Das Männliche wird auf's Podest gehoben.

Erich Neumann schreibt hierzu in *Zur Psychologie des Weiblichen*:

Die äußere Dominanz des Männlichen wird ergänzt durch die Projektion der Anima des Männlichen auf die Frau und durch die mit diesem *Seelenverlust* verbundene Regression. Die Anima, die Symbolgestalt der weiblich-gegengeschlechtlichen Seelenkräfte im Manne selber, wird in der patriarchalen Situation ins Unbewußte zurückgedrängt; eine derartige Konstellation führt aber gesetzmäßig zur Projektion des Verdrängten, d. h. hier in der Anima-Instanz, auf die Außenwelt, in diesem Fall auf die Frau. Das Männliche *verliert* auf diese Weise seine *Seele* und damit unbewußt sich selber an die Frau.

Der Mann erledigt nur noch die *äußeren* und *rationalen* Angelegenheiten von Leben, Beruf, Politik usw., durch seinen

Seelenverlust wird die von ihm gestaltete Welt eine patriarchale Welt, welche in ihrer Entseeltheit eine unerhörte Gefahr für die Menschheit darstellt.

Diese Entseeltheit, von der Erich Neumann spricht, bedingt nicht nur einen mangelnden Bezug zum Lebendigen, sondern auch eine einseitige und damit verzerrte Sicht fast aller Lebensgebiete. Es wird nur ein Teil der Wirklichkeit wahrgenommen.
So wird die patriarchale Ideologie deutlich in der Medizin (Schulmedizin), in der Pädagogik (autoritäre Erziehung), in der Religion (Monotheismus* – der Glaube an einen einzigen Gott, der noch dazu männliche Züge trägt), in der Landwirtschaft (Monokultur, Kunstdünger-, Insektizid-Pestizid-Landwirtschaft), in der Politik (Politik der Abschreckung und des kalten Krieges), in der Partnerschaft (Monogamie)... Auf allen Lebensgebieten wird das Seelische, das Lebendige, das Natürliche (bwz. die Reaktion der Natur) entwertet, ignoriert, verleugnet oder gar zum Feind erklärt. So betrachtet etwa die patriarchale Medizin die Krankheiten als Feinde, die es auszumerzen gilt. Krankheit bedeutet jedoch, daß das Gleichgewicht des Organismus gestört ist und daß die menschliche Natur sich gerade bemüht, dieses Gleichgewicht wiederherzustellen.

Insofern ist die Krankheit ein Kompensationsversuch und ein Gesundungsprozeß. Die konventionelle Medizin versucht nun, die Reaktionen der menschlichen Natur auf einen krankmachenden, materiellen, seelischen oder geistigen Reiz, also die Ausgleichsversuche des Organismus zu unterdrücken. Da sie nur die körperlichen Phänomene betrachtet, ohne die psychischen Ursachen zu eruieren, betreibt sie nur Symptombekämpfung.

Ähnlich gelagert ist die Situation auch in der Landwirtschaft. Durch die Monokultur, d. h. durch den einseitigen Anbau von bestimmten Wirtschafts- und Kulturpflanzen, sowie durch den Ein-

---

* Mono...: Bestimmungswort von Zusammensetzungen mit der Bedeutung «allein, einzeln, einzig, einmalig».

satz von Kunstdünger ist die natürliche Ausgewogenheit nicht mehr gewährleistet. Diese Störung bewirkt spezifische Reaktionen der Natur, z. B. das Auftreten von Insekten, Schädlingen oder Unkraut. Auch hier werden die Reaktionen der Natur durch Einsatz von Insektiziden und Pestiziden bekämpft, anstatt die Ursachen so zu verändern, daß keine Ausgleichsversuche der Natur mehr notwendig werden. Statt die Natur zu hegen, pflegen und zu stärken, will der Mensch sie unterjochen und wundert sich, wenn sie zurückschlägt.

In der Politik zeigt sich dasselbe Bild: Die patriarchalen Politiker wollen mittels Aufrüstung den Feind abschrecken und dadurch den Frieden sichern. Die Feinde sind aber imaginär und nicht wirklich existent. Würden die Politiker das Prinzip des Gleichgewichts wirklich verstehen, könnten sie erkennen, daß jede extreme Position zwangsläufig eine Gegenreaktion hervorruft. So muß sich zum Kapitalismus als Gegenpol der Kommunismus herausbilden und umgekehrt. Je mehr der Kapitalismus kommunistische und der Kommunismus kapitalistische Komponenten integriert, desto mehr lösen sich die gegenseitigen Feindbilder auf, und um so mehr kann abgerüstet werden.

Solange jedoch in der alten Schwarz-Weiß-Malerei verharrt wird, ist man gezwungen, zu rüsten, zu drohen und zu kämpfen. Dabei bekämpft man letztendlich nur einen abgespaltenen Teil der Ganzheit, genau dasjenige, was vom jeweiligen Menschen noch nicht ins eigene Lebenssystem integriert werden konnte.

Und wie gestaltet sich das Bild bei den Moralisten? Auch sie erheben nur einen Pol zum Dogma, nämlich die Monogamie, und sie bekämpfen vehement alle lebendigen Gegenregungen der menschlichen Natur auf diese postulierte Einseitigkeit. Die Maßstäbe, Normen, Ideale, Gebote und Verbote, die notwendig sind, um diesen einen Pol zu stabilisieren, verursachen ganz bestimmte Reaktionen der menschlichen Natur, die dann jeweils als krank, unnormal oder therapiebedürftig apostrophiert werden. Sie verursachen zum Beispiel Untreue, Scheidung, sexuelle Deviationen (Abweichungen), Aufblühen der Pornographie, Polygamie und anderes mehr.

Die Moralisten ziehen also gegen Reaktionen und Wirkungen zu Felde, deren Ursachen sie selbst erzeugt haben. Die Reaktionen der menschlichen Natur werden genauso zum Feind erklärt, wie die Landwirte die Reaktionen der Allnatur auf die Monokultur egalisieren wollen. Tatsächlich kann die Monokultur als Gleichnis für die patriarchale Szenerie (Monogamie) in der Partnerschaft gesehen werden.

So wie die Mutter Natur mit Kunstdünger abgespeist wird, so werden die Frauen (die Mütter) im Patriarchat mit *Künstlichkeit* beschenkt; denn dem Kunstdünger vergleichbar sind die materiellen Symbole wie zum Beispiel Schmuck, Pelze usw., die als Ersatz für etwas Echtes, Lebendiges herhalten müssen, für lebendigen Humus wie zum Beispiel Zärtlichkeit, seelische Wärme und Liebe, Abwechslung (Fruchtwechsel) und anderes.

Charakteristisch für die Menschen der analen Phase ist es also, daß sie sich nicht für Lebendiges interessieren. Erich Fromm hat ein solches Denken und Verhalten als nekrophilen Charakter bezeichnet. In *Anatomie der menschlichen Destruktivität* schreibt er:

Eine weitere Dimension nekrophiler Reaktionen ist die Einstellung zur Vergangenheit und zum Besitz. Der nekrophile Charakter erlebt nur die Vergangenheit und nicht die Gegenwart oder Zukunft als ganz real. Das, was gewesen ist, das heißt was tot ist, beherrscht das Leben: Institutionen, Gesetze, Eigentum, Traditionen und Besitztümer. Kurz gesagt: Die Dinge beherrschen den Menschen; das Haben beherrscht das Sein; das Tote beherrscht das Lebendige. Im persönlichen, philosophischen und politischen Denken des Nekrophilen ist die Vergangenheit heilig, nichts Neues ist von Wert, eine drastische Veränderung ist ein Verbrechen gegen die *natürliche Ordnung*.

Der Mensch der analen Phase fragt bei allem, was er tut, nicht danach, ob es gesundheitsschädlich ist, dem Leben dient, sinnvoll ist, die Landschaft verschönt oder gar ob es etwa ökologisch vertretbar ist. Für ihn ist es wichtig, daß etwas *machbar* ist und, wenn dies der

Fall ist, versucht er es zu realisieren, ohne Rücksicht auf die eigene Gesundheit und die Gesundheit der anderen Mitmenschen, geschweige denn die der Tiere und Pflanzen.

Wenn es manchmal bei besonders gefährlichen Produkten seines Schaffens zu Todesfällen kommt, betrachtet er dies nicht etwa als negatives Feedback, das ihn zum Umdenken auffordern sollte, sondern führt *Toleranzgrenzen* ein, die die jeweilige Emission, Strahlung oder Intoxikation limitieren. Unter dieser künstlich gesetzten Grenze ist für den patriarchalen Menschen etwas absolut unschädlich, während bei Überschreiten der höchstzulässigen Grenze Gefahren für Gesundheit und Leben nicht ausgeschlossen werden. Daß jedoch selbst geringe Mengen von DDT, Dioxin oder Cäsium schädlich sein könnten, kommt ihm nicht in den Sinn, und wenn doch, so wird dieser Gedanke schnellstens verdrängt. Werden warnende Stimmen dennoch laut, dann müssen die Gegner erst in jahrelangen Versuchsreihen beweisen, daß etwas z. B. karzinogen wirkt. Gelingt ein solcher Beweis, versuchen die tragenden Figuren des patriarchalen Systems Wissenschaftler zu kaufen, um das Gegenteil zu beweisen. Manchmal werden die Gegner auch mundtot gemacht. Sie werden ausgegrenzt, indem man ihre Untersuchungsergebnisse unter den Tisch fallen läßt, sie unter Druck setzt oder ihren Arbeitsplatz kündigt...

Ein Besucher eines anderen Planeten würde es nicht für möglich halten, daß z. B. das Gewissen der Pazifisten geprüft wird und nicht das der Militaristen, daß das, was selbstverständlich ist, was logisch ist, erst nachgewiesen werden muß, etwa die Schädlichkeit von Formaldehyd oder anderer toxischer Stoffe.

In einer patriarchalen Kultur müssen immer diejenigen, die für die Gesundheit und das Leben eintreten, die Beweise erbringen. Der patriarchale Mensch hat die Stimme des Lebens, die Stimme seiner Natur verloren. Taucht sie dennoch manchmal auf, dann qualifiziert er sie geringschätzig als *Angst* ab. Denn seine eigenen Ängste, die er permanent verdrängt, werden unbewußt auf andere Menschen projiziert. Kommen ihm solche *Angsthasen* entgegen, so rufen diese äußeren Verkörperer seiner inneren Ängste bei ihm meist zwei Reaktionen hervor:

Er schlüpft in die Rolle des Beschützers und Besänftigers, die begleitet wird von Redewendungen wie: «Da brauchen Sie sich überhaupt nichts denken! Ihre Ängste sind völlig unbegründet!» Oder: «Verlassen Sie sich auf uns! Wir haben das fest im Griff!»
Er nimmt die Rolle des Verfolgers ein, d h. der Ängstliche wird pathologisiert. Es wird versucht, ihn als psychisch krank hinzustellen. So spricht der patriarchale Mensch etwa die Empfehlung aus: «Am günstigsten ist es in Ihrem Fall, wenn Sie mal einen Psychiater aufsuchen, damit er Sie ruhigstellen kann.» In anderen Fällen wird ein Feindbild aufgebaut, so daß man die inneren Ängste im äußeren Bereich bekämpfen kann.

Die Ängstlichen werden dann als Panikmacher, als Gefährder der freiheitlich rechtlichen Grundordnung, als Terroristen und potentielle Verbrecher apostrophiert. Wäre dem nicht so, würden z. B. Atomkraftgegner nicht niedergeknüppelt, mit Wasserwerfern traktiert, mit Reizgas bombardiert oder mit gefährlichen Gummigeschossen verletzt.
Der patriarchale Mensch ist – so intelligent er auch auf manchen Fachgebieten sein mag – vom Gesichtspunkt des Lebens aus betrachtet, unvorstellbar dumm. Mit der Stimme der Natur ist ihm auch die Weisheit des Lebens verloren gegangen.
Zu einem logischen (vernetzten) Denken innerhalb lebendiger Strukturen und Abläufe ist er nicht fähig. So kämpft er erbittert gegen die einfache Logik, daß Giftrückstände von Pflanzen, die mit Insektiziden und Pestiziden besprizt worden sind, vom Menschen in der Nahrung mitgegessen werden und im Organismus negative Wirkungen zeitigen.
Die Perversion im Patriarchat geht sogar soweit, daß man überall Sparbüchsen aufstellt, damit der einfache Bürger für die Bekämp-

fung von Krebs spendet, während tagtäglich Tausende von karzinogenen Stoffen in die Luft, in das Wasser und in den Boden geleitet werden.

Das Sprichwort «Die Kälber wählen ihren Metzger selber» spiegelt die patriarchale Szenerie treffend wider.

Zum besseren Verständnis von all dem eben Gesagten seien hier zwei Übersichten aufgeführt, von denen die eine die verschiedenen Interpretationsmöglichkeiten der großen Entwicklungszyklen, die andere die verschiedenen Ausformungen auf den konkreten Lebensgebieten aufzeigen soll.

Die zweite Aufstellung macht deutlich, wie schwierig es ist bzw. welch weiter Weg zurückgelegt werden muß, um von der analen in die genitale Phase vorzustoßen.

Es müssen, um die neue Entwicklungsphase des Schmetterlings einnehmen zu können, zuerst auf allen Lebensgebieten Ablösungsprozesse absolviert werden, Ablösungsprozesse von der patriarchalen Art zu leben, zu erziehen, zu bauen, zu wohnen, zu essen, zu arbeiten, zu lieben...

Dazu braucht man oft ein Leben lang. So schafft es vielleicht der eine in seinem Leben von der denaturierten Zivilisationskost loszukommen, ein anderer ist Zeit seines Lebens damit beschäftigt, von der institutionellen Religion, von der er geprägt wurde, freizukommen, wieder ein anderer muß sich von der herkömmlichen Form der Partnerschaft lösen...

Die meisten Menschen befinden sich jedoch noch tief in der patriarchalen Phase und haben keine Chance, den Puppenmantel auch nur auf einem Lebensgebiet zu sprengen. Ja, es wäre sogar sehr schädlich für sie, bereits ein Entwicklungsstadium zu erklimmen, für das sie noch nicht reif sind, die Gefahr eines paranoiden Schubs wäre zu groß. So erklärt z. B. ein konservativer Mensch die Thesen eines Hippies als verschroben, irreal, dumm, spleenig, utopisch etc., weil sie eine ernste Gefahr für sein bisheriges Fühlen und Denken bedeuten würden. Er wehrt also ab, um die eigene Position beibehalten zu können, um nicht den eigenen Pol in Frage zu stellen,

Entwicklungszyklen:

oral	*anal*	*genital*
Larve	Puppe	Schmetterling
Matriarchat	Patriarchat	Zeitalter der Gleichberechtigung und der Selbstverwirklichung
Naturdiktat	Kampf gegen die Natur	Leben mit der Natur
unbewußte Einheit	Körper und Seele getrennt	bewußte Einheit zwischen Körper und Seele
Naturbestimmung	Fremdbestimmung	Selbstbestimmung
Instinktsteuerung	Fremdsteuerung	Selbststeuerung
unbewußt	partiell bewußt	bewußt
unbewußt	Erkenntnis von Gut und Böse	Selbsterkenntnis
Wildnis	Zivilisation	Ökologische Kultur
Natur	Kultur	Natur als Kultur
Naturmensch	Neurotiker	der Reale
Baum des Lebens (unbewußt)	Baum der Erkenntnis (von Gut u. Böse)	Baum des Lebens (bewußt)
unbewußtes Paradies	Fegfeuer u. Hölle (luziferische Phase der Menschheit)	bewußtes Paradies
real (unbewußt)	irreal	real (bewußt)
reale Welt (unbewußt)	Scheinwelt (Surrogatwelt)	reale Welt (bewußt)
Säugling	Kindrolle und Elternrolle	Erwachsener
unbewußte Ganzheitsschau	Spezialistentum	bewußte Ganzheitsschau
erste (primäre) Natur	zweite Natur	erste Natur (bewußt)

Übertragung auf die verschiedenen Lebensgebiete:

	oral	*anal*	*genital*
Ernährung:	natürliche Ernährung	denaturierte Zivilisationskost	natürliche Vollwertkost
Bauen:	Höhle, Stroh- u. Lehmbau usw.	konventionelles Bauen	Baubiologie
Wohnen:	naturgemäße «Inneneinrichtung»	Möbel- u. Inneneinrichtung aus künstl. oder toxischen Materialien	Möbel aus natürlichen Materialien
Medizin:	Naturmedizin	Schulmedizin	Ganzheitsmedizin (Naturmedizin, Psychosomatik und nur in ausgesprochenen Notfällen: Schulmedizin)
Arbeit:	existentielle Arbeit	neurotische Arbeiten	lebensbezogene, anlagenentsprechende Berufe
Familie:	Sippe, Horde	Kleinfamilie	offene Familie (es werden auch andere Bezugspersonen zugelassen)
Besitz:	natürlicher Besitz, natürl. Vorratshaltung	neurotisches Besitzstreben (Haben)	Besitz, um sein zu können
Partnerschaft:	naturbedingte Verbindungen Polygamie	genormte Verbindungen (Ehe) Monogamie	freie Partnerschaft polygame Monogamie
Kindererziehung:	natürliche Aufzucht	autoritäre und antiautoritäre Erziehung (Erziehung entspr. dem Muster der Eltern u. innerhalb der Kollektivneurose)	individuelle Erziehung entsprechend der Natur des Kindes

	oral	*anal*	*genital*
Verantwortung:	Verantwortung übernimmt die Natur	partiell verantwortlich, Projektion der Verantwortung	selbst verantwortlich
Schule:	Naturschule (Eltern und Natur als Vorbild)	konventionelle Schulen	Lebensschule
Schönheit:	natürliche Schönheit	*künstliche* Schönheit	Synthese von körperlicher und seelischer Schönheit
Religion:	Naturreligion	kirchliche Institution (patriarchaler Gott)	Religion des Lebens (das Leben von Mensch, Tier, Pflanze ist göttlich und schützenswert)
Glaube:	Glaube an die Naturkräfte	Autoritätsgläubigkeit	Glaube an das eigene Selbst
Sexualität:	unbewußter Sex	patriarchaler Sex	bewußte Erotik (Neue Sinnlichkeit *)
Gesetz:	unbewußte Integration in die Gesetze der Natur	patriarchale Normen und Gesetze	bewußte Integration in die Gesetze des Lebens bzw. des Schicksals
Kleidung:	Fell, Leder, Bastschurz etc.	Mode (meist unnatürliche Materialien)	eigener Geschmack (natürliche Materialien)
Kunst:	natürliche Kunst (und Fertigkeiten)	neurotische Kunst (die ein Eigenleben führt – ohne Bezug zur Wirklichkeit)	reale Kunst (mit Sinn gefüllt, zur Verschönerung der Welt)

* Hermann Meyer, *Die neue Sinnlichkeit*, München, 1984

paradoxerweise um sich nicht entwickeln zu müssen. Er hat noch nicht die Bereitschaft, um sich darauf einzulassen, er ist noch nicht frustriert genug, noch zu wenig unglücklich, um hellhörig zu werden und einige Thesen des anderen wirklich anzuhören oder gar sich darauf einzulassen. Die Konditionierung des Schicksals zum Realen war in seinem Fall noch nicht hart genug, er hat noch zu wenig gelitten, die sinnlosen, entfremdeten Arbeiten sind für ihn noch zu ertragen, es schmerzt ihn noch nicht das Eheritual, er glaubt noch an Autoritäten...

Ähnlich gelagert ist auch der Fall von Franz N., der einen abgelegenen Bauernhof bewirtschaftet:

Franz legte ein großes Engagement an den Tag, daß zu seinem Bauernhof endlich die Zufahrtsstraße vergrößert und geteert würde. Die Gemeindeverwaltung wies ihn jedoch darauf hin, daß der Antrag auf Bau einer solchen Straße nur Aussicht auf Erfolg hätte, wenn auch sein Nachbar unterschreiben würde. Sein einziger Nachbar, Raimund S., ein Mann, der mit seiner Familie die Großstadt verlassen hat, um auf dem Land in Ruhe und in Einklang mit der Natur leben zu können, verweigerte jedoch die Unterschrift. Für Franz N. brach daraufhin eine Welt zusammen. Es war für ihn völlig unverständlich, wie jemand gegen eine Teerstraße eingestellt sein kann. Daraufhin hielt er seinen Nachbarn für unnormal und geistig krank. Von diesem Tag an sprach Franz N. mit ihm kein Wort mehr. Raimund S. war nun sein Feind.

Dieser Fall macht die Diskrepanz der Bewußtseinsstufen von Franz und Raimund deutlich. Franz, der am Anfang der analen Phase stand, wollte endlich eine Teerstraße haben. Seine Seele verlangte nach Künstlichkeit, verlangte nach Beton und Asphalt, weil er in die anale Phase erst richtig «hineinwachsen» mußte. Er war in der Phase, wo es darum geht, die Natur zu unterjochen, auszubeuten, kaputtzumachen. Raimund S. befand sich offensichtlich bereits in der postanalen Phase. Die Phase der Künstlichkeit übte für ihn keinen Reiz mehr aus, er war ihrer bereits überdrüssig. Daher plädierte er für mehr Grün statt für mehr Asphalt und Beton.

Dieselbe Szenerie, die hier im Kleinen bei Franz N. und Raimund S. abläuft, ist auch auf der kollektiven Ebene zu einem großen Problem geworden. Die Menschen der analen Phase wollen das Autobahnnetz weiter ausbauen, wollen mehr Großflughäfen schaffen, wollen noch mehr Atomreaktoren installieren, während die Menschen, die sich in der postanalen Phase befinden, gerade dies verhindern wollen. Aufgrund dieser Bewußtseinsdiskrepanz kann kaum ein Dialog stattfinden, da ein solcher die *Gleichberechtigung* der beiden *Partner* und damit beider Interessen zur Voraussetzung hat. Für Menschen, die die anale Phase geistig weitgehend überwunden haben, ist es besonders schwer zu akzeptieren, daß der patriarchale Mensch ein Recht darauf hat, seine Phase, so destruktiv sie auch sein mag, auszuleben. Jeder hat auch ein Recht auf seine Neurose! Da jedoch die Natur die Natur *aller* Menschen ist, setzen sich die postanalen zur Wehr, es wird ja auch ihre Natur, also auch ihre Lebensbasis zerstört.

So wichtig es auch sein mag, daß es Menschen gibt, die Widerstand leisten, die sich auflehnen, die Bürgerinitiativen gründen, die demonstrieren, so kann dies doch nicht darüber hinwegtäuschen, daß sie sich noch im Rad des Schicksals befinden. Sie sind schicksalsmäßig noch mit dem patriarchalen System verbunden. Sie sind nur *reaktiv*. Sie kämpfen noch gegen das Alte und Herkömmliche anstatt etwas völlig Neues zu schaffen, anstatt neue Projekte aufzuziehen. Unseres Wissens gab es bisher nur Bürgerinitiativen
    gegen Autobahnbau
    gegen Fluglärm
    gegen Atomkraftwerke
    gegen Großflughäfen
    gegen Lärm von Kirchenglocken
aber keine Initiative, um etwas Neues zu kreieren, um echte Alternativen durchzusetzen bzw. um Mosaiksteine für eine bessere Welt aufzubauen.

Würden sich 100 000 Menschen zusammentun und anstelle der Fahrt- und Verpflegungskosten, die für die nächste Großdemonstration aufzubringen wären, je 200 DM für echte alternative Projekte investieren, wären das allein 20 Millionen DM. Mit diesem Geld könnte man bisher konventionell geführte Bauernhöfe aufkaufen und biologisch bewirtschaften, Sonnenenergieanlagen bauen, neue Forschungsprojekte starten... Dadurch würde eine Konfrontation mit der Staatsgewalt vermieden, neue sinnvolle Arbeitsplätze wären geschaffen, eine positive Kettenreaktion würde einsetzen. Günstige Ergebnisse würden dann auch motivieren, solche Aktionen zu wiederholen, was ihre Wirkung potenziert. In der Entwicklung einen Schritt weiter als die postanalen sind die Menschen, die sich in der prägenitalen Phase befinden. Während die Postanalen sich in der steten Auflehnung erschöpfen, haben die Prägenitalen bereits alternative Programme auf verschiedensten Lebensgebieten entwickelt. Mit neuen Programmen kompensieren sie ihre Hemmungen aus der Vergangenheit. Es gibt 5 verschiedene Arten der Kompensation:

1 Kompensation durch normgemäßes Fühlen, Denken und Verhalten, z. B. in die Kirche gehen, Karriere machen
2 Kompensation mit einem äußeren Projekt, z. B.
 Gründung einer Firma oder eines Vereins
3 Kompensation mit materiellen Gegenständen bzw. Symbolen,
 z. B. mit Antiquitäten
 mit teuren Teppichen
 mit Taschen von teuren und bekannten Herstellern etc.
4 Kompensation über symbolisches Ausagieren, z. B.
 Motorrad fahren
 Rallye fahren
5 Kompensation mit *realen* Inhalten, z. B.
 mit Naturkosmetik
 mit biologischer Vollwertkost
 mit Psychologie
 mit Umweltschutz usw.

Die Prägenitalen bevorzugen also die 5. Kompensationsart. Da sie jedoch als Opfer dieser Kultur immer noch im innerseelischen Bereich Gehemmte sind, wollen sie dies durch das Engagement ausgleichen, das sie auf einem Lebensgebiet entwickeln. Der Prägenitale entwickelt immer und immer wieder Energie, um aufzuklären, zu lehren, zu wirken. Die Triebfeder seines Handelns ist der Ehrgeiz, er will noch genauso wie der Neurotiker nach oben, will Ruhm und Ehre einheimsen, will sich einen Namen machen oder zumindest möchte er, daß später seine Umwelt sagt, er hätte Recht gehabt, er hätte das damals schon gesagt oder erkannt.

Die prägenitale Phase ist eine sehr wichtige Phase. Es ist die Phase der Entwicklung, in der die Leitfiguren der sich abzeichnenden neuen ökologischen Kultur sich befinden. Die Prägenitalen haben noch einen schweren Stand in der patriarchalen Gesellschaft. Obwohl ihre Inhalte realer sind, obwohl sie manches besser als andere durchdacht haben, ernten sie meist nur wenig Erfolg. Das Gros der Masse, die sich noch in der analen Phase befindet, kann ihre neue Botschaft noch nicht verstehen.

So betrachtet der patriarchale Mensch etwa die biologische Vollwertkost als eine neue Diätart neben anderen und die Astrologie für eine Sekte, oder betrachtet beides als Modeerscheinung, die genauso schnell wieder verschwinden werden wie sie aufgetaucht sind. Im ersten Fall bedauert er sogar den Vollwertköstler. Er glaubt, jener sei krank und müsse daher vorübergehend fade, langweilige, geschmacklose Diätkost zu sich nehmen. Daß es sich dabei um eine neue Bewußtseinsstufe handeln könnte, kommt ihm nicht in den Sinn, zumal jeder seine eigene Bewußtseinsstufe für die letzte und höchstentwickelte hält.

Das ist die Crux von vielen Zukunftsplanungen, bei denen die Betreffenden von ihrem derzeitigen Bewußtsein ausgehen. So wollen viele Menschen etwas für die künftigen Generationen schaffen, ohne die Frage aufzuwerfen, ob jene überhaupt diese Dinge noch wollen. Viele, die noch nicht ökologisch denken, stellen sich z. B. eine Welt der Zukunft vor, die nach den Prinzipien der Technik gestaltet ist. Es ist sehr fraglich, ob die zukünftigen Generationen in einer solchen Technokratie leben möchten.

Auf die größte Abwehr jedoch stoßen die Menschen der prägenitalen Phase, wenn sie die Psychologie als ihr Wirkungsfeld gewählt haben; denn eine erschreckend große Anzahl von Individuen ist noch so sehr im Materialismus befangen, daß sie noch gar nicht weiß, daß es eine Psyche gibt oder gar, daß etwaige Schwierigkeiten psychisch bedingt sein könnten.

Eine Abwehr gegenüber Psychologie zu haben, bedeutet jedoch, niemals in Erfahrung zu bringen, wie die eigene Seele funktioniert, niemals zu wissen, aus welchen Motiven man handelt, niemals sich selbst zu erkennen, niemals Fremdbestimmung entlarven zu können. Es bedeutet, daß man unbewußt sein Programm abspult, ohne jemals innehalten zu können, bedeutet, für dieses Leben dem Schicksalszwang ausgeliefert zu sein. Ohne Psychologie gehen die Menschen in der Ursachenkette zu wenig weit zurück. Sie bleiben bei der Interpretation von Schicksalsereignissen im materiellen Bereich und damit an der Oberfläche. Sie können z. B. nicht erkennen, daß die Ursache der Erkältung nicht die Zugluft oder die letzte Ursache eines Unfalls nicht die hohe Geschwindigkeit war, sondern ein innerseelischer Konflikt, der nach einem Auslöser suchte!

Die Abwehr gegenüber der Psychologie ist gleichbedeutend mit einer Abwehr gegenüber mehr Freiheit, gegenüber einer Verbesserung der Lebensqualität. Ohne Psychologie haben die Menschen keine Möglichkeit, Wege aus Armut, Krankheit und Leid zu finden, ohne dieses Wissensgebiet besteht die Gefahr, daß sie Opfer von Diktatoren, Machthabern und Manipulatoren werden.

Ohne Psychologie fehlt den Menschen das geistige Rüstzeug zur Lösung der Probleme und Konflikte und zum Durchschauen der patriarchalen Szenerie. Aufgrund dieses Mangels rufen die Betreffenden, wenn sie sich – wie so oft – in schwierigen Situationen befinden, nach der Hilfe von Experten, die meist wieder mit neuen Kosten und neuer ideologischer Vergewaltigung verbunden ist.

Kurzum: Ohne sich Wissen um die psychischen Mechanismen und

Gesetzmäßigkeiten angeeignet zu haben, kann niemand Schmetterling werden. Das gilt auch (und besonders) für diejenigen, die sich bereits auf einem oder mehreren Gebieten in der prägenitalen Phase befinden. Es genügt eben nicht, nur gesund und biologisch zu essen und zu wohnen. Ohne echte Auseinandersetzung mit dem eigenen Seelenleben bleibt die neurotische Programmierung bestehen.

Umgekehrt verstößt jedoch auch derjenige, der nur abstrakt Selbsterkenntnis betreibt, gegen das Gesetz von Inhalt und Form, wenn er seinen wiederentdeckten natürlichen Inhalten nicht die entsprechende äußere Form von natürlicher Nahrung, Kleidung und Wohnung verleiht. Der neue Mensch muß sich mit allem befassen und auseinandersetzen: mit Nahrung, Religion, Politik, Medizin, Ökonomie und Ökologie, mit Gartenbau und Innenarchitektur usw.

In der analen Phase hat er sich über all diese Gebiete keine Gedanken gemacht. Er übernahm einfach die alten überlieferten Programme, er aß das, was ihm vorgesetzt wurde – materiell, seelisch und geistig.

Der Schmetterling hingegen erfährt auf allen Gebieten eine Erweiterung – in seiner Zweierbeziehung werden auch Ergänzungspartner zugelassen, in der Medizin hat er die Schulmedizin mit der Naturheilkunde und der Psychosomatik erweitert, in der Religion nimmt er auch Einsicht in andere Weltanschauungen und Philosophien...

Nur diese Ausweitung gibt ihm die Kraft und die Möglichkeit, den engen Puppenmantel zu sprengen und sich den Weg zu Freiheit und Selbstbestimmung zu bahnen.

Fazit: Im Ausgangspunkt seiner Entwicklung lebte der Mensch unbewußt im *Garten Eden*, in der Phase des Patriarchats erlangte er durch den Dualismus von Gut und Böse Erkenntnis und Bewußtsein, um dann wieder ins Paradies heimzukehren, nunmehr bewußt. Die menschlichen Gesetze sind dann identisch mit den Gesetzen von Natur, Seele, Geist und Kosmos. Die Natur wird zur Kultur erhoben.

Larve, Puppe und Schmetterling sind drei verschiedene Entwicklungsphasen, die gleichberechtigt nebeneinander stehen. Ein

Schmetterling, der z. B. geringschätzig auf eine Larve herabblickt, vergißt, daß jene die *Voraussetzung* für sein Entwicklungsstadium ist. Zugleich dokumentiert er durch ein solches Verhalten, daß er noch kein echter Schmetterling ist, weil er noch die Entwertungstendenz eines Neurotikers an den Tag legt.

So wie der Frühling nicht weniger wert ist als der Herbst, so sind Larve und Puppe gleichwertig mit dem Schmetterling. Sicher, es besteht eine Entwicklungshierarchie; aber eine solche hat keine Wertunterschiede zur Konsequenz. Sie hat im Gegenteil den Effekt, die künstliche, d. h. die von Menschen gemachte Hierarchie infragezustellen und zu relativieren.

Ferner erkennt der Schmetterling, daß alles entwicklungsspezifisch ist. Jeder sieht Begriffe wie Verantwortung, Schönheit, Liebe, Glück, Gott, Gerechtigkeit, Geist, Schicksal von seiner Entwicklungsstufe aus. Jeder hat ein anderes Bild. Aus diesem Grunde reden zwei Menschen, die von verschiedenen Entwicklungsstufen ausgehend miteinander kommunizieren, oft aneinander vorbei. Sie sprechen dieselben Worte, doch jeder füllt sie mit anderen Inhalten. Wenn etwa ein Mensch der analen Phase von Verantwortung spricht, dann meint er eine andere Verantwortung als der, der sich in der prägenitalen Phase befindet. Wenn z. B. der Vater einer sechzehnjährigen Tochter es nicht verantworten kann, daß seine Tochter statt um 22 Uhr um 22 Uhr 15 nach Hause kommt, dann hat das für ihn genau dieselbe Relevanz wie für einen Prägenitalen, der es nicht verantworten kann, daß seine Partnerin immer noch denaturierte Zivilisationskost zu sich nimmt. Walter Böckmann schreibt:

Ernst Haeckel stellte vor ca. hundert Jahren ein sog. *Biogenetisches Grundgesetz* auf. Danach wiederholt sich in jeder menschlichen Einzelentwicklung die gesamte Stammesentwicklung. Wie die vergleichende Embryologie zeigt, durchläuft die menschliche Eizelle von ihrer Befruchtung an all jene *Stufen*, die auch das Leben selbst vom einzelligen Lebewesen bis zum Säugetier hinter sich gelassen hat. Etwas Analoges kann man auch von der menschlichen Geistesentwicklung sagen: Auch diese wiederholt beim einzelnen Menschen von der vorgeburtlichen Phase bis zum selbstverantwortlichen Erwachsenen praktisch all das, was die Menschheit seit dem frühesten Aufleuchten des menschlichen Geistes bis in die Gegenwart an Entwicklung durchlaufen hat.

Jedem einzelnen ist es eingegeben zu wachsen, sich zu entwickeln, von der Naturbestimmung über die Fremdbestimmung zur Selbstbestimmung vorzustoßen. An jedem von uns liegt es daher selbst, ob er die ihm einprogrammierte Möglichkeit zur Verwirklichung seiner Anlagen wahrnimmt und lebt oder nicht.

2
DAS GESETZ DES AUSGLEICHS

Alexander Loewen schreibt in *Bio-Energetik*:
Ausgeglichenheit und Balance ist ein wichtiges Merkmal des gesunden Lebens. Diese Feststellung ist so einleuchtend, daß sie keiner weiteren Erklärung bedarf. Wir sprechen von einer ausgeglichenen Nahrung, einem ausgeglichenen Verhältnis von Arbeit und Freizeit, von geistiger und körperlicher Tätigkeit usw. Gewöhnlich ist man sich nicht darüber im klaren, bis zu welchem Grad das Prinzip der Ausgeglichenheit in unserem Körper und in der Natur wirksam ist. Immerhin ist uns die entscheidende Bedeutung dieses Prinzips in letzter Zeit immer bewußter geworden. Früher nahmen wir die Natur einfach als feste Größe hin, beuteten sie aus und gefährdeten damit das empfindliche ökologische Gleichgewicht, von dem unser Überleben abhing. Jetzt, wo unser Überleben tatsächlich bedroht ist, begreifen wir allmählich, wie verhängnisvoll unsere Ignoranz und Gier sind. Das gilt nicht nur für die Natur, sondern auch für unseren Körper.

Das Prinzip der Ausgeglichenheit läßt sich beim lebenden Organismus am besten durch die sogenannten homöostatischen Mechanismen des Körpers veranschaulichen. So können z. B. die chemischen Körperprozesse nur ablaufen, wenn zwischen den Wasserstoff- und Hydroxyl-Ionen im Blut ein bestimmtes Gleichgewicht besteht. Oder ein anderes Beispiel: Wir wissen, daß die Temperatur in unserem Körper immer ca. 37 Grad betragen sollte. Wir sind uns jedoch nicht der subtilen Mechanismen bewußt, die unsere Körperwärme regulieren und stabilisieren. Wenn wir frieren, zittern wir. Dieses Zittern ist eine Reaktion, mit der unser Körper ein ganz bestimmtes Ziel verfolgt. Die Hyperaktivität der Muskeln, die sich im Zittern äußert, produziert die Wärme, die zur Aufrechterhaltung der Körpertemperatur nötig ist. Das Zittern regt außerdem die Atmung an, wodurch mehr Sauerstoff für den Stoffwechselprozeß verfügbar wird. Unsere Körperflüssigkeiten müssen ebenfalls in einem bestimmten Gleichgewicht gehalten werden, weil wir sonst austrocknen oder ‹überschwemmt› würden. Ohne daß wir uns dessen bewußt sind, reguliert der Körper die Flüssigkeitsaufnahme und -abgabe, um dieses Gleichgewicht zu halten.

Gesundheit ist also Gleichgewicht, Ausgewogenheit, Harmonie, Krankheit eine Reaktion der menschlichen Natur auf eine Störung dieser Harmonie bzw. auf einen krankmachenden Reiz. Krankheit bedeutet, daß der Organismus Gegenmaßnahmen ergriffen hat, um das Gleichgewicht wieder herzustellen. Krankheit stellt daher nichts anderes dar als das Bemühen, Ausgleich zu schaffen, und insofern ist sie ein Gesundungsprozeß.

Ebenso verhält es sich mit dem Schicksal: Das Gesetz des Ausgleichs wirkt auch in der Außenwelt. Es ist immer darauf bedacht, die Harmonie wieder herzustellen. Je stärker die Harmonie gestört ist, um so heftiger wird die Reaktion sein, vergleichbar der Bewegung eines Pendels, die eine gleichförmige, aber entgegengesetzte Wirkung hervorruft.

Das Gesetz des Ausgleichs bewirkt also immer die Anziehung des Gegenpols. So stabilisiert sich der Helfer am Hilflosen, der Mächtige am Machtlosen, der Unterdrücker am Unterdrückten, der Sadist am

Masochisten, der Heilige am Sünder, der Reiche am Armen, der Altruist am Egoisten, der Prahler am Bescheidenen, der Gute am Bösen ... und jeweils umgekehrt. Bleiben wir einen Moment beim *guten* Menschen, der dringend den *bösen* braucht, um sich höher, anständiger und besser fühlen zu können. Dies tut er, indem er sich mit dem, was als gut gilt, identifiziert und so zu leben versucht. All das, was mit den Maßstäben, Normen und Idealen von Moral und Konvention übereinstimmt, gilt als *gut,* was damit nicht zu vereinbaren ist, wird als *böse* apostrophiert.

Nachfolgend aufgeführte Beispiele von menschlichen Eigenschaften sollen dies noch näher verdeutlichen:

gut	*böse (schlecht)*
ordentlich	unordentlich, schlampig
sauber	schmutzig
pünktlich	unpünktlich
dankbar	undankbar
mitfühlend	gleichgültig, kalt
sparsam	verschwenderisch
gepflegt	ungepflegt
tugendhaft	lasterhaft
ehrlich	verlogen
verläßlich	unzuverlässig
gehorsam	ungehorsam
gläubig	ungläubig
gewissenhaft	gewissenlos
verantwortungsvoll	verantwortungslos
taktvoll	taktlos
vernünftig	unvernünftig
demütig	hochmütig
fleißig	faul
anständig	unanständig
großzügig	kleinlich

Was täte der Ordentliche ohne den Schlamper, der Taktvolle ohne den Taktlosen, der Fleißige ohne den Faulen, der Anständige ohne den Unanständigen? Er würde um seiner Eigenschaft willen nicht anerkannt, nicht geachtet, nicht gelobt.

Es wäre furchtbar für ihn, wenn er sich über den Gegenpol nicht stabilisieren könnte! Er ist also darauf angewiesen, daß es so *böse* Menschen gibt, die ungepflegt, kleinlich, unpünktlich oder lasterhaft sind.

Man kann sich des Guten nur bewußt werden durch das Böse, des Schönen nur durch das Häßliche, des Gesunden nur durch das Kranke, des Natürlichen nur durch das Künstliche.

Der Maßstab von Gut und Böse gibt in den verschiedenen Entwicklungsstadien des Menschen und der Menschheit Halt und Sicherheit. An ihm orientiert sich der einzelne und richtet sein Leben danach aus.

Der Maßstab von Gut und Böse ist jedoch relativ. Jede Zeitepoche, jede Nation, jedes Milieu, jede Familie, ja sogar jedes Individuum hat einen anderen Kodex. Was für die einen gut ist, mag für die anderen böse sein und umgekehrt. Dennoch nimmt der jeweils bestehende Maßstab von Gut und Böse für sich in Anspruch, endgültig, absolut und ewig zu sein. Nur unter großen Widerständen gelingt es, diesen Maßstab zu verändern und neue Gesetze einzuführen.

Meist setzt ein Umdenkungsprozeß erst nach vielen negativen Feedbacks ein; denn lange versuchen sowohl das Individuum wie auch die Gruppe, die Schuld auf andere zu projizieren, ehe sie den eigenen Maßstab in Frage stellen. Diese Schuldprojektion ist ein Abwehrmanöver, mittels dessen der andere belastet und man selbst entlastet wird. Diesen Schutz des Bewußtseins kann man auch in der psychoanalytischen Praxis in Form des Widerstandes des Patienten beobachten.

Der Maßstab von Gut und Böse ist identisch mit dem erlernten Gewissen bzw. mit dem Über-Ich. Das Über-Ich ist die durch Kindheitseindrücke, Erziehungseinflüsse und sonstige Umwelteinflüsse erworbene psychische Instanz. Es entsteht durch Introjizierung der Normen, Vorschriften, Gebote und Verbote der Umwelt in die seelische Welt. Dabei spielt es keine Rolle, ob die entsprechenden Normen oder Tabus ausgesprochen werden oder unausgesprochen bleiben. Dieses ins Innere aufgenommene Kontrollsystem, das dem Individuum von seinen Eltern und anderen erwachsenen Autoritätspersonen eingepflanzt wurde, verlangt Gehorsam.

Wichtig in diesem Zusammenhang ist ferner, daß häufig das, was gut ist im Sinne von Moral und Konvention, böse ist gegenüber den Lebensgesetzen und damit gegenüber der eigenen Lebendigkeit. So können etwa Unterordnung, Gehorsam, Aufopferung, Altruismus, Askese, ja sogar der Glaube an Autoritäten böse Attacken gegenüber der eigenen Natur darstellen, welche wiederum nach dem Gesetz des Ausgleichs harte Schicksalsschläge nach sich ziehen. Es handelt sich hier um Selbstverleugnungsakte, um Verstöße gegen die Lebensprinzipien von Gleichberechtigung und Partnerschaft.

Es gilt also zu unterscheiden zwischen Moralgesetzen und Lebensgesetzen. Die Gesetze und Normen von Moral und Konvention sind gekoppelt mit dem Maßstab von Gut und Böse, die Lebensgesetze hingegen sind jenseits von Gut und Böse. Nach den Lebensgesetzen ist es völlig irrelevant, ob der oder die Geliebte ledig, verheiratet, verwitwet oder geschieden ist, jemand am Sonntag in die Kirche geht, das Kind getauft ist, eine Frau auf der Straße raucht, der junge Mann öfter seine Freundin wechselt, man unverheiratet zusammenwohnt, jemand pünktlich im Büro erscheint, treu ist, ob man seine Anstandsbesuche bei Onkel, Tante und Großmutter absolviert, ob man sich nach dem Tod eines nahen Familienangehörigen schwarz kleidet, ob man am Totensonntag traurig oder lustig ist, an Allerheiligen auf's Grab geht, oder ob man einer geregelten Arbeit nachgeht usw.

Während es also bei den Normen von Moral und Konvention um Richtlinien und Regeln geht, die von Menschen aufgestellt wurden, geht es bei den Lebensgesetzen um etwas, das dem Leben und der Natur immanent ist. Es geht um den Schutz und um das Bewahren

von Leben, also von Trieben, Gefühlen, Gedanken und Phantasie, um den Erhalt des körperlichen, seelischen und geistigen Gleichgewichts, den Erhalt der inneren Ökologie des Menschen und der äußeren Ökologie, also des ökologischen Systems der Natur.
  Wir haben festgestellt, daß die Normen, Ideale, Gebote und Verbote der patriarchalen Gesellschaft dazu angetan sind, die seelische Harmonie der Individuen zu stören – nicht nur die Harmonie, sondern auch den Wachstums- und Entwicklungsprozeß der menschlichen Anlagen und Fähigkeiten schlechthin. Es entstehen sog. Anlagendefizite, also Schwächen und Mängel, die sich ungünstig auf den Schicksalsverlauf des einzelnen auswirken – und daraus resultierend entsprechende Gefühle und Komplementärbilder erzeugen.

POSITIVE UND NEGATIVE GEFÜHLE

Nachfolgende Übersicht soll den Zusammenhang zwischen defizitären Anlagen einerseits sowie positiven und negativen Gefühlen andererseits aufzeigen. Sie soll als Hilfestellung dafür dienen, zwischen realen und irrealen Gefühlen zu unterscheiden.
  Da es sich bei den minuspoligen Gefühlen um Gefühls*reaktionen* handelt, also um Gefühle, die nicht a priori vorhanden sind, sondern erst durch Defizite und Hemmungen entstehen, kann man dabei von *passiven* Auslebensformen ursprünglich realer Gefühle sprechen. Wer etwa seine eigene Identität gefunden hat und Identität, zum Beispiel in seiner Umgebung oder im Beruf schaffen kann, fühlt sich geborgen. Ist er dazu nicht imstande, entsteht anstelle des Gefühls der Geborgenheit das Gefühl der Ungeborgenheit. Viele Menschen, insbesondere die Kindrollenspieler, verbringen ihr ganzes Leben damit, immer nur auf Vorgegebenes und auf bestimmte äußere Situationen gefühlsmäßig zu reagieren.
  Wenn sich zum Beispiel jemand über eine Person ärgert, weil diese in der Diskussion am Vorabend alles an sich gerissen und sich rigoros durchgesetzt hat, so ärgert er sich letztendlich über sich

Irreale Gefühle

Defizitäre Anlage	Minusgepolte Gefühle	Plusgepolte Gefühle	Reale Gefühle
Defizit an Durchsetzungsfähigkeit	Gefühl von Ärger	Zorn, Aggression	Gefühl von Kraft und Vitalität, Gefühl, energetisch aufgeladen zu sein
Defizit an Eigenwert und wirtschaftlichen Fähigkeiten	Minderwertigkeitsgefühl Gefühl von Neid	Prestigegefühl	Gefühl, wertvoll zu sein
Defizit an Ausdrucksfähigkeiten, an intellektuellen Fähigkeiten und an Lernfähigkeiten	Gefühl der Beengung Gefühl, dumm zu sein	Gefühl, sich besser als andere ausdrücken zu können Gefühl, intelligenter als andere zu sein	Gefühl, einen freien Aktionsradius zu haben Gefühl, alles verstehen zu können, wenn man es verstehen will
Defizit an eigener Identität und an Geborgenheit	depressive Gefühle (in Extremform: Melancholie) sich ungeborgen fühlen	Hochgefühle (in Extremform: Manie), mütterliche Gefühle (i. S. von gluckenhaftem Bemuttern)	Identitätsgefühl
Defizit an Selbstverwirklichung, an Handlungsfähigkeit	(innerer) Haß	Stolz	Gefühl, selbstbewußt zu sein
Defizit an der Fähigkeit, sein eigenes Wesen zu zeigen	Gefühl der Abhängigkeit	Gefühl, angepaßt, anständig zu sein	Gefühl, körperlich und seelisch sauber zu sein

Defizitäre Anlage	Minusgepolte Gefühle	Plusgepolte Gefühle	Reale Gefühle
Defizit, Schönheit und Ästhetik zu schaffen	Ekelgefühle	Gefühl, schöner und geschmackvoller als andere zu sein	Gefühl, schön zu sein
Defizit an Harmonie	Disharmonie, Gefühl der Dissonanz	(kompensatorisches) Harmoniegefühl	Harmonie, Zufriedenheit
Defizit nach eigenem Konzept und nach eigenen Vorstellungen leben zu können	Gefühl von Ohnmacht Gefühl, unter Druck zu stehen	Macht	Gefühl, sich seiner selbst mächtig zu sein, Macht über sich selbst zu haben
Defizit an Sinnfindung	Gefühl der Sinnlosigkeit	Gefühl, Sinn gefunden zu haben (und ihn auch anderen vermitteln zu müssen)	Gefühl, einen Sinn zu haben
Defizit an eigenen Lebensrechten	Schuldgefühle Schamgefühle	(neurotisches) Gefühl, ständig im Recht zu sein (neurotisches) Verantwortungsgefühl	reales Rechtsgefühl Verantwortungsgefühl reales Verantwortungsgefühl
Defizit an Freiheit und Unabhängigkeit, an Abwechslung	Gefühl der Unfreiheit, Gefühl von Nervosität, Aufregung und Unruhe, Spannungsgefühl	Überlegenheitsgefühl	Gefühl, frei und unabhängig zu sein

Defizitäre Anlage	Minusgepolte Gefühle	Plusgepolte Gefühle	Reale Gefühle
Defizit in der Fähigkeit, Hintergründe aufzudecken, alte Maßstäbe und Ideale aufzulösen und Alternativen zu entwickeln	Angst, Unsicherheit, Schwäche	Zuversicht, Hoffnung, Sehnsucht	reale Hoffnung, Vertrauen, Ganzheitsgefühl

selbst, d. h. darüber, daß *er* sich nicht richtig einbringen und in Szene setzen konnte.

Beneidet jemand eine Person ob ihres Reichtums, so ist dieser Neid Ersatz dafür, daß der Betreffende nicht selbst seine wirtschaftlichen Fähigkeiten ausbildet und einsetzen kann.

Wer an Beengungsgefühlen leidet, muß sich verbal besser in Szene setzen, darf sich im eigenen Aktionsradius nicht einschränken lassen. Wer materiell, seelisch oder geistig keinen Raum beansprucht, dem wird dieser Raum genommen.

Wer keine eigene Identität entwickelt hat und sie nicht durchsetzen kann, ist anfällig für Depressionen. Die Energie, die eingesetzt werden müßte, um sich mit seiner seelischen Eigenart zu behaupten, wendet der Betreffende gegen sich selbst. Die beste Prophylaxe gegenüber Depression und Traurigkeit ist nach der eigenen Identität zu suchen, die eigene Natur zu finden und zu ihr zu stehen.

Haßt jemand einen anderen Menschen, weil dieser ihn scheinbar an der Selbstverwirklichung hindert, so handelt es sich auch hier logischerweise um ein Ersatzgefühl. In der eigenen Psyche sind die Hemmungen und Blockaden verankert, die unbewußt auf andere Personen und auf Situationen projiziert werden. Die äußere Blockade ist daher nur die Widerspiegelung einer inneren Hemmung, die in dem Betreffenden selbst begründet liegt. Anstatt ein Recht auf

Selbstverwirklichung zu empfinden und dieses Recht auch durchzusetzen, wird wertvolle Lebensenergie für den Haß vergeudet.

Wer nicht wagt, sein Wesen in seiner Arbeit auszudrücken, übernimmt Arbeiten, die für ihn keine Erfüllung bedeuten. Arbeiten, die nur durchgeführt werden, um die Existenz zu gewährleisten, die aber keine Freude machen. Der Betreffende entwickelt als Reaktion darauf Abhängigkeitsgefühle. Je abhängiger er ist, desto weniger kann er sein wahres Wesen zeigen und je weniger er letzteres tun kann, um so abhängiger wird er.

Wer Schönheit und Ästhetik in seiner Umwelt nicht schaffen kann, muß in Formen leben, die Ekel bei ihm verursachen (siehe Beispiel auf Seite 234).

Wer kein eigenes Konzept hat, steht verschiedenen Situationen ohnmächtig gegenüber. Ihm wird meist ein fremdes Programm aufgezwungen, was seine Ohnmacht noch verstärkt. Innerhalb der Wechselwirkungen des Seins keinen Sinn für sich selbst gefunden zu haben, verursacht das Gefühl der Sinnlosigkeit. Der Betreffende wird daher stets mit fremden Sinnsystemen konfrontiert.

Wer um seine Lebensrechte nicht weiß, leidet unter Schuldgefühlen, sobald er sich einbringt, sich abgrenzt, Eigenraum beansprucht oder sich selber verwirklichen will. Das Gefühl der Nervosität macht sich breit, wenn man nicht die Fähigkeit hat, sich aus bestimmten Situationen und Zwangslagen herausmanövrieren zu können. Auch nervöse Gefühle fungieren als Ersatz, als Ersatz für das reale Gefühl, frei und unabhängig zu sein.

Ähnlich gelagert ist die Situation bei den Angstgefühlen. Angst und Unsicherheit sind Reaktionen auf einen Mangel an eigener Phantasie und an der Fähigkeit, Alternativen zu entwickeln.

Wer keine Auswege findet, muß zwangsläufig Angst haben. So reagieren viele permanent nur mit Ärger, Haß, Neid, Wut, Aufregung oder mit Angst und verschleudern wertvolle Lebensenergie, die konstruktiv eingesetzt werden könnte. Werden jedoch diese Gefühlsreaktionen, die eigentlich aufzeigen wollen, daß etwas fehlt (z. B. Durchsetzungsstärke oder Freiheit) verdrängt, so manifestieren sie sich auf der körperlichen Ebene. Ärger, Wut, Haß etc. sitzen dann in den Organen oder Organsystemen. Man zeigt dann symbolisch am eigenen Körper, was man bewußt nicht zu zeigen wagte, weil man zum Beispiel als braver und anständiger Mensch nicht hassen darf. Denn welcher Kindrollenspieler wagt schon gegenüber seinem Partner oder gar gegenüber seinem Vorgesetzten seinen Ärger oder seinen Haß auszudrücken. So machen diese Gefühlsreaktionen zum einen krank, wenn sie zu einem seelischen Dauerzustand werden, zum anderen aber auch, wenn sie verdrängt werden. Wichtig ist also, diese Gefühle als Signalfunktion zu erkennen und zuzulassen, um dann den entsprechenden Mangel bei sich selbst beheben zu können, wohlgemerkt und nochmals deutlich gesagt: bei sich selbst! Jede defizitäre Anlage verursacht eine Gefühlsreaktion, die schließlich wieder spezifische körperliche Reaktionen hervorrufen kann. So ist (um ein weiteres Beispiel zu nennen) Angst, wie jedes Gefühl, immer ein psychosomatisches Gesamtgeschehen. Angst kann also nie isoliert, d. h. ohne gleichzeitige körperliche Reaktion in Erscheinung treten. So kann sie neben dem subjektiven Angsterlebnis durch vielgestaltige Veränderungen gekennzeichnet sein, die etwa den Kreislauf in Form von Pulsbeschleunigung, Blutdruckerhöhung und Hautdurchblutung, die Atmung, die Schweißdrüsen, die Magen-Darm-Tätigkeit, den Tonus der Muskulatur und das Blasensystem betreffen.

So betrachtet wird auch klar, daß permanenter Ärger zum Beispiel Entzündungen verursachen, daß jedes Gefühl unter Druck und Zwang zu stehen, auf der körperlichen Ebene Spasmen (Verkrampfungen) erzeugen kann und daß mit dem Gefühl von Unruhe und Spannung Unfälle oder Nervenleiden einhergehen können. Man könnte sogar soweit gehen und die Krankheiten nach psychosomatischen Kriterien einteilen in solche, die durch Druck und Erwartungshaltungen, Hektik, Traurigkeit, Sehnsucht, Depression, Überforderung, Schein, Angst, Haß, Ärger oder Zwang entstehen. Diabolischerweise haben aber – wie wir beim Gesetz der Bestätigung sehen werden – Gefühle nicht nur körperliche Auswirkungen, sondern sie beeinträchtigen auch den Mechanismus der Anziehung von Partnern, Mitmenschen und Umweltsituationen, der ausschließlich vom Unbewußten her gesteuert wird. Das Unbewußte macht also nicht nur krank oder gesund, sondern wirkt auch in der Außenwelt. Es zieht genau das im Äußeren an, was einem im Inneren entspricht, womit man eine innere Affinität (Wesensverwandtschaft) hat. Aus einem bestimmten Gefühl heraus zieht man eine bestimmte Umweltsituation an und weil diese Umweltsituation vorherrscht, hat man wiederum die Gefühle, welche die Situation erwirkt haben – insbesondere deshalb, weil das äußere Ereignis nach einem bestimmten Muster bewertet wird, welches durch eigene *Einstellungen* vorgegeben ist.

Es ist also oft nicht das Ereignis als solches für ein Gefühl entscheidend, sondern die Gedanken, die der einzelne sich darüber macht. Epiktet drückt dies so aus:

«Nicht die Dinge sind es, die die Menschen beunruhigen, sondern das, was sie über diese Dinge denken.»

Die anfangs aufgeführte Übersicht soll also deutlich machen, daß sowohl die minus- als auch die plusgepolten Gefühle irrealer Natur sind. Beide Gefühlsarten sind neurotisch bzw. pathologisch.* Nur daß wir – in der Kollektivneurose lebend – diese Gefühle meist als *normal* ansehen und nur selten darüber reflektieren, ob es sich hierbei um objektive Realität handelt oder ob diese Phänomene nur Symptome einer allgegenwärtigen Krankheit sind. Wenn auf der körperlichen Ebene weder die Unterfunktion noch die Überfunktion eines Organs, also weder Hemmung noch Kompensation (z. B. Hypotonie bzw. Hypertonie) dem Organismus zuträglich ist, so ist dies auch auf die seelische Szenerie übertragbar. Auch hier ist weder eine Hypo- noch eine Hyperfunktion eines Prinzips erstrebenswert. Beide Pole ernten nur Leid – der Gehemmte leidet am Minuspol und der Kompensator fügt anderen Leid zu, wobei er durch sein Agieren die *negativen* Gefühle des anderen erwirkt. So erzeugt die Zurschau-

---

* Sie sind nur die zwei Seiten eines realen Gefühls.

stellung von Prestigegütern bei den Gehemmten Neid, löst der Stolz des einen den Haß des anderen hervor, erwirkt das Gefühl von Macht beim Mitmenschen Ohnmacht oder hat das Gefühl, im Recht zu sein zur Folge, daß bei anderen Schuldgefühle entstehen...

Solche Wirkungen sind nur dann zu verzeichnen, wenn der Mitmensch sich auf dem betreffenden Lebensgebiet durch die patriarchalen Normen, Maßstäbe und Ideale hat hemmen lassen. Wenn er sich nicht mehr damit identifiziert und bereits darüber transzendiert ist, hat er die Disposition für solche minuspoligen Gefühle nicht mehr. Er läßt sich dann nicht mehr provozieren, er reagiert dann nicht mehr mit seiner seelischen Wunde. Die Arroganz, die Prahlerei, die Rechthaberei, das Überlegenheitsgebaren des anderen lassen ihn dann *kalt*.

Er geht nicht mehr in die Falle, er läßt sich von anderen nicht mehr in die Opferrolle drängen, beißt am Köder des anderen nicht mehr an. Er sieht den verzweifelten Kompensationsversuch des anderen, erkennt dessen Situation und hört auf, als Gegenspieler zu fungieren. Er steigt aus der komplementären Verflochtenheit zwischen Gehemmtem und Kompensator aus.

Nun ist es aber gar nicht so leicht, einfach zu transzendieren, wenn die Umwelt noch total innerhalb des patriarchalen Systems fühlt und denkt. Wie soll jemand, der über wenig Eigenwert verfügt, sich locker über Fragen hinwegsetzen wie: Welches Auto fahren Sie? Können Sie sich das überhaupt leisten? Welche Schulbildung können Sie vorweisen? Insbesondere fühlen sich bei der letzten Frage viele Menschen gehemmt, weil sie sich mit dem Ideal, die Schulzeit mit dem Abitur abgeschlossen zu haben, identifizieren, selbst aber *nur* einen Volksschulabschluß oder Mittlere Reife vorweisen können.

Solange der Betreffende nicht erkannt hat, daß das patriarchale Schulsystem durch eine einseitige Betonung der intellektuellen Fähigkeiten und durch eine *nekrophile* Fixierung auf die Vergangenheit eine Verbildung und Neurotisierung des Menschen bewirkt (je höher die Schule, desto intensiver diese Wirkung), bleibt er in seinem (vermeintlichen) Manko gefangen. Er glaubt weniger wert zu sein als der Mensch, der die Reifeprüfung abgelegt hat, und wird in dieser Glaubenshaltung an allen Ecken und Enden bestätigt. Menschen mit höherer Schulbildung haben bessere Aufstiegschancen, sie werden ihm vorgezogen, sie fungieren als seine Vorgesetzten...

Doch er sitzt in diesem hierarchischen Käfig, gerade weil er daran glaubt, daß andere intelligenter und fähiger sind als er. Erst durch eine intensive Auseinandersetzung mit dem patriarchalen System und damit verbunden der Entlarvung der Kollektivneurose, besteht die Möglichkeit sich zu befreien. Erst wenn ihm klar wird, daß sowohl derjenige, der *nur* die Volksschule absolviert hat als auch derjenige, der mit einem Abitur oder mit einem Hochschulstudium abgeschlossen hat, vom Gesichtspunkt der *Schule des Lebens* aus gesehen total ungebildet ist, ist er echt transzendiert. Die Frage nach seiner Schulbildung wirkt dann auf ihn mehr belustigend als hemmend. Je mehr er in dieser Beziehung *über den Dingen steht*, desto weniger wird er danach gefragt werden. Voraussetzung jedoch ist, daß er sich tatsächlich über ein Selbststudium, über Nachdenken, über Diskussionen, über konventionelle und alternative Informationen, über Kurse und Seminare weitergebildet hat. Im Sinne des Lebens ist er gebildet, wenn er über Fächer des Lebens Bescheid weiß, wie z. B. Naturmedizin, Ökologie, Pädagogik, Beziehungslehre, Ernährungslehre, Psychologie, Soziologie, Astrologie, Psychosomatik, Baubiologie... Ein Mensch, der solch lebendige Bildung sein Eigen nennen kann, wird sich einem, der tote Sprachen wie Latein und Griechisch beherrscht oder über sonstiges totes irrelevantes Wissen verfügt, nicht mehr unterlegen fühlen, selbst wenn er im konventionellen Sinne als ungebildet gilt.

Um solche entscheidenden Schritte tun zu können, ist es nicht nur notwendig, die Identifikation mit den herkömmlichen Normen und Idealen aufzugeben und sich neue Inhalte anzueignen, sondern auch unterscheiden zu lernen, was real und was irreal ist.

Wann ist z. B. in einer Partnerschaft echte Harmonie vorhanden und wann spielen die Beteiligten nur – sich selbst und andere täuschend – die harmonische Beziehung?

Wann ist ein Selbstbewußtsein echt gewachsen und wann ist es irreal, also nur einem Kartenhaus vergleichbar, das jeden Moment umstürzen kann?

Wann sind Optimismus, Zuversicht und Hoffnung berechtigt und wann sind sie aufgesetzt und künstlich erzeugt?

Bleiben wir einmal beim letzten Beispiel und versuchen wir den Unterschied zwischen einer irrealen und einer realen Hoffnung zu eruieren: Eine irreale Hoffnung ist dadurch gekennzeichnet, daß damit nur die eigene Unsicherheit, Schwäche und Angst übertüncht werden soll und daß der einzelne hofft um des Hoffens willen. Er wehrt sich dagegen, Grundlagen und grundsätzliche Gegebenheiten zu schaffen, auf deren Basis Anlaß zu einer echten Hoffnung besteht. Die irreale Hoffnung lähmt die Fähigkeit zur Analyse, lähmt die Ursachenforschung und alle notwendigen Aktivitäten.

So handelt es sich z. B. um eine neurotische Hoffnung, wenn jemand hofft, von einer chronischen Krankheit gesund zu werden, ohne die materiellen, psychischen und sozialen Ursachen derselben aufgedeckt, ohne seiner Krankheit den Nährboden entzogen zu haben, damit also die Weichen in Richtung Gesundheit gestellt zu haben. Aussichtslos ist es auch, wenn jemand auf materiellen Reichtum hofft, aber gerade die Voraussetzungen hierfür (Initiative, Wagemut, wirtschaftliche Fähigkeiten usw.) bei sich selber nicht schafft. Es fragt sich in solchen Fällen immer: Wie lange kann der Betreffende seine Hoffnung aufrechterhalten? Wie lange kann er Unsicherheiten und Zweifel kompensieren, wie lange kann er das unbewußte Wissen um die Aussichtslosigkeit vor seinem Bewußtsein verstecken, wie lange schafft er es, den Pluspol zu halten und nicht auf den Minuspol zurückzufallen?

Reale Hoffnung hingegen ist die zwangsläufige Folge der Veränderung von Verhalten und Denken, ist die logische Konsequenz von Erneuerungen, Aktivitäten und Initiativen. Wenn die Weichen anders gestellt sind und das Bestmögliche getan wurde, um bestimmte Wirkungen zu erzielen, kann der einzelne berechtigte Hoffnung schöpfen.

Wenn man bedenkt, daß unser Schicksal weitgehend davon abhängig ist, wie wir uns fühlen, kann man in etwa die Tragweite ermessen, die mit obigen Ausführungen verbunden ist. Fast jeder von uns hat die breite Gefühlspalette der minus- und pluspolten Gefühle bereits durchexerziert, hat schon erlebt, wie es ist, wenn man *oben* und hat auch schon den Zustand gefühlt, wenn man *unten* (down) ist.

Viele Menschen haben eines oder mehrere dieser Gefühle zu ihrem *Lieblingsgefühl* erklärt. Lieblingsgefühl nennen wir das Gefühl, das vom Betreffenden am meisten gehätschelt und gepflegt wird. Einige haben den Ärger als Lieblingsgefühl gewählt, andere den sogenannten Streß, ein sehr *modernes* Gefühl, praktisch dadurch, da es in der Gesellschaft *in* ist, *gestreßt* zu sein (macht zwar krank, aber hebt den Eigenwert!). Wieder andere ziehen eine Kombination von Gefühlen vor und leben ein Leben, das sich primär im Wechsel der Gefühle von Ohnmacht und Macht abspielt. Man kann aber auch eine Mischung aus Depression, Abhängigkeit und Angst leben oder die Mischung aus Prestige, Überlegenheit und Optimismus.

Fest steht, daß die meisten Menschen sich (bedingt durch minus- oder pluspolige Gefühle) in irrealen Bezügen aufhalten und dadurch echtes Glück und wirkliche Lebensqualität nicht erwirkt werden können. Mit Ärger, Haß, Depression, Neid, Nervosität, Angst, mit Aggression, Prestige, Stolz, Anstand, mit Macht und Überlegenheit als Lebensgefühl lebt man an der Wirklichkeit vorbei. Man lebt auf einem Nebenfeld des Seins. Man lebt nur ein Reaktionsmuster, ein Ersatzleben, ein Scheinleben.

Insofern erscheint es als ein steter Balanceakt, weder zu stark in den Minus- noch in den Pluspol abzurutschen. Doch die *Mitte*, die das physiologische Wachstum bedingt, findet nur derjenige, der seine Anlagen entwickelt, seine Fähigkeiten ausbaut. Die Substanz und Lebenskraft, die Inhalte, die er angesammelt hat, machen ihn resistent dagegen, zu lange in pathologischen Auslebensformen zu verharren. Auch der *Erwachsene* ärgert sich mal, fühlt sich überlegen oder hat mal Angst. Aber solche Gefühle sind für sein Leben nicht bestimmend. Er kann sie abstellen und seine Energien statt dessen anders und besser verwenden. Kind- und Elternrollenspieler können das nicht!

KOMPLEMENTÄRBILDER ALS AUSGLEICH IM PERSÖNLICHKEITSSYSTEM

Jedes Defizit im Persönlichkeitssystem läßt vor dem geistigen Auge ein sog. Komplementärbild entstehen. Dabei heißt es zwischen bewußten und unbewußten Komplementärbildern zu unterscheiden. Ein bewußtes Komplementärbild liegt vor, wenn jemand an einem Mangel an Eigenwert leidet und sich deshalb einen Luxuswagen wünscht. Das Vorstellungsbild des Luxuswagens steht komplementär zu seinem Eigenwertdefizit.

Komplementärbilder wirken ausgleichend und damit stabilisierend innerhalb des Persönlichkeitssystems eines Menschen, aber das ursprüngliche Problem kann damit nicht gelöst werden. Da die ursprünglichen Bedürfnisse nicht oder nur wenig gestillt werden, leiden Millionen Menschen an Defiziten und Mangelsituationen, die dann über Konsumgüter kompensiert werden. Die verschiedenen Wirtschaftszweige bieten eine breite Palette von Kompensationsmöglichkeiten an – von der Luxusjacht bis zum Farbfernseher, vom Privatflugzeug bis zur Filmkamera. All diese Dinge – sofern sie zu Prestigezwecken verwendet werden – sind nichts anderes als materialisierte Komplementärbilder und dienen damit als Ersatz für Defizite. Sie sind Ersatz für etwas Lebendiges. Hierzu schreibt Charlotte McLeod:

> Die guten Dinge des Lebens haben zu wollen ist nicht falsch. Alles um uns zeigt, daß Anlage und Absicht der inneren Ökologie dahingehen, Wunsch in Befriedigung, Idee in Realität zu verwandeln. Jeder Wunsch ist die Folge eines Mangelempfindens, ein Bedürfnis, Leere zu füllen, uns zu vervollständigen. Das Problem

liegt darin, herauszufinden, *warum* wir wünschen, was wir wünschen, wonach wir wirklich verlangen, wenn wir rosa Teppichboden oder eine Stereo-Anlage wollen.

Ist es wirklich der Pelzmantel, den wir wollen, oder ist dieser nur Ersatz dafür, weil wir einen Mangel an Wärme und Geborgenheit empfinden, ist es wirklich der Sportwagen, den wir brauchen, oder ist er nur Ersatz für den Mangel an eigener Bewegung?

Deshalb gilt es konsequent zwischen *realen* und *irrealen* Komplementärbildern zu unterscheiden. Wenn reale Komplementärbilder verwirklicht werden, ist der Durst gelöscht, der Hunger gestillt, der Mangel behoben, werden irreale Komplementärbilder materiell, entspricht dies nur einem symbolischen Auffüllen eines Defizits, ist es ein Kartenhaus, das über den Mangel gebaut wird und jeden Augenblick wieder einstürzen kann.

Dennoch ist es zunächst weniger leidvoll, die Defizite symbolisch aufzufüllen, als ständig vor dem geistigen Auge Komplementärbilder, die unerfüllbar sind, zu haben.

Übertragen auf das Beispiel eines Mannes, dessen organismisches Gleichgewicht durch einen hohen Wasserverlust gestört ist und der deshalb unter großem Durst leidet, würde dies bedeuten, daß in seiner Phantasie zwar ständig das Bild einer Quelle auftaucht, daß für ihn aber keine Möglichkeit besteht, eine solche zu finden. So leiden viele Menschen an Hunger und Durst nach Zuwendung, Liebe, Glück, Zufriedenheit, Schönheit und Ästhetik, nach Sexualität, Anerkennung und Freiheit... und stehen Tantalusqualen aus, weil all diese Bedürfnisse nicht oder nur wenig gestillt werden.

Die Komplementärbilder tauchen in solchen Fällen nicht nur vorübergehend auf, sondern sind permanent vorhanden. Sie werden zu einem eingefahrenen Muster, ohne daß ein Weg zur Realisation gefunden wird, und zeigen so einen Zustand der chronischen Blockierung im Stillen von Bedürfnissen an. Wird dem latenten Appell der Komplementärbilder, das Defizit zu füllen, nicht Folge geleistet, muß die menschliche Natur diese Problematik auf einer anderen

Ebene anzeigen: im Körper. Es kommt entsprechend der chronischen Blockierung von Bedürfnisbefriedigungen zu chronischen Krankheiten, die zwangsläufig therapieresistent sein müssen, solange der entsprechende lebendige Persönlichkeitsanteil keine Möglichkeit zum Ausleben und Austausch gefunden hat.

Komplementärbilder sind auch ein entscheidender Faktor bei der Partnerwahl:

Ist etwa eine junge Frau sehr unselbständig und in ihrer Handlungsfähigkeit eingeschränkt, so ist es möglich, daß entsprechend diesem Defizit vor ihrem geistigen Auge das Komplementärbild eines Mannes auftaucht, der unternehmerische Fähigkeiten aufweist und im Handeln überaus geschickt vorzugehen vermag. Nach diesem Komplementärbild wählt sie nun in der Begegnung aus, d. h. es fallen all die Anwärter durch ihr *geistiges Sieb*, die über diese Qualitäten nicht verfügen. Schließlich macht derjenige das Rennen, von dem sie glaubt, daß er die Potenz in sich trägt, ihre Hemmung in bezug auf Selbständigkeit zu kompensieren, oder anders ausgedrückt: Derjenige ist Favorit, der als Projektionsfläche für die aus ihrer Schwäche resultierenden Wünsche und Vorstellungen fungieren kann. Indem sie spezifisch diese Anlage bei dem Partner braucht, um zu einem Ausgleich zu kommen, um existenzfähig zu sein, um zu einer *Ganzheit* zu gelangen, muß sie jedoch zwangsläufig andere Eigenschaften dieses Mannes, die nicht zu ihr passen, zumindest übersehen oder aber die Dissonanzen verdrängen. Sie liebt den Partner, weil er sie ausgleicht, weil er sie zur Harmonie bringt, und sie sieht daher auch alles andere durch die rosarote Brille der Liebe. Erst später kommen die Verdrängungen von damals ans Licht, was meist mit großen seelischen Schmerzen verbunden ist. Insbesondere nimmt ihre Liebe proportional dazu ab, je mehr sie im Laufe der Zeit selbst ihr Defizit auffüllt, je selbständiger und unabhängiger sie wird. Zugleich verschwindet mehr und mehr das Komplementärbild, das für diese Partnerwahl einmal ausschlaggebend war. Sie kann nun freier und unabhängiger auswählen, weil sie nicht mehr auf diese eine Fähigkeit des anderen fixiert ist.

In diesem Zusammenhang ist noch wichtig zu erwähnen, daß viele Menschen behaupten, sie hätten gar kein bestimmtes Partnersuchbild. In solchen Fällen ist das Komplementärbild, Such- oder Wunschbild nicht in das Bewußtsein getreten. Wenn potentielle Partner auftauchen, sieht man jedoch, daß die Betreffenden dennoch nach einem inneren Bild auswählen. Die Tatsache, daß verschiedene Partner nicht in Frage kommen, beweist, daß ein (unbewußtes) Vorstellungsbild vorhanden sein muß. Wenn jemand weiß, was er nicht will, dann weiß sein Unbewußtes auch, was er möchte oder sich wünscht.

Um die eigenen Erwartungshaltungen, die Erwartungshaltungen des Partners und deren Übereinstimmung mit dem, was der Partner anbieten bzw. was man selbst anbieten kann, mehr ins Bewußtsein rücken zu lassen, sei nachfolgende Checkliste angeführt.

Dabei ist die komplementäre Verflochtenheit zwischen Eltern- und Kindrollenspieler entscheidend. Auf dem Lebensgebiet, wo man selbst in der Hemmung ist, braucht man dringend einen Kompensator (Ausgleicher) bzw. einen Vater oder eine Mutter. Man sollte sich fragen: Wo bin ich Vater, Sohn oder Partner bzw. Mutter, Tochter oder Partnerin? Stimmen diese Rollen mit dem Partner überein? Ist Person A auf einem Lebensfeld Vater, wäre es günstig, wenn Person B, mit der sie sich liiert hat, dort Tochter wäre. Ungünstig wirkt es sich aus, wenn z. B. ein Mann erwartet, daß seine Frau in bezug auf Nahrung, Kleidung, Wohnung (Haushalt) die Mutterrolle übernimmt, sie aber auf diesen Gebieten sich einen *Partner* erhofft. Eine Frau hingegen mag es vielleicht als schmerzhaft empfinden, wenn sie auf dem Gebiet von Besitz und Finanzen einen Vater sucht, ihr Freund aber selbst finanzielle Probleme hat und daher nach einer Mutter sucht, die ihn unterstützt.

In Fällen, in denen die Mutter- oder Vaterrolle erwartet wird, ist es für die Betreffenden eine Zumutung, wenn sie die Partnerrolle einnehmen sollen. So mancher Mann reagiert sauer oder gar aggressiv, wenn er in bezug auf Haushaltsführung die Hälfte übernehmen soll und so manche Frau ist frustriert, wenn sie sich überall finanziell zur Hälfte beteiligen soll.

Felder, in denen wir die Vater- oder Mutterrolle vom anderen erwarten, sind also meist emotional stark besetzt, sie haben größere Bedeutung als andere Felder, in denen wir partnerschaftlich mit dem anderen verkehren.

Eine Partnerschaft ist also nur dann erfüllend, wenn die Rollen komplementär sind (Protagonist – Antagonist) oder wenn ein gleichberechtigter, partnerschaftlicher Energieaustausch möglich ist. Komplementär heißt, daß der andere einen dort ergänzt, wo man es braucht, daß der Partner die Rolle spielt, die zur eigenen paßt wie der Deckel auf den Topf.

Zum Scheitern verurteilt sind hingegen meist Partnerschaften, bei denen eine Inkongruenz von Programmen vorherrscht. Wenn z. B. *er* mit seinem geistigen Programm kompensieren will, *sie* aber von ihrer eigenen Meinung ebenso überzeugt ist. Beide wollen sich gegenseitig aufklären und überzeugen. Die Partnerschaft gleicht dadurch einem Kampffeld, was sich auf die Dauer gesehen zwangsläufig ungünstig auswirken muß.

Daraus folgt, daß eine Partnerschaft meist in eine Krise kommt, wenn die ursprünglichen Positionen oder Rollen geändert werden. Wenn z. B. die *Basis* der Beziehung bisher darauf aufgebaut war, daß der Mann im Gespräch tonangebend war und die Frau mehr sich in der Zuhörer- und Bewundererrolle befand, wird die Beziehung ernsthaft auf die Probe gestellt, wenn die Rollen getauscht werden.

Kommen auf einem Lebensgebiet zwei Plusgeladene zusammen, dann stoßen sie sich ab (zwei gleiche Pole stoßen sich ab). Das einzige, was sie erreichen können, ist, daß sie sich gegenseitig tolerieren.

Auf Tagungen und Kongressen (ein bevorzugtes Feld der Elternrollenspieler) ist dies häufig zu beobachten. Jeder Referent bringt seinen Beitrag, aber außerhalb der Vorträge kommt kaum ein Gespräch zustande. Warum? Weil die Elternrollenspieler niemanden mehr haben, den sie aufklären und belehren können. Die Gesprächs-

Checkliste

Anlagen u. Fähigkeiten bzw. Lebensbereich	Was man selbst geben kann (eigenes Angebot)	Erwartungshaltung an den Partner (eigene Nachfrage)	Was der Partner geben kann (Angebot des anderen)	Was der Partner von einem erwartet (Nachfrage des anderen)	Übereinstimmung ja/nein oder partiell
Aussehen					
Durchsetzung					
sportliche Fähigkeiten					
Besitz					
Finanzen					
Status u. Prestige					
Stimme					
Auftreten					
Kommunikationsfähigkeit					
Zärtlichkeit, seelische Liebe u. Wärme (Geborgenheit)					
Haushalt (Nahrung, Kleider, Wohnung)					
Unternehmerische Fähigkeiten					
Handlungsfähigkeit					
Verhalten					
Selbständigkeit					
Sexuelle Fähigkeiten					
Kindererziehung					
Reinlichkeit					
Geschmack					
Kompromißfähigkeiten					
erotische Fähigkeiten (Verführungskunst)					
geistige Potenz					
Bildung					
Weltanschauung					
Maßstäbe, Normen					
Ideale					
Ziele					
Bewußtsein					
Freizeitverhalten (Hobbies etc.)					
Spaß					
Phantasie					

inhalte bestehen meist nur aus Höflichkeitsfloskeln und belanglosen und *ungefährlichen* Kommentaren zu Wetter und Weltlage. Die Kindrollenspieler glauben, daß die Damen (selten) und Herren hinter den verschlossenen Türen sich geistig gegenseitig befruchten und dabei neue wissenschaftliche Erkenntnisse gewinnen. Doch die *Wichtigtuer* tun meist nur so, als ob dem so sei, um ihre Bedeutung zu signalisieren und gegenüber den Kindrollenspielern Eindruck zu machen. Ebenso verhält es sich, wenn sich zwei Minusgeladene bzw. Kindrollenspieler treffen. Sie haben sich im Grunde wenig zu sagen. Wenn sie miteinander sprechen, dann reden sie meist über den Pluspol, über ihren Partner, der über so viele praktische Fähigkeiten verfügt, oder sportlich so herausragende Leistungen erzielt, über ihre Kinder, die bestimmte Ausgleichsfunktionen innehaben, über den Chef oder über Stars der Sport-, Film- oder Fernsehwelt.

Doch zurück zur Checkliste. Wir haben davon gesprochen, daß eine erfüllende Partnerschaft auf einem Lebensgebiet möglich wird entweder:

wenn die Partner sich gegenseitig ergänzen (z. B. wenn er imstande ist, ihr Prestigedefizit durch seine Promotionsurkunde auszugleichen (komplementäre Verflochtenheit zwischen Kind- und Elternrollenspieler)

wenn die Partner Fähigkeiten ausgebildet haben und partnerschaftlichen Austausch pflegen können, z. B. wenn beide ihre sexuellen und erotischen Fähigkeiten ausgebildet haben und einsetzen, erfolgt daraus eine beglückende Sexualität und Erotik (Erwachsene).

Vielleicht noch ein Hinweis: Der Kindrollenspieler ist meist der empfangende, der Elternrollenspieler der gebende Teil, während der Erwachsene, also derjenige, der fähig ist, mit dem anderen partnerschaftlichen Austausch zu pflegen, mit seiner Anlage sowohl empfangend als auch gebend ist. Doch auch hier kann es Schwierigkeiten geben, etwa wenn das Programm oder die Art und Weise, wie man eine Anlage ausgebildet hat, vom anderen nicht angenommen wird.

Wenn etwa der eine Partner eine eigene Art, Späße zu machen, an den Tag legt und der andere darüber überhaupt nicht lachen kann. Oder, wenn die Art, wie *er* Zärtlichkeit zu geben imstande ist, von dem, was *sie* erwartet, meilenweit entfernt ist.

Bei der Checkliste sollte also die 2. Spalte (eigene Nachfrage) mit der 3. Spalte (Angebot des Partners) und die 1. Spalte (eigenes Angebot) mit der 4. Spalte (Nachfrage des Partners) übereinstimmen.

Wichtig ist, daß die Partner, die diese Checkliste (für den Partner kopieren!) ausfüllen, offen und ehrlich zueinander sind. Häufig werden eigene Erwartungshaltungen nicht benannt oder etwa dergestalt simplifiziert, daß man zum Ausdruck bringt: Er soll lieb und nett zu mir sein. Oder der Partner sagt, um *besser dazustehen* oder um dem anderen nicht weh zu tun, was anderes als das, was er in Wirklichkeit erwartet. (Solch unterschwellige Erwartungen vergiften dann oft jahrelang die Beziehung!) Nach unseren Erfahrungen wird die Checkliste meist nur für vergangene Partnerschaften richtig ausgefüllt, bei bestehenden Beziehungen, insbesondere wenn man verliebt ist, ist die Gefahr der Befangenheit groß. Man sieht alles durch eine rosarote Brille und ist noch in den eigenen Projektionen gefangen. Man sieht den Partner so wie man ihn sehen will, d. h. wie man ihn zum Ausgleich des eigenen Persönlichkeitssystems braucht und nicht wie er wirklich ist.

Für diejenigen, die ihre vergangenen wichtigen Beziehungen schneller abchecken wollen, sei hier noch ein *Schnelltest* vorgestellt:

Seelische Liebe (Zärtlichkeit, Geborgenheit)
Sexualität
Erotik
Freizeitverhalten (gemeinsame Unternehmungen usw.)
Geschmack
Spaß
geistiges Programm

Der einzelne kann sich hier fragen, ob auf den oben angeführten Ebenen mit dem jeweiligen Partner Übereinstimmung herrscht. Wenn auf nur zwei Gebieten keine Übereinstimmung vorhanden ist (ob auf dem Wege des Ausgleichs oder auf dem Wege des Austausches ist hier ohne Belang) ist das Bestehen der Partnerschaft gefährdet. Inkongruenz auf drei und mehr Ebenen bedeutet, daß die Partnerschaft früher oder später zum Scheitern verurteilt ist.

Ausnahmen von dieser Regel gibt es nur, wenn die Partner sich auf den Gebieten, wo keine Übereinstimmung gegeben ist, abgrenzen können (was einen sehr hohen Entwicklungsstand voraussetzt) oder dort Ergänzungspartner haben, mit denen ein Ausgleich oder ein Austausch der jeweiligen Lebensenergien möglich ist.

Wie komplex und schwierig es ist, allein in bezug auf ein geistiges Programm zu harmonieren, zeigt das nächste Kapitel.

WARUM GEISTIGE ÜBEREINSTIMMUNG IN DER PARTNERSCHAFT MEIST DEFIZITE AUF ANDEREN LEBENSGEBIETEN VERSTÄRKT

Manche Menschen haben in Partnerschaft und Ehe viel Leid erfahren. Ihre ganze Hoffnung auf Liebe, Glück, seelischer Wärme und Geborgenheit hat sich zerschlagen. Frustriert ziehen sie sich zurück. Einige davon beschäftigen sich schließlich kompensatorisch mit den verschiedensten Ideologien und Weltanschauungen, und entwickeln sich dadurch geistig weiter.

Damit beginnt jedoch eine neue Schwierigkeit: Bei der Partnersuche wird dieses *Geistige* zu einem entscheidenden Kriterium dafür, ob ein Partner in die engere Wahl gezogen oder a priori «wegselektiert» wird. Es erübrigt sich fast zu erwähnen, daß bei vielen Menschen die meisten potentiellen Partner nicht in Frage kommen, da sie das geistige Ideal des Betreffenden nicht zu erfüllen imstande sind. Besteht jedoch tatsächlich eine geistige Übereinstimmung, so werden die beiden bald merken, daß auf anderen Lebensgebieten eine solche Harmonie nicht vorherrscht bzw. daß andere Bedürfnisse und Erwartungen nicht erfüllt werden. Eine weitgehende geistige Übereinstimmung bedeutet meist, daß beide Partner dieselben Defizite aufweisen.

So wie ein Defizit im Wasserhaushalt im geistigen Organismus das Bild einer Quelle oder eines Wirtshauses entstehen läßt, so erzeugen, analog diesem Beispiel, alle Defizite, Schwächen, Hemmungen und Ängste entsprechende Komplementärbilder, die zusammengenommen den geistigen Inhalt ausmachen. Zum Beispiel übernehmen verschiedene Ideologien und Religionen die Funktion dieser Komplementärbilder und gleichen damit Defizite und Frustrationen der Masse aus. Hierzu schreibt Erich Fromm in *Das Christusdogma*:

Wenn Realbefriedigungen nicht gestattet sind, treten Phantasiebefriedigungen als Ersatz ein und werden zu einer mächtigen Stütze der gesellschaftlichen Stabilität. Je größer die Versagungen sind, die die Menschen in der Realität erleiden, desto stärker muß dafür Sorge getragen werden, daß sie sich durch Phantasiebefriedigung für die realen Versagungen entschädigen können. Die Phantasiebefriedigungen haben die doppelte Funktion jedes Narkotikums, sie sind schmerzlindernd, aber auch gleichzeitig ein Hindernis der aktiven Einwirkung auf die Realität. Die gemeinsamen Phantasiebefriedigungen haben gegenüber den individuellen Tagträumen einen wesentlichen Vorzug darin, daß sie infolge ihrer Gemeinsamkeit für das Bewußtsein wirken wie eine Einsicht von realen Tatsachen. Eine Illusion, die von allen phantasiert wird, wird zur Realität. Die älteste dieser kollektiven Phantasiebefriedigungen ist die Religion.

Nun besteht die Problematik darin, daß die jeweiligen Ideologien und Religionen, sofern sie nicht die Natur und das Leben zum Inhalt haben, paradoxerweise einesteils Ausgleichsfunktion haben, andererseits aber gerade diese Defizite in den Individuen festschreiben. So bestätigen und verstärken die patriarchalen Religionen meist die durch die Rollenteilung entstandenen Defizite. Die Menschen bleiben dadurch häufig ohnmächtig, abhängig, unmündig, passiv, schicksalsergeben. Durch den gesellschaftlichen Wandel, der auch die strenge Rollenteilung langsam zu verwischen beginnt, entstehen bei vielen Individuen verschiedene neue Defizite, die nicht mehr durch die alten patriarchalen Religionen abgedeckt werden können.

Viele Menschen beginnen daher an den vorgegebenen geistigen Mustern zu zweifeln und suchen nach anderen geistigen Inhalten, die ihre neu entstandenen Bedürfnisse stillen sollen.

Deshalb finden viele der in den letzten Jahren und Jahrzehnten entstandenen Heilslehren immer größere Verbreitung. So liegt der Erfolg des indischen Gurus Bhagwan Shree Rajneesh insbesondere in der ideologischen Abdeckung von Sexual- und Zärtlichkeitsdefiziten begründet. Diese Defizite wurden einer wachsenden Anzahl junger Menschen bewußt, die nicht mehr so leben wollten wie ihre Eltern und Vorfahren. Die sich gegenseitig verstärkende Wechselwirkung zwischen Defizit und Religion mußte eines Tages zu diesem Dropout-Effekt führen. So stiegen viele der jungen Generation aus der alten Religion aus und in die neue ein. Das Dilemma dabei ist, daß diese jungen Menschen, die den Mangel an Zärtlichkeit, Liebe und Sexualität so schmerzlich empfinden, gerade die Fähigkeiten hierzu nicht gelernt haben, weil sie keine entsprechenden Vorbilder hatten. Es stellen sich dabei mehrere Fragen:

Können zwei Menschen, die starke Zärtlichkeitsdefizite aufweisen, sich überhaupt gegenseitig echte Zärtlichkeit und seelische Liebe schenken oder verstärken sie nicht im Gegenteil ihre Defizite?

Worauf ist der Mangel an Zärtlichkeit zurückzuführen? Wird der Betreffende nicht geliebt, weil ein Fehlverhalten vorliegt, weil er selbst nicht Zärtlichkeit geben kann, weil er zu wenig an anderen Fähigkeiten, die Liebe erwirken würden, anbietet?

Wird Zärtlichkeit gegeben, weil es die Ideologie so vorschreibt, oder wirklich um der Persönlichkeit des anderen willen? Handelt es sich bei einer solchen Ideologie nicht wieder um eine Fremdbestimmung, eine Fremdbestimmung, die nur im anderen Kleid wieder erscheint?

So berechtigt diese Fragen auch sein mögen, so darf dabei doch nicht außer acht gelassen werden, daß das neue Programm ein bedeutender Entwicklungsschritt sein, und die Ideologie des Fühlens folgende Wirkungen zeitigen kann:
 Der einzelne versucht zunächst der neuen Ideologie gemäß zu leben. Er freut sich, wenn er Gleichgesinnte trifft, freut sich mit ihnen Zärtlichkeit auszutauschen. Außerdem fühlt er sich in der Bewegung geborgen. Er weiß wo er hingehört. Seine Defizite scheinen nun aufgefüllt zu sein. Nach einiger Zeit kann sich jedoch neue Unzufriedenheit einstellen: Man fühlt sich in seiner seelischen Eigenart nicht angenommen. Der seelische Schmerz wird stärker denn je empfunden. Man hat das Gefühl, die Ideologie habe nur eine Verstärkung des Leidens gebracht. Dies ist dann häufig der Punkt, an dem der einzelne aus der Bewegung aussteigt. Die negative Verstärkung bewirkte auch hier den Dropout-Effekt.
 Über die Ideologie des Fühlens hatte der einzelne die Möglichkeit, die Fähigkeit zu Zärtlichkeit und Liebe zu erlernen. Wenn er sie erlernt hat, braucht er die Ideologie des Fühlens nicht mehr. Er kann nunmehr neue Wege beschreiten.

Jetzt können wir unsere Ausgangsfrage, warum geistige Übereinstimmung die Defizite im Persönlichkeitssystem der Partner verstärkt, eher beantworten (sofern beide nicht ein Programm aufstellen, wie jeder seine Defizite auffüllen kann und dieses Programm zu verwirklichen versuchen). Wir stellten fest, daß dieselben Komplementärbilder aus den gleichen Defiziten resultieren. Wenn beide Partner also dieselben Defizite haben, kann durch den anderen kein Ausgleich erfolgen. Der Ausgleich findet nun auf der geistigen Ebene statt bzw. die Ideologie oder Weltanschauung stellt den Ausgleich dar. Insofern pflegen die Partner hervorragend geistigen

Austausch, aber ihre körperlichen, materiellen und seelischen Defizite bleiben bestehen. Jeder erwartet vergeblich vom anderen, daß seine Bedürfnisse gestillt werden. Keiner kann dem anderen das geben, was er braucht. Das kann, so paradox es auch klingen mag, oft nur ein Partner, mit dem man geistig *nicht* übereinstimmt. Jener hat andere Defizite und andere Stärken. So kann es sein, daß er sich dort im Plus befindet, wo man selber im Minus ist und umgekehrt. Meist ist hier deshalb auch eine stärkere körperliche Anziehung vorhanden.

So steht der einzelne vor der Entscheidung: Entweder körperliche bzw. seelische Übereinstimmung, aber geistige Dissonanzen oder geistige Kongruenz, aber ständige Mangelerscheinungen auf anderen Lebensgebieten zu wählen.

Erst wenn jeder der beiden Partner seine Defizite selbst auffüllt und dadurch deren geistiger Organismus nicht mehr nur Ausgleichsfunktionen innehat, sondern ein Eigenleben entwickelt, besteht die Chance, körperlich, seelisch und geistig zu harmonieren.

Wie bedeutungsvoll Komplementärbilder (d. h. innerer Ausgleich) für unser Schicksal sein können, soll auch anhand des Ideals aufgezeigt werden.

DAS IDEAL

Wie bei einem Hungrigen im Geiste das Bild eines gedeckten Tisches erscheint, so stellt sich bei einer Hemmung auf einem bestimmten Lebensgebiet das Bild des Ideals ein. Wer ein Defizit in bezug auf Geborgenheit aufweist, also ungeborgen ist, hat als Ideal: Geborgenheit, seelische Wärme und Liebe, wer gehemmt ist in bezug auf sein Aussehen, erhebt die Schönheit zum Ideal, wer frei und unabhängig sein möchte, aber hierbei sich behindert fühlt, wird die Freiheit und Unabhängigkeit als Ideal sehen usw.

Das Ideal steht jeweils komplementär zur Hemmung, es ist ein Ausgleichsbild zur Hemmung und daher zur Aufrechterhaltung der Homöostase (des Gleichgewichts) wichtig und notwendig.

Dabei kann das Ideal bewußt vertreten werden oder nur im Unbewußten schlummern. Ist es nicht bewußt, so bedeutet dies nicht, daß es nicht vorhanden wäre. Wo eine Hemmung oder Blockade ist, da ist zwangsläufig auch der Gegenpol, das Ideal, vorhanden.

Das Ideal wird, wenn es unbewußt ist, eben in der Projektion, also beim Mitmenschen bzw. in der Umwelt erlebt, etwa wenn andere den Betreffenden aufgrund ihres Ideals bewerten und ihn dadurch wieder in die Hemmung manövrieren.

Würde der Betreffende nicht das Ideal im Unbewußten beherbergen, d. h. würde er sich nicht mit dem Ideal identifizieren, könnte er dadurch nicht gehemmt werden. Wenn oben davon gesprochen wurde, daß das Ideal als Ausgleichsbild für eine Hemmung fungiert, so bedeutet dies nicht, daß das Ideal einen günstigen Einfluß auf das Schicksal des einzelnen nimmt.

Im Gegenteil! Wie bereits an anderer Stelle zum Ausdruck gebracht, ist jeder Mensch immer ausgeglichen – es fragt sich nur auf welche Art und Weise. So wie die Krankheit einen körperlichen Ausgleichsversuch darstellt, so ist das Ideal ein krankhafter geistiger Ausgleich. Je größer (krankhafter) die Hemmung, das Defizit, das Manko, das Unvermögen, um so kränker, pervertierter und irrealer zeigt sich das Ideal bzw. um so vehementer und fanatischer wird es vertreten oder angestrebt.

Nehmen wir als Beispiel eine Frau, die in ihrer Begegnungs- und Partnerfähigkeit gehemmt ist und bei der aufgrund dessen vor ihrem geistigen Auge das Idealbild eines Kavaliers vom Scheitel bis zur Sohle auftaucht. Bei diesem Ideal sind vier Schicksalsvarianten möglich:

1. Variante:
Die Frau lehnt jeden, der diesem Ideal, das zur Kompensation ihrer Hemmung notwendig ist, nicht entspricht, ab. Wenn er nicht so ist wie sie ihn braucht, fällt er durch das Sieb, wird durch ihre geistige Niere ausgeschieden. Sie wird schließlich zu einer *Alten*

Jungfer, die sich ständig verwehrt, weil keiner ihren hohen Ansprüchen genügt.
Sie ist in einem Teufelskreis gefangen: Aufgrund der inneren Hemmung taucht das Bild des Ideals auf und das Ideal verstärkt die Hemmung. Je stärker jedoch die Hemmung wird, um so unrealistischer und anspruchsvoller wird das Ideal. Als zwangsläufige Folge stellen sich dann Gefühle der Frustration und der Einsamkeit ein.

2. Variante:
Die Frau beherbergt zwar in ihrem Inneren ein Idealbild, ist aber *kompromißfähig* und ist mit einem Partner liiert, der nur teilweise diese idealen Eigenschaften verkörpert. In diesem Fall wird sie ständig hoffen, den Partner eines Tages doch noch so weit bringen zu können, daß er das Ideal vollkommen erfüllt. Aufgrund ihres Ideals ist die Betreffende also ständig in einem Zustand der steten Hoffnung, oder (wenn es sich um eine sehr aktive Frau handelt) des steten Kampfes.

Daß dieser Kampf aussichtslos ist, ist klar, da der andere eine eigenständige Persönlichkeit ist, und *niemals nur als bloßer Auffüller* der Defizite des Gegenübers fungieren kann. Auch hier zeigen sich nach einiger Zeit bzw. nachdem es zum wiederholten Male nicht geklappt hat, Frustrationserscheinungen.

3. Variante:
Die Frau projiziert auf einen Mann das Idealbild und liiert sich deshalb mit ihm. Im Laufe der Zeit entpuppt sich jedoch der Kavalier vom Scheitel bis zur Sohle in bestimmten Momenten als sehr rüpelhaft und ganz und gar nicht gentlemanlike. Sie wird mit dem Schatten ihres Kavaliers konfrontiert, der seine Rolle eben nicht Tag und Nacht aufrechterhalten kann. Schafft ein Mann es womöglich doch, aufgrund seiner Erziehung und damit verbunden aufgrund seines strengen Über-Ichs, das Ideal zu erfüllen, so ist sie schließlich dennoch vom Leben enttäuscht; denn, wenn

zwei Gehemmte zusammenkommen (der Kavalier kompensiert ja nur seine Hemmung), kann nur *ein sehr reduziertes Leben* als Ergebnis herauskommen.

Das, was sie sich mit dem Ideal erwartet hat, nämlich stete Glückseligkeit und Leidenschaft, hat sich nicht erfüllt.

4. Variante:
Die Frau ist sich der Tatsache bewußt, daß ihr Ideal nur das Komplementärbild zu den eigenen Hemmungen und Defiziten ist. Sie bildet Anlagen und Fähigkeiten aus, füllt Defizite selbst auf und entwickelt sich weiter. Zudem läßt sie sich auch auf Partner ein, die ihr sympathisch sind, die aber nicht unbedingt ihrem Ideal entsprechen. Aufgrund dessen kann sie mit diesen *Wegpartnern* ihre Begegnungs- und Partnerfähigkeit einüben.

Je mehr sie ihre Hemmung auf diesem Gebiet abbaut, desto mehr verliert das Idealbild an Kraft. Schließlich kann sie eines Tages mit ihrem früheren Idealmann nichts mehr anfangen, da jener nur passend zu ihrer Hemmung war und nicht mehr ihrer derzeitigen Entwicklungsstufe entspricht.

Jedes Ideal wird also durch die Brille einer Hemmung konzipiert. Das Ideal oder das Ziel würde anders aussehen, wenn die Hemmung oder das Defizit nicht vorhanden wäre. Bei Nichterfüllung des Ideals wäre es daher besser, statt dem Partner oder der Umwelt die Schuld in die Schuhe zu schieben, selbst die Defizite aufzufüllen. Die Fixierung auf das Ideal ist zwar der bequemere Weg, bedeutet aber schließlich im Entwicklungsprozeß steckengeblieben zu sein, bedeutet lebend tot zu sein und *ewig* frustriert zu bleiben.

Nach dem bisher Gesagten wird nun die Frage auftauchen, wodurch denn die Hemmungen und Defizite im Persönlichkeitssystem des einzelnen entstehen. Eine entscheidende Ursache liegt u. a. in der Rollenteilung zwischen Mann und Frau begründet. Die patriarchale Rollenteilung bewirkt, daß Mann und Frau jeweils unterschiedliche Anlagen ausbilden.

Für den Mann ist es wichtig (will er die ihm zugewiesene Rolle erfüllen), stark, aktiv, durchsetzungsfähig, sportlich, ehrgeizig, tüchtig, intelligent, technisch und praktisch begabt sowie schöpferisch zu sein. Ferner wird erwartet, daß er Karriere macht, versiert in Wirtschafts- und Finanzfragen ist, und daß er Schutz und Sicherheit gewährt. Dadurch kompensiert er all die Defizite und Schwächen der patriarchal strukturierten Frau. Um als Frau anerkannt zu werden, bzw. um nicht Gefahr zu laufen als vermännlicht zu gelten, durfte sie gerade diese Eigenschaften nicht entwickeln. Von ihr wird eine völlig andere Rolle erwartet: Sie soll brav, anständig, lieb, treu und zärtlich sein, soll mütterliche und hausfrauliche Qualitäten besitzen, soll Geborgenheit und seelische Wärme schenken und soll Schönheit und Ästhetik verkörpern.

Die durch die Rollenteilung verursachten Defizite und Hemmungen lassen u. a. auch den Wunsch nach Heirat entstehen. Der Ehevertrag ist die äußere Projektion und Manifestation des inneren Ideals, das als Komplementärbild zu den Hemmungen auftaucht. Daß dieses Ideal, eine Ganzheit zu sein, nie erreicht werden kann, ist logisch, da zwei gehemmte, unverwirklichte Menschen nur ihre Defizite verstärken und unfähig sind, das (irreale) Ideal von ewiger Liebe und ewigem Glück zu erreichen.

Wir können daher konstatieren: Defizite und Hemmungen werden durch kultur-, zeitepochen- und familienspezifische Ideale erzeugt, bestätigt und verstärkt. Da diese Ideale irreal sind und daher nicht effektiv verwirklicht werden können, fühlen sich die Menschen ständig durch sie geknechtet, ungenügend, unfähig und teilweise sogar wertlos.

Es können folgende Wirkungen beobachtet werden:
Aufgrund des Ideals muß die persönliche Eigenart verdrängt werden und falls die Erfüllung des Ideals vom Mitmenschen erwartet wird, wird dessen Eigenart mißachtet bzw. wird der Mitmensch gezwungen, seine Eigenart zu verdrängen.

Das Ideal schafft ständig *Schuldgefühle* und *Hemmungen*, weil ihm nicht entsprochen werden kann.

Das Ideal schafft *Schamgefühle*. Etwa, wenn eine Frau sich als Ideal einen großen, stattlichen Mann wünscht, aber ihren Bekannten *nur* einen kleinen schwächlich aussehenden als Freund vorstellen kann.

Wer ein Ideal nicht erfüllt, läuft Gefahr, von anderen *gemaßregelt zu werden*. Umgekehrt kann jemand, der ein Ideal an einen Mitmenschen anlegt, bei Nichterfüllung die Berechtigung ableiten, ihn zu kritisieren, zu maßregeln oder gar zu bestrafen.

Ein Ideal *knechtet* alle Anlagen und Energien des körperlichen, seelischen und geistigen Organismus, d. h. die Anlagen und Energien können kein Eigenleben mehr haben, sondern werden nur dazu verwendet, um das Ideal zu erreichen. Dies ist etwa der Fall, wenn ein Mann all seine Fähigkeiten und all seine Kraft nur für sein Ideal, Karriere zu machen, einsetzt.

Das Ideal verursacht *Zeitmangel*. Da (wie vorher zum Ausdruck gebracht) das Streben nach dem Ideal alle Kräfte erfordert, bleibt wenig Zeit für andere Dinge. Insbesondere besteht keine Zeit mehr für zwischenmenschliche Beziehungen. Derjenige, der wie besessen einem Ideal nachjagt, wird z. B. kaum ein offenes Gehör für die Sorgen und Nöte seiner Mitmenschen haben oder Zeit finden, mit seinem Kind zu spielen.

Das Ideal läßt eine reale Begegnung zwischen zwei Menschen nicht zu. Der Mitmensch wird nach dem eigenen Ideal *eingeschätzt, bewertet* und demnach *behandelt*. Z. B. besteht die Gefahr, daß ein Mann, der nach einer Partnerin sucht, die seinem Ideal von Schlankheit und Grazie entspricht, mit molligen Frauen kaum in Kontakt tritt, sie als Mensch nicht voll annehmen kann oder sie sogar entwertet, weil sie ihm nicht das zu bieten vermögen, was er als Ausgleich für seine Hemmung braucht. Das Ideal läßt also zwischenmenschliche Beziehungen nicht aufkeimen. Der Mitmensch als solcher mit all seinen Qualitäten und Eigenarten wird nicht wahrgenommen, solange das Ideal nicht erfüllt wird. Das Ideal ist daher inhuman.

Das Ideal erzeugt Gefühle von *Neid* und *Mißgunst*. Es wird jeder beneidet, der das Ideal erreicht hat. Allerdings, für denjenigen, der es erreicht hat, ist es nicht mehr so, denn wäre es sein Ideal, hätte er es nicht erreicht.

Das Ideal disponiert zu *Sucht*, da man, um die Diskrepanz zwischen Ideal und Wirklichkeit aushalten zu können, häufig zu Suchtmitteln greift. Wenn keine Vorstellung besteht, auf welche Art und Weise das Ideal erreicht werden kann bzw. welcher Weg dorthin führt, wird ein Ersatzweg beschritten: die Sucht. Die Flucht in die Sucht ist eine Ausgleichsmöglichkeit für den Frust, den das Ideal immer wieder erzeugt. Der Süchtige will sein Ideal nicht infragestellen; er weiß keinen Ausweg, er tritt auf der Stelle, er kann keine Schritte unternehmen, er ist im Entwicklungsprozeß von einer oder mehreren Anlagen steckengeblieben. So wie er via Alkohol oder Drogen benebelt ist oder via Zigaretten sich benebelt, so ist auch sein Ideal im Nebel – es ist für ihn nicht greifbar (oft ist es ihm aber auch gar nicht bewußt) – es ist unwirklich und fern, und es besteht nicht die Aussicht, es zu erreichen.

Das Ideal auf einem Lebensgebiet zwingt die Anlage bzw. die Energie, sich anzupassen und reales Wachstum abzuwehren. Die Energie erscheint dann nur noch in *verzauberter*, verzerrter Form im Rahmen der Abwehr- und Anpassungsmechanismen als Sublimierung, Regression, Imitation, Identifikation, Verschiebung, Verdrängung, Reaktionsbildung, Projektion, des symbolischen Ausagierens und der Somatisierung.

Das Ideal erzeugt *Angst vor dem Tod*; es ist die Angst, zu sterben, ohne das Ideal erreicht zu haben, ohne das Ziel geschafft zu haben, ohne daß sich die größte Sehnsucht erfüllt hat.

Das Ideal macht *krank*. Es schwächt das Organ, das dem Lebensfeld, auf dem das Ideal aufgestellt wurde, symbolisch entspricht. Hat jemand z. B. eine glückliche Familie, in der er sich geborgen fühlen kann, als Ideal gewählt, so besteht insbesondere bei Frauen die Gefahr der Somatisierung auf dem gynäkologischen Sektor und bei Männern im Bereich des Magens. Der

Betreffende hat meist die glückliche Familie in seinem Elternhaus nicht erlebt und daher auch nicht die Fähigkeit erworben, die für eine gute Beziehung zu den anderen Familienmitgliedern erforderlich wäre. Durch die Brille seiner Hemmung bzw. seiner mangelnden Fähigkeiten gesehen strebt er nun das Ideal an. Er liiert sich mit einem Partner, mit dem die Realisation des Ideals möglich werden soll. Doch wird er enttäuscht. Das Ideal erfüllt sich nicht, denn die Wirklichkeit ist anders.

In den Phasen, in denen Hoffnung darauf besteht, das Ideal erfüllen zu können, schwelen die Krankheitssymptome im Untergrund. Fällt jedoch die Projektion weg (Enttäuschung, Frustration), werden die Symptome manifest – die Schwachstelle oder *Wunde* des Organismus ist wieder *aufgebrochen*. Da kaum jemand, der ein Ideal aufstellt, den Weg geht, sein Defizit aufzufüllen, wird die Krankheit zu einem Ersatzweg. Krankheit ist genauso wie die Flucht in die verschiedenen Süchte eine unbewußte Suche, ohne jemals zum Ziel zu führen.

Viele Menschen können eine Somatisierung abwehren, indem sie ihr Defizit symbolisch auffüllen. Sie beschreiben die verschiedensten Wege mit Ausnahme des einen realen Weges: Aneignung der Fähigkeit, Ausbildung der Anlage! So bauen einige Menschen, die das Ideal des Glücks und der Geborgenheit haben, oftmals Häuser, lassen Kachelöfen für die Wohnstube installieren, um mehr *Wärme* zu erreichen oder eröffnen ein Speiselokal (gepflegtes Essen vermittelt Geborgenheit) etc., aber ihr ursprüngliches Defizit füllen sie nicht auf. Insofern bleibt das Ideal unerreichbar und unerfüllbar – selbst, wenn jemand durch den Akt der Kompensation Millionen verdient oder gar weltberühmt wird.

Das Ideal verursacht *Nervosität* und *Spannung*. Da das Ideal lieber schon heute als morgen erfüllt werden soll, ist der auf ein Ideal Fixierte ständig innerlich gehetzt. Seine Nervosität und Spannung steigert sich. Er kann nicht mehr richtig entspannen. Er kommt nicht mehr zur Ruhe.

Da der Idealzustand nie erreicht ist, drängt eine innere Stimme den Betreffenden und fordert ihn ständig auf: Weiter, weiter, weiter... Du darfst nicht ruhen... Strebe weiter!
Die Projektion des eigenen Ideals erwirkt beim Partner, Kind oder Mitmenschen verschiedene Reaktionen:

Anpassung, bzw. Funktionieren i. S. des Ideals
Aggression
Haß
Wut
Auflehnung
Rebellion
Sucht
Flucht
Somatisierung
Widerstand
Schulisches oder berufliches Versagen
Trotz
Depression u.s.w.

Auf die Aggression, Wut, Depression etc. des anderen reagiert nun der einzelne seinerseits mit seinem Reaktionsmuster und schon sind die Betreffenden in total irrealen Bezügen gefangen. Man bekämpft jeweils beim *anderen* Wirkungen auf die *eigenen* Ursachen. So kann auch die Projektion des eigenen Ideals beim Mitmenschen Krankheiten auslösen. Indem man dem anderen dann hilft, versucht man die Folgeerscheinungen der vorliegenden Projektion des eigenen Ideals zu beseitigen.

Das Ideal erzeugt *Ärger*. Wenn der Partner das Ideal, das man aufgestellt hat, nicht erfüllt, hat man einen Grund gefunden, um sich ausgiebig ärgern zu können.

Das Ideal bewirkt, daß man nur in der Zukunft lebt und nicht im Hier und Jetzt. Erst wenn in ferner Zukunft das Ideal realisiert ist, glaubt man, mit dem Leben beginnen zu können. Deshalb kann der einzelne, der einem Ideal nachjagt, nie die Gegenwart genießen. Er kann die spezifischen Freuden der Lebensjahre von 20–30, von 30–40, 40–50 usw. nie auskosten. Die Gegenwart ist für ihn unbefriedigend und wertlos und muß quasi wie ein *Durchgangslager* möglichst schnell überwunden werden.

Das Ideal bewirkt in Esoterikerkreisen oftmals eine Projektion in die Vergangenheit, insbesondere ins Vorleben. Wer als Ideal die Schönheit auserkoren hat, war im letzten Leben Apollo oder Aphrodite, Kleopatra oder die Königin von Saba. Wer als Ideal Herrschaft und Machtfülle aufgestellt hat, weil er sich in diesem Leben als ohnmächtig empfindet oder weil sadistische Tendenzen in ihm wohnen, läßt vor dem geistigen Auge einen Film ablaufen, in dem er Herodes, Nero, Napoleon oder Hitler war. Wer die Weisheit zu seinem Ideal erhoben hat, erklärt, er wäre Epiktet, Sokrates oder Goethe gewesen. Wer in diesem Leben Defizite im Genuß zu verzeichnen hat, sieht als Komplementärbild Sodom und Gomorrha oder das alte, sündige Rom, wo er Wein aus Schläuchen trank, sich in den Bädern mit den tollsten Frauen vergnügte oder auf riesigen Festen ein Vermögen verpraßte.

Wenn wir all die vielen Punkte, die gegen die Konzeption eines Ideals sprechen, betrachten, so taucht sicher die Frage auf, ob es nicht auch reale Ideale gibt, die anzustreben es sich lohnt? Es existiert nur ein reales Ideal, das eigentlich kein Ideal, sondern ein Weg und gleichzeitig ein Ziel ist: Wachstum und Ausdruck der Anlagen und Fähigkeiten. Es macht einen großen Unterschied, ob man Wachstums- und Entwicklungsprozesse vollzieht, wie wir sie in der Natur analog beobachten können oder ob man einem Ideal nachjagt. Entwicklungsprozesse lassen im Gegensatz zum Ideal Individualität und Eigenleben zu.

Kein Baum wird (um einen Vergleich zu gebrauchen) ein bestimmtes Ideal aufstellen, wie er zu blühen hätte, sondern er wird seinen Anlagen und seiner Art gemäß seine Blüten entfalten. Wie sehr Ideale mit dem Schicksal zusammenhängen zeigt auch folgender Fall:

Margarete S. war zu gehemmt, um ihre eigenen Rechte in bezug auf Abgrenzung und Genuß durchzusetzen, Rechte auf einen eigenen freien Aktionsradius, auf ihre seelische Eigenart, auf Selbstverwirklichung.

Stattdessen versuchte sie den Ansprüchen und Forderungen ihres Sohnes und ihrer jeweiligen Partner Genüge zu leisten. Sie glaubte, wenn sie ihre Belange zurückstellen und sich für die anderen aufopfern würde, wäre ihr der Lohn des Schicksals gewiß. Ihr Ziel war, das hohe Ideal der Liebe zu allen Mitmenschen, insbesondere aber zu ihren nächsten Angehörigen, erfüllen zu können. Tag und Nacht war sie für ihr Kind da und versuchte ihren jeweiligen Partnern alle Wünsche von den Augen abzulesen. Sie hoffte dafür auch umgekehrt Anerkennung und Liebe zu bekommen. Doch das Gegenteil war der Fall: Ihr Sohn entwickelte sich immer mehr zum Egoisten und Tyrannen und die jeweiligen Partner verließen sie teilweise, ohne jemals wieder etwas von sich hören zu lassen. Aufgrund ihres seelischen Leides, das auch in verschiedenen somatischen Symptomen zum Ausdruck kam, sprach Margarete S. in unserem Institut vor. Ihre zwei Kernfragen waren: Warum bin ich für meine Liebe und Güte vom Schicksal nicht belohnt worden? Und, was kann ich tun, um meine inzwischen vorhandenen Aggressionen gegenüber Männern wieder in Liebe umzuwandeln?

Wer seine eigenen Lebensrechte nicht in Anspruch nimmt, räumt anderen mehr Rechte ein, als ihnen zustehen würde. Hemmungen in der Durchsetzung der eigenen Lebensrechte, bedingen zudem, daß als Gegenpol ein komplementäres Idealbild von Liebe und Güte vor dem geistigen Auge erscheint. Das Ideal hemmt jedoch wieder die betreffende Person, ihre eigenen Lebensrechte wahrzunehmen. Wie immer und überall zeichnet sich auch hier ein circulus vitiosus ab:

```
        weil gehemmt
        in den eigenen
        Lebensrechten
   ↙                    ↖
deshalb Ideal              deshalb gehemmt
von Liebe, Güte und        in der Wahrnehmung von
Selbstaufopferung          eigenen Lebensrechten
        ↘                    ↗
           weil Ideal
           von Liebe, Güte und
           Selbstaufopferung
```

Wer gut sein will, indem er im Sinne von anderen funktioniert, also sich selbst verleugnet, ist böse gegenüber seiner eigenen Natur. Eine solche Attacke gegenüber dem eigenen Leben wird von der körperlichen, seelischen und geistigen Natur des Menschen stets durch negatives Schicksal ausgeglichen. Wer böse ist gegenüber sich selbst, wird vom Schicksal (= Ausgleichsversuch der eigenen Natur) genau so hart, teilweise sogar noch härter bestraft, als dies bei einem Verstoß gegenüber fremden Leben der Fall wäre.

Deshalb ist das eigene Leben, die eigene Lebendigkeit in all seinen Äußerungsformen wie Triebe, Gefühle, Gedanken usw. genau so wichtig, wie das Leben des Mitmenschen. Lebensschutz beginnt also bei einem selbst. Hinzu kommt, daß das Gut-Sein, die stete Aufopferung gegenüber dem Nächsten, auch dem Mitmenschen schadet, obwohl es zunächst den Anschein erweckt, daß es ihm zum Besten gedeihen würde. Der gute und edle Mensch mit den hohen Idealen der Nächstenliebe und der ewigen Harmonie kann, indem er nur einen Pol, nämlich den positiven lebt, nichts Günstiges erwirken.

Margarete S. tat letztendlich gegenüber ihrem Kind nichts Gutes, sondern stärkte (natürlich ohne es zu wollen) dessen Egoismus und Machtdrang. Indem sie alles für ihren Sohn tat, drängte sie ihn in die Unselbständigkeit und Passivität. Die spätere Partnerin ihres Sohnes wird, sofern sie nicht ebenso masochistisch strukturiert ist, sicher mit ihm ihre Probleme haben. Es wäre daher für Margarete S. wichtig, den alten Maßstab von Gut und Böse zu hinterfragen und schließlich aufzulösen. Sie muß sich bewußt werden, daß dieser Maßstab nicht nur relativ ist, sondern auch einen Affront gegenüber dem Leben darstellt. Stattdessen wäre es günstig, einen neuen realistischeren Maßstab im Innern der Seele zu begründen, zum Beispiel: Gut ist, was dem Leben dient und schlecht ist, was dem Leben zuwiderläuft. Würde Margarete S. nach dieser Richtlinie leben, könnte sie ihre Gefühle zulassen, es entstünde kein Gefühlsstau in ihrem Unbewußten. Je mehr ein Mensch versucht, nur edel und gut im Sinne von Moral und Konvention zu sein, desto größer wird sein Schatten, desto destruktivere und pervertiertere Anteile von Energie sind in seinem Unbewußten vorzufinden (je edler der Mensch, desto schmutziger sein Unbewußtes); denn zugunsten dieses Maßstabes, zugunsten von Moral, Anstand und Konvention muß alles Lebendige, das damit nicht zu vereinbaren ist, verdrängt werden.

Wenn Margarete S. ihre Aggressionen gegenüber dem anderen Geschlecht in Liebe transformieren will, muß sie also paradoxerweise gerade ihre Leitbilder von Liebe und Harmonie aufgeben. Sie muß erkennen, daß der Mensch von Natur aus weder gut noch böse ist, daß er aber in der patriarchalen Phase der Menschheit immer beides ist, nämlich gut *und* böse und daß es ein aussichtsloses Unterfangen ist, nur einen Pol leben zu wollen! Solange die Menschen an dem von ihnen aufgestellten Ideal von Moral und Konvention festhalten, wird ihr Unbewußtes *das Böse* beherbergen, solange wird es auf der Erde Haß, Neid, Wut, Aggression, Krieg und Zwietracht geben.

Erst wenn es zur Integration dieses Schattens kommt, können die Menschen wieder natürlich sein, erst dann sind sie wieder weder gut noch böse, erst dann können sie bewußte Mitglieder einer Gesellschaft sein, die man als *Ökologische Gesellschaft* bezeichnen kann. Niemand mehr ist dann gut oder böse, wenn er seine Triebe auslebt, sich abgrenzt, sich ökologisch verhält usw. Der Mensch ist dann endlich *menschlich* geworden. Er lebt seine innere Natur, achtet und pflegt die äußere Natur mit einer Selbstverständlichkeit, die jenseits von Gut und Böse ist.

Welche gesellschaftlichen Auswirkungen Ideale haben können, wird bei dem bereits erwähnten Frauenideal, eine gute Hausfrau zu sein, deutlich: Die Tatsache, daß jeder Mensch psychisch anders strukturiert ist, bedeutet, daß jede Frau von Natur aus andere Anlagen und Fähigkeiten hätte.

Aufgrund der Rollenzuweisung versucht nun fast jede Frau, das Ideal einer guten Hausfrau zu erfüllen – so, als ob Millionen Frauen nur für diesen einen Beruf geeignet wären! Oder umgekehrt formuliert: Im Haushalt versuchen sich Millionen von Frauen, die gänzlich ungeeignet dafür sind, weil ihre Anlagen ganz anders gelagert sind.

Auf diese Art und Weise verschleudern Millionen Menschen ihre Zeit und ihre Kraft, weil jeder für sich einkauft, kocht, Geschirr spült usw. Dies ist vergleichbar mit den Pendlern, die jeden Tag alleine in ihrem oft über 100 PS starken Auto, das mit 4 – 5 Sitzen ausgestattet ist, in die Stadt zur Arbeit fahren.

Kaum jemand ergreift die Initiative, um diesen Irrsinn abzustellen und um eine Alternative zu finden. So gibt es fast nirgends preisgünstige Selbstbedienungsrestaurants mit großem Buffet oder gar Biorestaurants, in denen man besser, reichhaltiger und abwechslungsreicher als zu Hause essen könnte und dabei zugleich aus der familiären Isolation tritt, weil mehr Begegnungen möglich sind. Jedes Viertel würde ein solches Restaurant brauchen, um die Menschen dieser Region, die in der Kochkunst unbegabt sind oder dazu keine Lust haben, von dem Elend der täglichen Hausarbeit zu erlösen.

Die einzige Alternative, die von den Frauen vorgeschlagen wird, ist meist die, daß der Mann die Hälfte der Hausarbeit übernehmen sollte. Dies leuchtet (wenn die Frau ebenfalls berufstätig ist) zunächst ein, ist aber in der Praxis meist nicht durchführbar, weil der Mann, aufgrund der unterschiedlichen Rollenprägung in frühester Kindheit, Hausarbeit nicht gelernt hat und sich daher dazu stärker überwinden muß als die Frau. Nur wenige Männer schaffen es, dieses neue Ideal zu erfüllen. Sie knechten sich jahre- und jahrzehntelang, weil sie keine *Patriarchen* mehr sein und so mit gutem Beispiel vorangehen wollen, weil sie nach der Leitmaxime der Psycho- und Alternativbewegung ihre weiblichen Anteile ausbilden und dadurch eine *Ganzheit* werden möchten. Doch leider erweist sich dieser Weg wieder als ein Irrweg. Diese Männer sehen und bedenken nicht, daß sie auf diese Art und Weise nur die weiblichen Rollenzuweisungen, nicht aber die wirklichen gegengeschlechtlichen Anlagen erlernen. Dies käme dem gleich, zu glauben, daß eine Frau, die Whisky trinkt, Rallye fährt und nach Karriere giert, nun ihre männlichen Anteile ausgebildet hätte und so zu einer Ganzheit geworden wäre. Das Ideal, jeder der beiden Partner solle die Hälfte der Hausarbeit tätigen, setzt erst in der Mitte der Ursachenkette an. Es wird nicht die Hausarbeit als solche, nicht die separate Küche, nicht die Zivilisationskost, nicht der Maßstab, immer «warm» essen zu müssen, nicht die durch die Kleinfamilie bedingte Isolation, nicht die patriarchale Gesellschaft in Frage gestellt, sondern man setzt an einem Symptom an und will dies durch ein Ideal, das es unter allen Umständen zu verwirklichen gilt, beseitigen.

Hinzu kommt, daß die Rahmenbedingungen, die es braucht, um dieses Ideal zu erfüllen, in den wenigsten Familien stimmen. Die Erfüllung muß Illusion bleiben, wenn die wirtschaftlichen, materiellen, seelischen, geistigen und gesellschaftlichen Voraussetzungen nicht gegeben sind. So wird ein Rechtsanwalt oder ein Manager, dessen Stundenhonorar gut bemessen ist, lieber eine Stunde länger arbeiten, als zuhause den Abwasch tätigen. Er wird lieber für eine Hausangestellte plädieren. Dies aber ist wieder ein Verstoß gegen ein neues alternatives Ideal. Man sollte nach Ansicht der Vertreter dieser Richtung Arbeiten, die man selber erledigen kann, nicht dem andern aufbürden. Die Betreffenden verstricken sich also in einen circulus vitiosus. Sie gehen von einer Idealgesellschaft und nicht von der Realität aus. Hinzu kommt, wie das bei Idealen so üblich ist, daß diese Idealgesellschaft von der Hemmung aus konzipiert wurde und daher falsch und krank ist.

Es geht nicht um eine Teilung der Hausarbeit, sondern darum, daß sich keiner mehr dazu überwinden muß, wenn es nicht wirklich seiner Anlage entspricht oder, wenn er nicht tatsächlich Freude und Spaß daran hat.

Diese neue Zeit braucht Menschen, die schöpferisch sind, denken können und Alternativen auf den verschiedensten Lebensgebieten entwickeln. Eine bessere Welt braucht notwendig und dringend die verschiedenen Anlagen und Fähigkeiten von Millionen von Menschen. Durch die entfremdete Berufswelt und durch zusätzlich vergeudete Zeit und Kraft bei der Haushaltsführung, können all diese Anlagen nicht entwickelt werden.

Wie soll jemand zum Nachdenken kommen, wenn er täglich nach der harten Berufsarbeit auch noch einkaufen, kochen, waschen und putzen soll? Wie soll er Phantasie entwickeln können, wenn er in seiner ohnehin bereits spärlichen Freizeit auch noch Hausarbeit verrichten soll?

So paradox es in Anbetracht der vielen Arbeitslosen in unserer westlichen Industriegesellschaft klingen mag, wir können es uns künftig nicht mehr leisten, daß Millionen und Abermillionen im Haushalt vor sich *hinwursteln*, ihre Anlagen brachliegen lassen und ihre Energien dadurch nicht für den Aufbau einer blühenden ökologischen Kultur einsetzen können.

DAS SCHULD-SÜHNE-PRINZIP

Klaus B. hat seine Ernährung auf vegetarisch umgestellt. Fleischkost war für ihn gleichbedeutend mit Mord. Durch seine neue Ernährungsweise wollte er mit gutem Beispiel vorangehen und damit auch andere überzeugen. Klaus war bereits fünf Jahre Vegetarier, als er eines Tages einen Heißhunger nach Weißwürsten verspürte. Zögernd und voller Schuldgefühle betrat er ein Restaurant und bestellte sich Weißwürste mit einer Breze und dazu einen süßen Senf. Als er gerade dabei war, die dritte Wurst genüßlich (verbotene Früchte schmecken bekanntlich doppelt so gut) zu verspeisen, betraten zwei Kriminalbeamte das Lokal, kamen unauffällig und doch bestimmt direkt auf seinen Tisch zu und erklärten ihm, daß er wegen dringendem Mordverdacht verhaftet sei. Klaus B. wurde abgeführt. Auf dem Polizeipräsidium entpuppte sich beim Verhör alles als ein bedauerliches Versehen. Klaus B. sah dem wirklichen Mörder nur zum Verwechseln ähnlich.

Da es jedoch keinen Zufall gibt, taucht hier die Frage auf, warum er überhaupt in eine solche Situation kommen konnte. Da Klaus B. während des Verspeisens der Fleischkost große Schuldgefühle hatte, folgte unmittelbar die Strafe. Er fühlte sich in seinem Unbewußten als Mörder und zog daher in der Außenwelt fast magisch die Strafe an. Als Erfüllungsgehilfen hierfür fungierten die Kriminalbeamten, die ihn abführten.

Renate K. ist in einem streng religiös geprägten Elternhaus aufgewachsen. Am Sonntag die hl. Messe nicht zu besuchen, kam einer Todsünde gleich. Als sie 18 Jahre alt war, lernte sie einen jungen Mann namens Dirk kennen und lieben. Eines Tages fragte Dirk sie, ob sie nicht am Sonntag mit ihm eine Fahrt ins Blaue machen wolle. Hocherfreut sagte Renate unter der Bedingung zu, daß man irgendwo noch Gelegenheit hätte, in die Kirche zu gehen. Dirk, der es damit nicht so genau nahm, erklärte, daß sich dies sicher irgendwie einrichten ließe. Doch es kam alles ganz anders. Die beiden waren so ineinander verliebt, daß sie zunächst alle Gebote und Pflichten vergaßen. Erst am Abend regte sich bei Renate das Gewissen. «Dirk, wir haben es versäumt, die hl. Messe zu besuchen», flüsterte sie voller Angst. Dirk hingegen zerstreute ihre Bedenken. Kurze Zeit später passierte etwas Unvorhergesehenes. Ein anderer Wagen, der von rechts kam, rammte auf einer Kreuzung das Fahrzeug der beiden. Renate wurde mit Prellungen und einer leichten Gehirnerschütterung ins Krankenhaus eingeliefert. Ihr Vater meinte daraufhin: «Siehst du, Kind, du hast nur Lustbarkeit im Sinn gehabt und jeder Frevel wird bestraft. Ich hoffe, daß Dir dies eine Lehre sein wird.»

Auch hier waren die unbewußten Schuldgefühle dafür verantwortlich, die Strafe, nämlich den Unfall, anzuziehen. Es mußte ein besonders strenges Über-Ich in Renates Unbewußtem vorherrschend gewesen sein, da sonst ein solch geringfügiger Übertritt keine derartigen Folgen nach sich gezogen hätte. Viele religiöse Menschen (für andere ist dieses Gebot ohnehin nicht relevant) übertreten das Gebot, am Sonntag in die Kirche zu gehen, ohne daß es deswegen gleich zu Unfällen kommen muß. Es ist also entscheidend, wie stark die Schuldgefühle im Unbewußten schwelen. Grundsätzlich gilt: Je größer die Schuldgefühle, desto härter die Strafe. Sind keine Schuldgefühle vorhanden, kann auch keine Strafe erfolgen.

Ist also derjenige, der sich zu keiner Religionsgemeinschaft bekennt und dadurch vielleicht weniger Normen und Geboten unterworfen ist, besser dran? Daß dies nicht der Fall ist, zeigt folgender Fall:

Georg S., der überzeugter Atheist ist (dies sei nur zum Unterschied gegenüber der vorhergehenden Geschichte erwähnt), wollte am Sonntag zum Bergsteigen fahren. Seine Mutter lag jedoch im Krankenhaus, und es war für ihn ein Gebot der Menschlichkeit, sie dort zu besuchen. Da das Krankenhaus sich in der entgegengesetzten Richtung befand, war es ihm nicht möglich, beides miteinander zu verbinden. Georg überlegte kurz, was er nun machen solle und entschied sich schließlich für's Bergsteigen. Kurz vor dem Gipfel geschah es dann: Das Seil riß und Georg stürzte zwanzig Meter in die Tiefe. Er erwachte erst im Krankenhaus aus einer tiefen Bewußtlosigkeit.

Es ist also völlig egal, um welche Normen, Gebote und Verbote es sich handelt, überall zeigt sich dasselbe Bild. An allen Ecken und Enden lauern Maßstäbe, Normen und Ideale, deren Übertritt immer wieder mit Schuldgefühlen gekoppelt ist. Und jede Schuld verlangt nach Strafe. So bestrafen sich Tausende und Abertausende von Menschen selbst bei geringfügigen Übertritten. Sigmund Freud sprach hier von einer Selbstbestrafungstendenz des Unbewußten. Unsere Seele funktioniert nach wie vor nach dem archaischen

Schuld-Sühne-Prinzip. Eng mit diesem Prinzip gekoppelt ist das innere Rechtssystem eines Menschen. Je nach dem, nach welchen Maßstäben und Normen er lebt, wird sein Schicksal sich vollziehen. Man könnte sagen, daß er nach dem Maßstab und nach den Gesetzen und Normen *gerichtet* wird, die er an sich selbst anlegt. Selbst wenn er glaubt, daß andere die Maßstäbe oder die Gesetze aufstellen und an ihm anlegen, so sind jene (sofern er sich davon berühren läßt) nur Widerspiegelungen seiner inneren Situation. Die Maßstäbe und Normen wohnen in ihm.

Im Minuspol der Anlage zur *Rechtsfähigkeit und Verantwortungsfähigkeit* eines Menschen sind die Schuldgefühle verankert. Diese Schuld kann nur durch den Pluspol, nämlich durch die Strafe ausgeglichen werden. Hat jemand kein eigenes Rechtssystem in seinem Inneren aufgebaut – dies würde voraussetzen, daß er über Moral und Konvention bereits transzendiert wäre – befindet er sich im Minuspol der Anlage und projiziert unbewußt den Pluspol auf andere Personen, Sachen und Situationen. Es treten Ereignisse ein, die ihn ausgleichen. Er wird ausgeglichen über Erfüllungsgehilfen z. B. über einen Arzt, der ihm eine Spritze verpaßt. Es erscheint ihm seine eigene verdrängte Aggression in symbolischer Form, nämlich in Form einer Spritze, auf die er unbewußt projiziert hatte, er wird ausgeglichen z. B. über das Medium Zugluft, wodurch er sich erkältet; er wird ausgeglichen z. B. durch einen Streit, in den er hineingezogen wird und der ihm noch Tage danach seelisch zu schaffen macht.

Wie sehr das Unbewußte darauf bedacht ist, immer wieder die seelische Homöostase aufrecht zu erhalten, zeigt auch der Fall von Christa M.:

> Christa M., die seit fünf Jahren in München verheiratet ist, verliebte sich in einen netten jungen Mann. Als Christa und ihr neuer Freund Rolf mal ein paar Tage frei nehmen können, beschließen sie nach Graz zu fahren, um dort ein bißchen zu entspannen und vor allem auch, um sich (mehrere hundert Kilometer von zu Hause entfernt) frei als Paar bewegen zu können. Christa M. wollte nicht irgendwelchen Bekannten oder

Verwandten über den Weg laufen; denn sie hatte große Schuldgefühle und Ängste, daß ihr Verhältnis zu Rolf auffliegen könnte. Doch gerade das, was mehr als unwahrscheinlich war, trat ein. Ihre Nachbarin wohnte *zufällig* genau in dem Hotel in Graz, in dem auch Christa und Rolf abstiegen. Ja, mehr noch! Die Nachbarin lauschte fast die ganze Nacht an der Zimmertüre und folgte interessiert dem Liebesgeflüster der beiden. Am nächsten Vormittag hatte sie nichts Eiligeres zu tun, als sofort Christas Ehemann anzurufen. Als die *untreue* Ehefrau nach Hause kam, war der Empfang dementsprechend.

Zielsicher suchte sich also Christas Unbewußtes den Zeitpunkt, den Ort, das Hotel und den Erfüllungsgehilfen dazu aus, die es brauchte, um ihre Heimlichkeiten ans Licht zu bringen und sie zu bestrafen. Ihre Schuldgefühle schrien buchstäblich nach dem Gegenpol, nach der Strafe, nämlich Maßregelung durch den Ehemann.

Da jeder Verstoß gegenüber dem Treue-Maßstab bzw. der Norm, dem Partner bis ans Ende aller Tage treu sein zu müssen, bei vielen Menschen mit Schuldgefühlen gekoppelt ist, treten dabei Komplikationen verschiedenster Art auf. Manche holen sich die Strafe für ihr *frevelhaftes Tun* über das Erdulden von Schimpfkanonaden des Ehepartners, andere wiederum über Unfälle z. B. über einen leichten Blechschaden am Auto; wieder andere, indem sie sich beim Seitensprung infizieren. Das Unbewußte holt sich dann den entsprechenden Erreger in der Außenwelt, um sich *auszugleichen*.

So holte sich Peter T. auf außerehelichen Wegen Gonorrhö, Sophie K. eine Pilzinfektion der Scheide und Mike L. die Immunkrankheit Aids.* Andere wiederum, die notorische Seitenspringer sind, infizieren sich nicht und erleiden auch keine Unfälle. Sie haben

---

* Für diese und andere Erkrankungen können natürlich außer den Schuldgefühlen noch andere Ursachen im Unbewußten vorliegen, siehe auch Hermann Meyer, *Die neue Sinnlichkeit*, München, 1984

lediglich keine (oder nur wenige) Schuldgefühle und ziehen daher auch keine Strafe an.

Die Selbstbestrafungstendenz des Unbewußten kommt überall zum Tragen. Sie wird wirksam bei Wohlleben und Genuß, wenn dies z. B. im Elternhaus tabuisiert wurde, bei Heimlichkeiten aller Art, denn wer heimlich etwas tut, gibt damit den anderen Recht, bei Schwarzfahren, bei Ungehorsam, bei Nichtanpassung, also häufig auch, wenn man sein eigenes Leben leben will, denn viele Menschen haben Schuldgefühle, wenn sie die Erwartungshaltungen von anderen nicht erfüllen, wenn sie mal wagen, sich abzugrenzen, um sich selbst einmal etwas zuzugestehen. So war es auch bei Liz S., die unter großen Schuldgefühlen einmal sich selber etwas gönnen wollte und ihren zweijährigen Sohn 8 Tage zu einer Großtante gab, um Freunde in London zu besuchen. Täglich rief sie von dort bei der Großtante an, um sich nach dem Befinden ihres Söhnchens zu erkundigen. Am vierten Tag teilte jene ihr mit, daß der Kleine in den Weiher gefallen und beinahe ertrunken wäre.

Liz ließ sich vom patriarchalen Mutterideal knechten. Ihre Schuldgefühle bestätigten sich, indem tatsächlich etwas passierte. Reumütig versuchte sie nun nach dem *Ausgleich* wieder das Ideal zu erfüllen.

Es gibt aber umgekehrt auch Schuldgefühle, die sich einstellen, wenn der Betreffende *nicht* nach der eigenen Natur lebt, etwa wenn er eine Arbeit tätigen muß, die er nicht gerne tun mag, weil sie nicht seinem eigenen Wesen entspricht. Bei solchen Arbeiten verletzen sich viele Menschen und bestrafen sich unbewußt dafür, weil sie nicht den eigenen Weg eingeschlagen haben, weil sie sich zu etwas *überwunden* haben. Überwindung bedeutet, daß man die eigene Natur, das eigene Wesen *überwunden* hat. Man hat von der eigenen Lebendigkeit etwas geopfert, man hat seine eigene Lebensenergie verdrängt und diese verdrängte Energie ereilt einen wieder (Gesetz der Wiederkehr des Verdrängten). Sie wird unbewußt nach außen projiziert und kommt durch eine Hintertür wieder herein.

Fazit: Verantwortlich für die Selbstbestrafungstendenz des Unbewußten ist primär die patriarchale Erziehung, bei welcher Strafen für Übertritte von elterlichen Maßstäben und Geboten ein entscheidendes Erziehungsmerkmal sind. Der Umstand, daß diese Maßstäbe relativ sind und nicht für alle Zeiten und für alle Menschen gelten, bleibt dem Kind verborgen. Es bestraft sich später (wenn sich keine neuen Maßstäbe gebildet haben) für jeden Übertritt selbst. In vielen Fällen sucht der Betreffende auch Personen, Dinge oder Situationen als Erfüllungsgehilfen auf, bei denen er sich die entsprechende Strafe abholen kann.

JEDE KRANKHEIT HAT DIE IHR GEMÄSSE IDEOLOGIE UND ERZEUGT ANDERE KRANKHEITEN

Mechthild V. wuchs in einem Elternhaus auf, in dem die Erotik Tabu war. Die Tabuisierung dieses Lebensbereiches bedingte eine psychosomatische Programmierung: Mechthild litt an Frigidität.

Aufgrund dieser Problematik zog sie nach dem Gesetz des Ausgleichs Männer an, die für sie den Gegenpol verkörperten, Männer, die ein besonders ausgeprägtes Triebleben hatten und auf diesem Gebiet besonders leistungsorientiert waren. Da sie während des Sexualakts keinerlei Reaktionen zeigte, steigerten die Betreffenden ihre Leistung und legten einen besonders großen Ehrgeiz an den Tag. Doch es war ein aussichtsloses Unterfangen. Mechthild blieb *kalt*. Wenn sie über das Problem ihrer Frigidität sprechen wollten, hatte sie bestimmte Sätze parat, die besonders plausibel erschienen und die Männer verstummen ließ:

Ich sehe gar kein Problem. Das Problem liegt nur darin, daß du es zu einem Problem machst.

Du hast eine ganz bestimmte Erwartungshaltung und die kann ich nicht erfüllen. Ich bin eben anders.

Ich finde es nicht gut, wenn man etwas zerredet. Ich glaube, es ist besser, den Dingen ihren Lauf zu lassen, dann erledigt sich vieles wie von selbst.

Sei doch nicht so ungeduldig. Jetzt haben wir ein paarmal miteinander geschlafen und du verlangst da schon totale Harmonie. Das ist unrealistisch. Ich kann mich erst richtig fallen lassen, wenn ich einem Mann gegenüber Vertrauen entwickeln kann und wir mehr Vertrautheit erreicht haben.

Mechthild stellte also komplementär zu ihrem Problem *Frigidität* Spielregeln auf, die der Partner einhalten sollte. Er sollte möglichst das Problem nicht benennen und schon gar nicht analysieren und *zerreden*, er sollte Geduld üben und die Hoffnung nicht aufgeben, daß sich die Situation in der Zukunft bessert.

Durch diese Spielregeln ist es für Mechthild möglich, ihr Problem unangetastet zu lassen und dem anderen die Schuld in die Schuhe zu schieben. Die Lösung des Problems wird plötzlich vom Wohlverhalten des Partners, sprich vom Einhalten ihrer Spielregeln durch den Partner abhängig.

Unbewußt sucht sie einen Mitspieler, der diese Spielregeln für sich als bindend erklärt, also jemanden, der seelisch verunsichert ist und wenig Eigenwert hat, der unerfahren ist, der *anständig* sein will und sich als Schuft vorkommt, wenn er Mechthild einfach des Sexes wegen verläßt, der seiner Wahrnehmung mißtraut und nicht zu seiner Fähigkeit der Analyse steht, der sich einreden läßt, ungeduldig zu sein und zu schnell aufzugeben und deshalb ob seiner *Ungeduld* und seiner Tendenz, rasch *die Flinte ins Korn zu werfen* Schuldgefühle entwickelt.

Gelingt es also, den Mitspieler dazu zu bringen, daß er sich bewußt oder unbewußt suggeriert, ein solches Verhalten nicht an den Tag legen zu dürfen, so versucht dieser sein scheinbares Manko bzw. seine Tendenz zur *Schlechtigkeit*, sowie seine Frustration, die aus der mangelnden sexuellen Erfüllung resultiert, zu kompensieren – das Gefühl der Aussichtslosigkeit wird durch die Hoffnung auf spätere Erfüllung kompensiert, die Gefühle der Schuld und der Frustration durch den Ehrgeiz, die Ungeduld durch Beharrlichkeit.

Der Mitspieler steht also nicht zu den Empfindungen, die

zunächst auftauchen, weil jene nicht mit dem Maßstab des Anstands zu vereinbaren sind, statt dessen ersetzt der Betreffende diese *negativen* Gefühle durch die *positiven* Gefühle des Glaubens, der Hoffnung und des Ehrgeizes. Er wechselt daher vom Minuspol zum Pluspol. Doch sowohl der Minus- als auch der Pluspol dieser Gefühle ist – wie an anderer Stelle bereits festgestellt – irreal, mit anderen Worten: Die krankhafte irreale Reaktion auf die Kompensation der seelischen Wunde seiner Partnerin wird ebenso pathologisch im anderen Pol kompensiert. Auf diese Art und Weise ist der Betreffende bereits total im Schicksalskarussell gefangen. Solange der Betreffende die Kraft hat, die tief im Inneren empfundene Aussichtslosigkeit durch Hoffnung und Zuversicht auszugleichen, bleibt daher die Beziehung bestehen. Die Basis dieser Beziehung ist – wie übrigens bei vielen Partnerschaften – die Hoffnung. Häufig ist dies auch das Geheimnis, warum manche Partnerschaften über Jahre hinweg aufrechterhalten werden können. Nicht, weil eine gute Beziehungsfähigkeit vorliegt, sondern, weil beide Partner die Hoffnung noch nicht aufgegeben haben. So war es auch bei Peter L., einem sehr labilen, jungen Mann, der an den Köder (Spielregeln), den Mechthild V. auslegte, anbiß. Er empfand eine tiefe Aussichtslosigkeit, hoffte aber, daß Mechthild eines Tages imstande sein würde, sich fallen zu lassen und sich voll hinzugeben.

Als die Hoffnung nachzulassen begann, begann mehr und mehr seine Suchttendenz Oberhand zu gewinnen. Je weniger Hoffnung er hatte, um so mehr fröhnte er dem Alkohol. Wie Mechthild sich durch ihre Spielregeln ausglich, so kompensierte Peter L. die Aussichtslosigkeit durch Trinken. Aufgrund seiner Trunksucht schloß er andere Kontakte. Er zog Männer an, von denen jeder aus einem anderen Grund trinken mußte, der Alkohol war die gemeinsame Basis ihrer Freundschaft. Dieser Umgang paßte Mechthild ganz und gar nicht. Immer häufiger kam es daher zu Streit. Schließlich löste Mechthild die für sie unbefriedigende Partnerschaft auf. Sie beendete die Beziehung aufgrund der Wirkungen, die sie selbst unbewußt verursacht hatte.

Einige Zeit später lernte sie Carsten O. kennen. Auch Carsten O. ging in die *Falle*. Er kompensierte jedoch die Frustration durch den starken Ehrgeiz, Karriere zu machen. Um nach oben zu kommen war ihm jedes Mittel recht. Außerdem arbeitete Carsten 12 Stunden am Tag. Nach 5 Jahren ging auch diese Beziehung in die Brüche. Mechthild konnte nicht verstehen, wieso Carsten die Firma wichtiger war als sie. Auch Carstens Karrieremanie war wie die Trunksucht von Peter eine Folgeerscheinung des Problems, das Mechthild ständig mit sich herumtrug.

Nun wäre es aber gänzlich falsch, nun umgekehrt Mechthild den schwarzen Peter zuzuschieben, denn erstens:
war sie ja wiederum Opfer und Symptomträger einer krankhaften Sexualmoral, die sie von ihren Eltern übernommen hatte (und diese hatten jene wiederum von ihren Eltern überliefert bekommen – ein *Karma*, das über Generationen weitergegeben wurde)
und zweitens: hatten die Männer bereits eine Disposition zur Trunksucht bzw. zur Karrieremanie, die nur darauf wartete, geweckt zu werden! Sie suchten unbewußt einen Grund, um trinken bzw. Karriere machen zu können.

Häufig ist es so, daß auch der Partner im Unbewußten ein Problem beherbergt und daher seinerseits bestimmte Spielregeln (die oft zu den Spielregeln des anderen komplementär stehen) aufstellt, die es einzuhalten gilt. So kommt es meist zu einem unbewußten *Vertrag*, zu einer unbewußten Vereinbarung, jeweils das Grundproblem des anderen unangetastet zu lassen.

3
DAS GESETZ DER WIEDERKEHR DES VERDRÄNGTEN

Wir haben bereits im Kapitel *Denkvoraussetzungen* den Abwehr- und Anpassungsmechanismus der Verdrängung kurz erwähnt. Nach psychoanalytischer Auffassung hat dieser die Funktion, übermächtige Triebansprüche und damit verbundene Handlungen, Einstellungen, Erlebnisinhalte und Vorstellungen ohne Hinterlassen von Erinnerungen aus dem Bereich des bewußten Erlebens in das Unbewußte zu verlagern, so daß sie im Bewußten nicht mehr verfügbar sind. Als allgemeine Ursache des Einsetzens dieses Abwehrmechanismus nimmt man den umfassenden Konflikt zwischen Lust- und Realitätsprinzip an. Mit der Verdrängung ist das Streben zwar nicht mehr bewußt, es ist jedoch nicht unwirksam geworden. Seine Dynamik kommt, auf dem Wege über unbewußte Verarbeitungen, in neurotischen Symptomen zur Geltung, in körperlichen oder seelischen Gesundheitsstörungen.

Dem Wiederbewußtwerden verdrängter Erlebnisinhalte und Impulse wird meist ein starker Widerstand entgegengebracht, der die erneute Aktualisierung eines Konflikts im Bewußtsein verhindert.

In unseren Kursen hatten wir daher wiederholt große Mühe, dieses Gesetz der Wiederkehr des Verdrängten zu vermitteln.

Obwohl wir immer bestrebt waren, niemandem zu nahe zu treten, also nur abstrakt, von den jeweiligen Teilnehmern unabhängig, anhand von Beispielen darüber berichteten, wurde teilweise vehement abgewehrt nach dem Motto, daß nicht sein kann, was nicht sein darf. Man bezeichnete von dorther das Gesetz als reine Spekulation oder sprach davon, daß wir uns hier gewaltig getäuscht hätten.

Tatsächlich ist es fast unmöglich, Schicksalsgesetze zu beweisen. Es geht auch nicht so sehr darum, an sie zu glauben. Man muß sie bei sich, in der Umwelt, beim Partner oder bei Freunden wahrnehmen und beobachten, und dazu ist es erforderlich, zunächst einmal offen zu sein.

Wo liegen beim Gesetz der Wiederkehr des Verdrängten die großen Schwierigkeiten? Es ist nicht die These, daß die Verdrängungen den Nährboden für die verschiedensten Neurosen abgeben, es ist nicht der Ansatz, daß die Verdrängungen in körperlichen Symptomen zum Ausdruck kommen, sondern es ist das um die Schicksalsdimension erweiterte Konzept, nach dem verdrängte Inhalte via Projektionen in äußeren Ereignissen ihren Niederschlag finden; denn wenn dem wirklich so ist, dann kann man tatsächlich die Schuld nicht mehr allein den bösen Lügnern, Dieben, Verleumdern, Taugenichtsen, Nudisten u. a. in die Schuhe schieben; dann hat jedes Schicksalsereignis tatsächlich etwas mit einem selbst zu tun.

Es geht also darum, zu erkennen, daß das Verdrängte sich nicht nur in nächtlichen Träumen bemerkbar macht (das kann man gerade noch akzeptieren), sondern auch einen entscheidenden Einfluß auf den *Lebenstraum*, auf unser Schicksal hat.

Wie der Traum ein Spiegel unserer Seele ist, so ist auch das Leben in der äußeren Symbolwelt ein Gleichnis für die Innenwelt (siehe Gesetz der Affinität).

Wir können daher feststellen: Durch Verdrängung werden Inhalte nicht einfach aus unserem Seelenleben gelöscht, sondern ruhen dort latent und kehren eines Tages wieder. Sie werden unbewußt auf andere Personen, sowie auf materielle Gegenstände, die das verdrängte Potential symbolisieren, projiziert. Dabei ist relevant, daß im Unterschied zur Freudschen Psychoanalyse nicht nur primär sexuelle Energien ins Unbewußte verdrängt werden, sondern daß alle menschlichen Anlagen, Energien und Fähigkeiten, die wir in der Einleitung tabellarisch aufgeführt haben, einem Verdrängungsprozeß anheimfallen können.

Es heißt dabei zwischen zwei Formen von Verdrängung zu unterscheiden:

Der Mensch verdrängt, weil das Bedürfnis, die Energie oder die Anlage nicht mit bestehenden Normen, Geboten und Verboten in Einklang zu bringen ist. Es wird vom Über-Ich aus keine Erlaubnis erteilt, die Energie zu leben.

Es findet eine Verdrängung insofern statt, als die jeweilige Eigenart einer Anlage verdrängt wird. Zum Beispiel: Während jemand nach Karriere und Anerkennung (Ersatzziel) strebt, muß er seine ureigenen Ziele verdrängen oder während ein Mann i. S. der traditionellen Männerrolle funktioniert, verdrängt er immer wieder auf's neue die Entwicklung seiner ureigenen Männlichkeit bzw. seiner echten männlichen Identität. Seine Pseudoidentität verhindert die Suche nach einer wirklichen Identität.

Ferner ist es wichtig zu sehen, daß jede Energie durch den Akt der Verdrängung pervertiert wird. Die Energie erscheint daher nicht mehr im ursprünglichen Kleid, sondern meist in einer verzerrten, vielfach total unkenntlichen Form.

Insofern ist es für den einzelnen nicht leicht zu erkennen, daß das eigene Verdrängte ihn ereilt hat, daß das, was ihm so große Schmerzen bereitet, nichts anderes ist als ein nicht gelebter Persönlichkeitsanteil bzw. eine nicht gelebte Anlage oder Fähigkeit, die er dann via Schicksal *passiv* erleiden muß.

So erkennen die Eltern eines drogensüchtigen Jugendlichen nicht, daß dessen künstliche, passive Bewußtseinserweiterung oft nur eine verzerrte Auslebensform ihrer eigenen verdrängten Bewußtseinserweiterung darstellt. Weil sie aktiv ihr Bewußtsein nicht erweitert, also nie z. B. Moral und Konvention infragegestellt haben, muß diese

Fähigkeit pervertiert durch ihr Kind ausgedrückt werden. Nur in den seltensten Fällen reflektieren die betroffenen Eltern darüber, was die Drogensucht des Sohnes oder der Tochter für sie selbst bedeutet, was ihnen die Problematik des *anderen* sagen will.

Ähnlich gelagert ist die Situation, wenn jemand agiert und handelt, dabei aber wenig Selbstkritik betreibt. Durch die Verdrängung dieser Anlage wird auch diese Energie pervertiert. Der Betreffende erleidet dann seine eigene Anlage in Form einer destruktiven Kritik, die ein anderer an ihm vornimmt. Da diese Kritik des anderen verfälscht und überzeichnet ist, kann er sie nicht annehmen. Er hat das Gefühl, daß das, was der andere zum Ausdruck gebracht hat, mit der Wirklichkeit nichts zu tun hat.

Das Phänomen der Wiederkehr des Verdrängten kann am Fall von Helmut L. und Carmen A. deutlicher gemacht werden:

Helmut L. wohnte neben einer Wiese, auf der eines Tages für das Sommernachtsfest eines Trachtenvereins ein großes Zelt aufgestellt wurde. Gegen 20 Uhr begann die bayrische Blasmusik mit einer solchen Lautstärke zu spielen, daß die Fensterscheiben der Wohnung von Helmut L. dröhnten und Stühle und Tische vibrierten. Daraufhin rief Helmut L. verschiedene Freunde in der Hoffnung an, der Lärmbelästigung durch einen Besuch andernorts entfliehen zu können. Doch entweder waren die Betreffenden ausgegangen oder sie hatten bereits anderweitig den Abend verplant. Helmut L. war damit dem dröhnenden Lärm total ausgeliefert. Er konnte keinen einzigen klaren Gedanken mehr fassen. Er merkte, wie sich bei ihm immer mehr Aggressionen anstauten. Am liebsten wäre er in das Zelt eingedrungen und hätte dort alles kurz und klein geschlagen. Schließlich stopfte er sich die Ohren zu und legte sich trotz dieser widrigen Umstände schlafen. Mit der ständig schwelenden Aggression im Untergrund war jedoch an ein Einschlafen nicht zu denken.

Als er am nächsten Morgen an sein Auto kam, das er auf der Straße vor seinem Haus geparkt hatte, bemerkte er, daß dieses eine riesige Beule am Kotflügel hatte. Nach Auskunft eines

Nachbarn hatte ein betrunkener Festzeltbesucher den Schaden verursacht und schließlich Fahrerflucht begangen.

Helmut L. wurde Opfer des Gesetzes der Wiederkehr des Verdrängten. Er konnte sich gegenüber dem Lärm nicht abgrenzen und seine Aggression nicht ausdrücken. Daher wurden die aggressiven Impulse ins Unbewußte verdrängt. Dieses verdrängte aggressive Potential wurde unbewußt projiziert und kehrte über den Schadensverursacher wieder.

Letzterer verletzte die Karosserie (die Abgrenzung) des Wagens von Helmut L. und konnte unerkannt fliehen. Insofern mußte Helmut L. auch noch seine eigene verdrängte Fluchtenergie in der Erleidensform erfahren.

Carmen A. war schwanger und mußte sich daher einer Ultraschalluntersuchung unterziehen. Sie verdrängte ihre Ängste, daß diese Untersuchung sich ungünstig auf das werdende Kind auswirken könnte. Ihr Partner, Lothar C., jedoch hatte diesbezüglich große Bedenken. Er war der Ansicht, daß die schädlichen Wirkungen eben – wie dies bei vielen technischen Errungenschaften der Fall sei – erst später ins öffentliche Bewußtsein treten würden. Voller Angst riet er ihr davon ab, zum Arzt zu gehen. Darauf reagierte Carmen A. auf das heftigste, kanzelte seine Bedenken als Blödsinn ab und bezeichnete ihren Partner als jämmerlichen Angsthasen, der offensichtlich in der Entwicklungsstufe des Mittelalters steckengeblieben sei. Carmen A. erlebte also ihre eigenen unbewußten Ängste am Partner. Lothar C. sprach das aus, was sie nicht wahrnehmen und wahrhaben wollte, weil dies Teile ihres Weltbildes gefährdet hätten. Was sie bei sich selbst nicht zuließ, mußte auch in der Außenwelt auf das heftigste bekämpft werden.

Da das Gesetz der Wiederkehr des Verdrängten eng mit dem Gesetz des Ausgleichs zusammenhängt, ist es notwendig, noch einmal auf letzteres einzugehen. Wir sprachen davon, daß jedes Defizit danach drängt, aufgefüllt bzw. ausgeglichen zu werden.

Hat eine Frau z. B. ihre Durchsetzungsfähigkeit und ihre Selbstbehauptung nur mangelhaft ausgebildet, hat dies zur Folge, daß sie durch Partner, Vorgesetzte, Schwiegermutter oder andere Mitmenschen *ausgeglichen* wird. Dieser Ausgleich erfolgt durch den diesem Defizit entsprechenden Gegenpol, also durch Aggression.

Je mehr sie sich in bezug auf diese Anlage im Minuspol befindet, um so größer ist die Gefahr, daß sie jemanden anzieht, der sich genausoweit im Pluspol befindet, also desto egoistischer, brutaler und rücksichtsloser wird die Umwelt. Dies ist auch des Rätsels Lösung, warum so viele *gute* Menschen, die immer brav, angepaßt und anständig waren, die sich aufgeopfert haben für andere, oft vom Schicksal so hart *bestraft* wurden. Man denke nur an das alte Mütterchen, das von rücksichtslosen Profitgeiern aus ihrer Wohnung vertrieben wird, an den braven Jungen, der vom bösen geschlagen wird, an die Millionen von Unterdrückten, die unter ihren Machthabern und Unterdrückern so sehr leiden müssen, an die Schwachen und Hilflosen, die im Leben auf der Strecke bleiben und von einem Schicksalsschlag zum anderen torkeln... Arm, krank, ungebildet, mittellos, obdachlos, verlacht, verspottet, voller Angst, getreten und geschlagen die einen – reich, gebildet, machtvoll, geachtet, gefürchtet, bewundert und verehrt die anderen.

Viele glauben, daß viel Ungerechtigkeit auf der Welt herrscht! Dies mag auf den ersten Blick tatsächlich so erscheinen, bei näherer Betrachtung aber wird erkennbar, daß dem eine Gesetzmäßigkeit zugrunde liegt: Das Gesetz des Ausgleichs. Im Grunde ist immer alles ausgeglichen, jeder Mensch ist ausgeglichen, ja sogar die ganze Welt ist ausgeglichen. Es fragt sich nur auf welche Art und Weise. Zugegeben, es klingt hart, wenn hier zum Ausdruck gebracht wird, daß der Durchsetzungsschwache durch den Aggressor oder der Unterdrückte durch den Unterdrücker ausgeglichen wird, daß nur der Aggressor bzw. der Unterdrücker und Machthaber den Unterdrückten zur *Harmonie* bringt. Doch rufen wir uns noch einmal die Minuspole der Anlagen in Erinnerung. Jeder Mensch, der sich mit einer Anlage im Minuspol befindet, trägt in seinem Unbewußten auch den Pluspol in sich. Insofern wohnt der Machthaber im Machtlosen, der Aggressor im Durchsetzungsschwachen, der Schlemmer im Asketen, der Prahler im Bescheidenen, der Manipulator im Manipulierten und umgekehrt. Der jeweilige Gegenpol wird unbewußt auf die Umwelt projiziert und als Schicksal erfahren.

Wie jeder, der Defizite in seinem Persönlichkeitssystem zu verzeichnen hat, durch den jeweiligen Gegenpol komplettiert und dadurch wieder zu einer *Ganzheit* wird, zeigen folgende Beispiele:

Defizitäre Anlage oder Fähigkeit:	*Gegenpol:*
Mangelnde Durchsetzungsfähigkeit und Selbstbehauptung	Aggressor
Mangelnde Ichstärke (Altruist)	Egoist
Defizit an Genußfähigkeit (Asket)	Schlemmer
Defizit an Abgrenzung und Sicherung	Dieb
Defizit an wirtschaftlicher Fähigkeit	Reiche
Defizit an Kommunikationsfähigkeit	Entertainer, Quatschkopf
Defizit an seelischer Wärme	gluckenhafte Mutter
Defizit an Selbstausdruck (der Bescheidene)	Prahler
Defizit an Sauberkeit	Sauberkeitsfanatiker
Defizit an erotischen Fähigkeiten	Pornoleser
Defizit an Selbstbestimmung	Machthaber
Defizit an eigener Meinung	Manipulator
Defizit an eigener Glücksfähigkeit	Mäzen
Defizit an eigenen Rechten	Maßregler, Kontrolleur
Defizit an der Fähigkeit, zu verändern, zu erneuern, Reformen durchzuführen	Rebell, Aufrührer, Terrorist
Defizit im Zeigen der eigenen Rechte und der eigenen Verantwortung (der Hilflose)	Helfer

Die Aufstellung macht deutlich, daß in den genannten Fällen immer *beide* Gesetzmäßigkeiten wirksam werden: Das Gesetz des Ausgleichs und das Gesetz der Wiederkehr des Verdrängten. Die durchsetzungsschwache Frau wird zum einen durch den Aggressor ausgeglichen, zum anderen ist die Aggression, die ihr in Form eines

Mannes begegnet, ihre eigene verdrängte Durchsetzungsenergie, die sich durch den Akt der Verdrängung in Aggression verwandelt hat. Noch deutlicher wird das Zusammenwirken der beiden Gesetzmäßigkeiten bei der unbewußten Verflochtenheit zwischen dem Dieb und dem Bestohlenen, zwischen Täter und Opfer (Vergewaltigung) und zwischen dem Politiker und dem Terroristen.

DER DIEB UND DER BESTOHLENE

Schicksal ist nicht etwas, was einen plötzlich aus heiterem Himmel *überfällt* – ein Los, das dummerweise auf einen trifft, sondern Schicksal ist die Wirkung auf die eigene Ursache, ist die Reaktion des psychischen Organismus auf eine Aktion, die gegeben ist, oder Folge von Verdrängung von Anlagen wie Einfühlungsvermögen, Wahrnehmungs- und Beobachtungsfähigkeit, Fähigkeit zur Analyse, Fähigkeit, die Reaktion des anderen wahrzunehmen... So ist z. B. negatives Schicksal nichts anderes als eine nach außen projizierte Krankheit und Krankheit nichts anderes als ein verinnerlichtes Schicksal. Vielleicht muß das erklärt werden:

Wenn Krankheit die Reaktion des körperlichen Organismus auf einen pathogenen Reiz ist, um das Gleichgewicht, um die Harmonie wiederzuerlangen, so ist Schicksal die Reaktion des Unbewußten, das sich in der Außenwelt die Ereignisse holt, die zum Wiedererlangen der Harmonie geeignet sind, die einen Ausgleich wieder herstellen (siehe Gesetz des Ausgleichs). Ein Aggressor oder ein Dieb in der Außenwelt ist daher vergleichbar mit den Viren und Bakterien, die den körperlichen Organismus befallen und ihn zu einer Reaktion zwingen. So wie ein Virus sich nur in einem geschwächten Organismus manifestieren kann, so wird ein Dieb nur dann vom Unbewußten angezogen, wenn die Stabilität der Psyche nicht mehr gewährleistet ist. Man wird meist in Phasen der eigenen Lebensgeschichte bestohlen, in denen man ohnehin bereits psychisch angeschlagen ist, sei es durch permanenten Streß oder durch bestimmte Konfliktsituationen in Beruf und Partnerschaft (insofern bestätigt sich das Sprichwort: Ein Unglück kommt selten allein).

In solchen Fällen hat man sich dann zu allem Überdruß auch noch mit den unangenehmen Folgeerscheinungen, die ein Diebstahl nach sich zieht, auseinanderzusetzen. Wenn man ohnehin wenig Zeit hat, sind auch noch die zeitraubenden Protokollaufnahmen der Polizei, die Verlustanzeigen bei Behörden und Banken usw. zu tätigen.

Wird etwa jemand von seinem Partner verlassen, so wird er aus der Harmonie fallen, sofern der Partner als Projektionsfläche für eigene Energien fungiert hat bzw. eine Kompensationsfunktion für seinen psychischen Haushalt inne hatte.

Manche werden nun fragen: Wie kann zwischen der Beendigung einer Partnerschaft und einem Diebstahl eine Beziehung hergestellt werden? Ist der Betreffende durch seinen Partnerverlust denn nicht einzig und allein in seiner Partner- und Beziehungsfähigkeit geschwächt?

Durch den Wegfall der Kompensationsmöglichkeit wird nicht nur die Ebene, auf der sich dies ereignete, betroffen, sondern immer das gesamte Persönlichkeitssystem mit all seinen Bezügen in der Außenwelt. Da auch in unserer inneren Ökologie alles mit allem zusammenhängt (es handelt sich ja um ein vernetztes System), werden auch andere Persönlichkeitsanteile und Ebenen angesprochen. Insbesondere kann es sein, daß dabei der Eigenwert der Person in Mitleidenschaft gezogen wurde. Dieser Verlust an Eigenwert und Selbstsicherheit wird symbolisch in der Außenwelt durch den Verlust von Wertgegenständen widergespiegelt. Der Dieb tritt in solchen Fällen lediglich als Erfüllungsgehilfe auf, damit die Affinität zwischen Innenwelt und Außenwelt *eingelöst* bzw. bestätigt wird. Ein Diebstahl fungiert daher genauso als Gleichnis, wie jede körperliche Symptomatik. Ferner ist es natürlich auch von Bedeutung, *was* einem gestohlen wurde. Jeder Gegenstand hat für den Bestohlenen eine ganz spezifische Bedeutung, die im Zusammenhang steht mit seiner derzeitigen Konfliktsituation. Hier ist es sehr wichtig, über die verschiedenen innerseelischen Entsprechungen der einzelnen materiellen Symbole Bescheid zu wissen, denn nicht immer ist die Deutung so einfach wie z. B. bei Geldverlusten oder bei Verlust der Identitätskarte.

Wenn wir oben davon gesprochen haben, daß der Dieb nur als Erfüllungsgehilfe fungiert, so ist damit keine Entschuldigung für sein illegales Handeln verbunden. Die Argumentation, der andere, also der Bestohlene hätte eben dieses Ereignis gebraucht und man wäre ihm nur etwas behilflich gewesen, kann nicht hingenommen werden. Es ist eine Argumentation, die aus dem krankhaften Pol des Diebes erfolgt und nur dessen destruktives Handeln rechtfertigen soll. Ein Dieb bricht das Recht auf Eigenraum und Eigentum des anderen und hat daher die entsprechenden karmischen Folgeerscheinungen zu tragen.

Man kann den Diebstahl aber auch aus der Sicht des Gesetzes des Ausgleichs betrachten. Demnach sind beim Bestohlenen die Grenzen des materiellen und seelischen Bereiches zuwenig gesichert. Dieser Mangel an Abgrenzung wird durch den Dieb auf pervertierte Art und Weise *ausgeglichen*, indem letzterer seine eigenen Grenzen überschreitet und *in ein fremdes Land* eindringt. Die Abgrenzungsschwäche des einen wird durch das *Raubrittertum* des anderen kompensiert.

DER TÄTER UND DAS OPFER (VERGEWALTIGUNG)

Die Tatsache, daß zwischen Opfer und Täter im Unbewußten eine komplementäre Verflochtenheit besteht, hat bisher in das Bewußtsein der Öffentlichkeit kaum Eingang gefunden. Die moderne Kriminalwissenschaft weiß darum, wenn es um solche unbewußten Entsprechungen geht. Das Opfer kann die Tat so sehr bewirken wie der Täter. Ein spezieller Zweig, die *Victimologie*, versucht das Verhalten des Opfers zu erkunden, das zum Verbrechen führt. Der Täter und sein Opfer bilden eine Art Zweiersekte, einen Zwei-Personen-Geheimbund, dessen herausragende Eigenschaft es in diesem Falle ist, die aktive Beteiligung des Opfers unbemerkt sein zu lassen (Michael Lukas Moeller).

Worin besteht nun die komplementäre Verflochtenheit, zum Beispiel zwischen einem Triebtäter und einer Frau, die er als Opfer ausgewählt hat? Je mehr eine Frau ihre Sexualität und ihren Lebenstrieb in sich unterdrückt bzw. vergewaltigt, um so größer ist ihre Disposition, einem Mann zum Opfer zu fallen, der sie sexuell vergewaltigt. Das, was innen sich abspielt, wird zum äußeren Ereignis, es begegnet ihr in diesem Manne ihr eigenes verdrängtes Triebpotential. Sie hat dieses Potential unbewußt projiziert, genauso wie umgekehrt der Täter in ihr eine Projektionsfläche fand, um seine angestaute, destruktive Sexualität auszuagieren. Der Täter lebt das aktiv aus, was sie passiv in sich vollzogen hat. Der Täter gleicht sie paradoxerweise aus. Er stellt, wenn auch auf pervertierte Art und Weise, die «Harmonie» wieder her.*

Nun wird aber nicht jede Frau, die ihre Sexualität unterdrückt, gleich vergewaltigt. Es müssen also mehrere Faktoren zusammenkommen, um eine solche Disposition zu begründen. Insbesondere muß ihr sexuelles Minuspotential dem sexuellen Pluspotential des Täters entsprechen. Sie müssen sich auf derselben *Wellenlänge* oder Frequenz befinden.

Eine Frau, die keine innerseelische Disposition mitbringt, vergewaltigt zu werden, kann tausendmal nachts durch einsame Straßen gehen, ohne behelligt zu werden. Ist eine unbewußte Bereitschaft jedoch gegeben, kann sie zu jeder Tages- und Nachtzeit zum Opfer werden; denn die Disposition will geweckt werden.

Unseres Erachtens kann nur ein psychotherapeutisches Verfahren und eine daran anknüpfende Ausbildung der erotischen Anlagen sowohl die Disposition des Opfers als auch die Disposition des Täters löschen. Nur wenn die Energien nicht mehr blockiert, gestaut und unterdrückt sind, nur wenn ihr freier Fluß gewährleistet ist, wird das

---

* Es soll hier keineswegs der Täter in Schutz genommen werden. Seine Tat ist frevelhaft und rechtswidrig. Sie verletzt die Lebensrechte und Menschenwürde des anderen.

Opfer davor bewahrt, erneut in einen negativen Sog gezogen zu werden, und es besteht für den Täter keine Gefahr mehr, rückfällig zu werden.

DER POLITIKER UND DER TERRORIST

Besonders grausam wirkt das Gesetz der Wiederkehr des Verdrängten bei der unbewußten Verflochtenheit zwischen Politiker und Terrorist. Der Terrorist holt die kindliche Trotzphase im Erwachsenenalter nach oder ist in ihr steckengeblieben. Er lehnt sich gegenüber dem herrschenden System auf. Er bekämpft in unbewußter Übertragung auf die Repräsentanten des Systems seine Eltern. Er glaubt, über terroristische Akte das System verändern zu können, was natürlich ein Trugschluß ist. Es ist das Gegenteil der Fall! Mit jedem destruktiven Akt stärkt er die Position derer, die er bekämpfen will. Je rebellischer die Terroristen, desto repressiver der Staatsapparat. Wer um die Gesetze des Schicksals weiß, erkennt, daß das Einzige, was die Terroristen erreichen können, der Polizeistaat ist. Die Terroristen, in deren Unbewußtem eine ungelöste Vaterproblematik schwelt, haben das Prinzip der Verantwortung (gegenüber dem Leben des Mitmenschen) sowie eine reale Zielsetzung verdrängt. Aufgrund von unbewußter Projektion erscheint ihnen dieses Prinzip in den Repräsentanten des Staates, in einer Form, die für sie nicht akzeptabel ist. Sie sind ja gerade mit dieser Art von Verantwortung und mit dieser Art von Zielsetzung nicht einverstanden.

Hier wird deutlich, daß die Terroristen (wie es bei Projektionen usus ist) genau das im anderen bekämpfen, was ihnen selbst fehlt, denn Auflehnung und Rebellion, Aggression und Zerstörung können nicht als reales Ziel angesehen werden. Diese perverse Form von *Verantwortung*, durch massive Eingriffe in das Eigentumsrecht des anderen (Sprengstoffattentate usw.) oder durch Angriffe auf das Lebensrecht des Mitmenschen zeigen zu wollen, daß man nicht länger bereit ist, ein bestehendes System zu tolerieren, kann niemals *reale Verantwortung* ersetzen.

Wenn wir im letzten Kapitel von einer komplementären Verflochtenheit zwischen Täter und Opfer gesprochen haben, so trifft dies auch auf das Verhältnis zwischen Terrorist und Politiker zu. Es kann nur derjenige Politiker oder Repräsentant des Staatsapparates einem terroristischen Anschlag zum Opfer fallen, der im Unbewußten dazu die Disposition mitbringt. Auch hier gilt (um Mißverständnissen vorzubeugen), daß der Betreffende nicht etwa selbst *schuld* ist – die Schuldfrage stellt sich bei der Betrachtungsweise vom Blickwinkel der Gesetze des Schicksals nicht mehr. Es geht hier lediglich darum, aufzudecken, wie eine solche Disposition entstehen kann und selbstverständlich aufzuzeigen, wie sie gelöscht werden könnte. Wenn der Terrorist Verantwortung und Lebensrechte, echte Alternativen und reale Ziele verdrängt hat, so ist anzunehmen, daß der Repräsentant des herrschenden Systems, ein bestimmtes Lebensprinzip nicht oder zuwenig lebt, welches durch die Terroristen in pervertierter, verbrecherischer Form verkörpert wird: der Zweifel am Althergebrachten, der Wille zur Veränderung, zu Reformen, Erneuerung, Entwicklung. Wenn dieses Prinzip sowohl im privaten als auch im gesellschaftlichen Leben zu lange nicht zum Tragen kommt, führt dies zu einem Stau im Unbewußten. Dieses verdrängte Potential wird dann unbewußt auf die Täter projiziert und der Betreffende wird in die Opferrolle gedrängt. Daraus folgt, daß es wenig nützt, wenn man versucht, mit ungeheurem Geld- und Materialaufwand, mit gepanzerten Autos und mit noch mehr Leibwächtern, das Leben von wichtigen Persönlichkeiten unseres Staates zu schützen, solange die Ursache im Unbewußten liegt. Es handelt sich also auch hier, ähnlich wie in der Schulmedizin nur um eine Symptombekämpfung. Attentäter lassen sich durch solche Sicherheitsvorkehrungen kaum von ihrem Vorhaben abbringen. Aktive Terroristenprophylaxe hingegen würde anders aussehen:

Jeder, der gefährdet ist, zeichnet für sich selbst verantwortlich und versucht das Prinzip, das er verdrängt hat, zu integrieren. Dies kann dadurch geschehen, daß er mehr Zweifel am Herkömmlichen und Überlieferten zuläßt, daß er versucht, mehr Reformen und

Veränderungen, sowohl bei sich selbst, als auch in der Gesellschaft durchzusetzen. Dies kann über das Lesen von progressiven Büchern und über Selbstreflexion geschehen, kann aber auch mit Hilfe eines Psychotherapeuten erfolgen. Es geht darum, der Projektion von unbewußten Inhalten vorzubeugen und damit negative Ereignisse der obengenannten Art abzuwehren. Es gilt eine psychische Resistenz gegenüber solch destruktiven Erregern, wie sie die Terroristen nun mal darstellen, zu erlangen.

Abschließend sei noch erwähnt, daß die oben beschriebene Vorgehensweise nur prophylaktisch für den Terrorismus von links gelten kann; Terrorismus von rechts ist meist zu verzeichnen, wenn Veränderungen und Reformen zu schnell erfolgen, d. h. wenn eine Diskrepanz zwischen der Veränderung oder Erneuerung und dem Bewußtseinsstand der Masse besteht, also wenn vor der Veränderung keine bewußtseinsbildenden Maßnahmen ergriffen worden sind.

Politik ist also wie ein Balancieren auf einem Drahtseil. Verändert man zuwenig, kommt man nicht voran und ist gefährdet, verändert man zu schnell, zu viel oder macht etwas Falsches, läuft man ebenso Gefahr. Zusätzlich zur Integration von bisher vernachlässigten Persönlichkeitsanteilen wäre es daher wichtig, *Balanceschulungen* für Politiker durchzuführen.

VIER STUFEN DER SCHATTENINTEGRATION

Wenn der Schatten das Verdrängte einer Anlage ist, wenn er das ist, was man an sich selber nicht wahrhaben will bzw. was den Gegenpol zur eigenen Position ausmacht, dann genügt es zur Integration des Schattens nicht, wie viele annehmen, einfach nur den anderen Pol anzuschauen, um sich selbst darin zu erkennen.

Das bloße Eingestehen dessen, daß man, wie der Aggressor in der Außenwelt, aggressiv ist, daß man, wie der unordentliche Partner, ebenso zur Schlamperei neigt, daß auch Haß und Wut im eigenen Unbewußten schwelen, ist nur der erste Schritt zur Schattenintegration. Folgt dem kein zweiter, so ist jedes Bemühen und jede Therapie, die sich in dem bloßen Bewußtmachen und Erkennen des Schattens erschöpft, vergleichbar mit einer Fahrt in einer Geisterbahn. Eine solche Fahrt ist gruselig, denn es begegnen dem einzelnen furchterregende Gestalten, Hexen, Dämonen, Vampire, Gespenster, der Tod usw., aber die Wirkung ist nicht besonders effizient. Im Gegenteil! Viele werden sogar süchtig darauf und wollen immer wieder Geisterbahn fahren bzw. in die Therapiestunde gehen. Dabei reden sich die Betreffenden suggestiv ein, daß sie einen knallharten Weg gehen, nämlich den Weg, auf dem man seinen Schattenanteilen begegnet. Auf diesem Weg werden dann ständig Bilder vor dem geistigen Auge eingeblendet, die es zu integrieren gilt: den Lügner, den Wüstling, die Hure, den Dieb, den Messerstecher, den grausamen Herrscher, den Mörder, den Henker...

Die Betreffenden schauen dann diese grausamen Bilder und Szenarien an und sagen: «Ich muß da durch – so hart es auch sein mag.» Doch nachher, wenn sie wirklich *durch* sind und ihre Fahrt in der Geisterbahn oder Reise in der Therapiestunde beendet haben, bleibt in ihrem Leben alles beim alten. Sie bleiben krank und bleiben Neurotiker.

Dies ist nicht besonders verwunderlich, wenn man bedenkt, daß hier weder die Frage aufgeworfen wird, wodurch der Schatten entsteht, noch der Schatten als solcher analysiert wird. Ein solches Vorgehen wäre angezeigt, um den zweiten Schritt der Schattenintegration zu tätigen.

Der Schatten ist eine Folgeerscheinung des Maßstabs von Gut und Böse. Es muß daher zuerst der eigene Maßstab von Gut und Böse hinterfragt und in allen Schattierungen und Nuancen aufgedeckt werden. Ferner gilt es zu erkennen, daß z. B. das Machtstreben des Vorgesetzten, das dem Betreffenden als Schatten erscheint, eine Widerspiegelung des eigenen Machtdranges ist und zugleich den Gegenpol zur eigenen Ohnmacht darstellt. Wer ohnmächtig ist, trägt auch den anderen Pol, nämlich die Macht, in sich, nur daß eben dieser Pol unbewußt auf andere projiziert wird.

Es muß klar werden, daß dieser Schatten die verzerrte, pervertierte Form *eines Poles* einer Anlage ist, daß er nur vom *guten* Pol aus gesehen als Schatten erscheint, daß er nur ein imaginäres Gebilde ist, daß er – real gesehen – eigentlich gar nicht existent ist. Die Bezeichnung Schatten ist nicht ganz zutreffend, denn ein Schatten setzt immer Licht voraus und in diesem Fall ist dieses Licht nicht echt vorhanden. Man könnte sagen: Das Gute ist ein *künstliches* Licht, ein Licht, das nur in der Vorstellung des einzelnen existiert, und insofern ist auch das Böse und Schlechte nur ein *künstlicher* Schatten. Es handelt sich hier also um einen neurotischen Dualismus im Gegensatz zu einem realen Dualismus. Ein realer, natürlicher Gegensatz sind der Protagonist und Antagonist oder der aktive und der passive Teil einer Anlage oder in der Natur Tag und Nacht, also *echtes* Licht und *echter* Schatten.

Wo Licht ist, ist auch Schatten und wo Schatten ist, muß auch Licht vorhanden sein. Beide bedingen einander. Diese gegenseitige komplementäre Verflochtenheit ist zwar auch beim neurotischen Dualismus gegeben, aber es besteht dennoch ein Unterschied: Der neurotische Dualismus kann aufgehoben werden, während der reale Dualismus immer wirksam bleiben muß, da er zu den Grundprinzipien des Lebens zählt.

Beim neurotischen Gegensatz kann eine Synthese hergestellt werden, kann eine Alternative gefunden werden, kann ein Drittes die Pole transzendieren, kann der *neurotische* Schatten in reales Licht verwandelt werden*, beim natürlichen Dualismus ist eine solche Lösung nicht möglich. Alle Lebewesen sind dem Tag- und Nachtrhythmus unterworfen, es gibt keine Synthese für den Gegensatz von Tag und Nacht, sieht man einmal vom Dämmerlicht ab. Kurzum: In der Natur ist die Nacht nicht schlechter oder besser als der Tag. Es ist nur ein anderes Leben und Erleben, es ist nur eine andere Qualität. Während die Bereitschaft zum Wachstum beim Gehemmten und

---

* Hier wird auch deutlich, daß es nicht möglich ist, den neurotischen Schatten in das Licht des (neurotisch) Guten zu integrieren, denn je mehr Licht vorhanden ist, desto mehr Schatten entsteht.

beim Kompensator nur durch das schmerzhafte Erleben der eigenen (*irrealen*) Schattenfiguren entsteht, wächst der Erwachsene durch das (*reale*) Licht der Selbstverwirklichung, durch die bewußte Entfaltung seiner Anlagen und Fähigkeiten. Das Licht des scheinbar Guten wird durch das Licht, das Wachstum und Verwirklichung bewirkt, ersetzt. Damit kommen wir auch zur dritten Stufe der Schattenintegration und damit zu der Frage: Wie ist ein reales Ausleben der Anlage möglich? Welche Eigenart hat die Anlage? Wie lautet das natürliche Programm (im Gegensatz zur neurotischen Programmierung) der Anlage? Wie sieht das Gesundheitsbild bzw. die erwachsene Form dieser Anlage aus?

Wenn der *gute* Pol genauso krank ist wie der *böse* Anteil, so ist es zunächst gar nicht so leicht, die gesunde, reale Auslebensform zu finden. Wie soll der Geizige den Verschwender, die Madonna die Hure, der Bescheidene den Prahler, der Gläubige den Atheisten, der Treue den Seitenspringer, der Positivdenker den Negativdenker, der auf Wahrheit Bedachte den Lügner, der Pünktliche den Unpünktlichen, oder etwa der Fleißige den Faulen annehmen und so integrieren können, daß daraus etwas ganz Neues, noch nie Dagewesenes entsteht?

Meist kann der sich im *guten* Pol Befindliche den anderen erst verstehen, wenn er selbst auch einmal das *Böse* gelebt hat, d. h. wenn er selber einmal verschwendet, gehurt, geprahlt, massive Glaubenszweifel zugelassen hat, untreu geworden ist, gelogen hat, unpünktlich gewesen ist und gefaulenzt hat!

Häufig ist erst dann die Möglichkeit gegeben, über beide Pole zu transzendieren, wenn über einige Zeit der andere Pol durchlebt worden ist. Es muß dem *guten* Menschen klar werden, daß es nur sein Maßstab ist, der die Wirklichkeit in zwei Pole aufsplittert, daß Gut und Böse relativ sind, daß das Leben zu komplex ist, um es auf einen Pol festzulegen, daß es verschiedene Situationen gibt, in denen es angezeigt ist, z. B. untreu oder unpünktlich zu sein oder zu lügen.

So wäre es vom Gesichtspunkt des Lebens aus gesehen völlig absurd, mit jemandem nicht eine schöne erotische Nacht zu erleben, nur weil man mit einer anderen Person verheiratet ist. Wenn man sich körperlich, seelisch und geistig versteht, wenn der Funke überspringt, dann ist eine solche Nacht für den Erwachsenen, also für ein lebendiges Wesen ein Freudenquell und ein Jungbrunnen, schenkt dieses Erleben neue Kraft und neuen Lebensmut, obwohl uns Aids dazu führen könnte, diese Tatsache wieder zu verdrängen.

Oder: Es wäre unter dem Blickwinkel des Lebens unsinnig und zudem für sich und andere gefahrenvoll, mit dem Auto riskant zu fahren, nur um pünktlich zur Arbeit oder zu einem Treffen zu kommen. Wer es sich nie erlaubt, den anderen Pol zu leben, kann nicht *ganz* werden, kann nicht *erwachsen* werden. Erwachsen zu sein heißt u. a., die Möglichkeit zu haben, seine Anlagen situativ einzusetzen, je nach Lage des Falles. Der Erwachsene ist nicht vermauert, ist nicht *starr*, sondern offen und lebendig.

Aufgabe der dritten Stufe der Schattenintegration ist es deshalb, hinter den beiden Polen die *Wirklichkeit* des Lebens zu erfassen und (damit sind wir wieder beim Ausgangspunkt) das reale Bild einer Anlage in die Vorstellung einzublenden.

Dies kann z. B. so aussehen, daß die Madonna, nachdem sie ihre eigene *Krankheit*, auf die sie bisher so stolz war, erkannt hat, und den Gegenpol, den sie bisher so verachtet und an dem sie sich bisher stabilisiert hat, annehmen kann, das Bild einer erotischen Frau entwirft, die imstande ist, ihre Sexualität auf einer erwachsenen Ebene auszuleben. Sie kann sich dabei etwa fragen, über welche Anlagen und Fähigkeiten eine ganzheitliche Frau verfügt und darüber Informationen einholen. So kann sie sich ein Konzept machen, wie sie ihre erotischen Fähigkeiten ausbilden bzw. verbessern und erweitern will. Eine erotische Frau steht jenseits von Madonna und Hure. Sie wird sich weder ständig verweigern noch wird sie wahllose Sexualkontakte pflegen. Sie setzt ihre ausgebildeten erotischen Fähigkeiten ein, wann immer ihr Körper und ihre Seele es für richtig empfinden.

Die vierte Stufe der Schattenintegration heißt schließlich: *Gehen des Weges zum Gesundheitsbild*, also Ausbildung der Anlage in ihrer natürlichen Form. Dabei ist die Taktik der kleinen Schritte anzuwenden. Viele versuchen gar nicht, den Weg zu einer Anlage zu beschreiten, weil sie sofort das Ziel erreichen oder sofort perfekt sein wollen. Die Reise zu einem entfernten Ort aber beginnt immer mit dem ersten Schritt. So muß z. B. der bisher Abhängige zuerst versuchen, kleinere Aufgaben selbständig zu erledigen, ehe er sich an größere Unternehmungen heranwagen kann. Jedes kleine Erfolgserlebnis schenkt dem einzelnen die Kraft, weiterzuschreiten, seine Anlage mehr wachsen zu lassen. Die Lebensqualität der Anlage erhöht sich proportional zu den Schritten, die man zu gehen imstande ist und nicht nur die Lebensqualität, sondern auch die Resistenz der Anlage gegenüber pathogenen Erregern auf der Körper- und Schicksalsebene.

Es werden andere Affinitäten geschaffen. Das Leben wird zu einem Abenteuer – spannend, interessant und voller Intensität. Die bisherigen Surrogate für ein wirkliches Leben verlieren gleichzeitig an Anziehungskraft. Man will selbst leben und nicht mehr über Krimis, Liebesromane oder über's Fernsehen. Man hat ein eigenes Lebensprogramm gefunden, das sich sicherlich grundlegend vom abendlichen Fernsehprogramm unterscheiden wird.

Zusammenfassung:
  Die vier Stufen der Schattenintegration:
  1 Bewußtwerden des Schattens
  2 Analyse des Schattens
  3 Vorstellung der realen Form einer Anlage
     Entwerfen eines Gesundheitsbildes
  4 Einüben der Fähigkeit im täglichen Leben
     (Ausbildung der Anlage in ihrer ursprünglichen, von Natur aus vorgesehenen Form).

4
DAS GESETZ DER AFFINITÄT

Ein großer König baute sich einmal einen Palast. Die Wände des Palastes waren mit Spiegeln bedeckt, Tausenden von Spiegeln. Es war ein herrliches Erlebnis, diesen Palast zu betreten. Man konnte seine eigene Gestalt in tausendfacher Vervielfältigung ringsherum erkennen – tausendmal Du selbst, wohin Du blickst! Zünde eine Kerze an – Tausende von Flammen... Eine kleine Flamme und Tausende von Spiegeln werfen ihr Licht zurück – der ganze Palast wurde davon erhellt, von einer einzigen Kerzenflamme!

Eines Nachts kam durch Zufall ein Hund in den Palast. Er sah sich um. Er erschrak sich zu Tode: Tausende von Hunden! Er erschrak sich so sehr, daß er die Tür, durch die er hereingekommen war, völlig vergaß. Er war eingezingelt von Tausenden von Hunden – der Tod war ihm sicher. Er fing zu bellen an. Tausende von Hunden bellten zurück. Er knurrte aggressiv. Tausende von Hunden knurrten zurück. Vor Panik rannte er gegen die Wände. Am Morgen fand man ihn tot auf. Und es war niemand da, nur der tote Hund selbst.

So wie diesem Hund geht es häufig auch uns Menschen. Wir fallen auf unsere eigenen Widerspiegelungen herein, wir fühlen uns davon bedroht, wir kämpfen dagegen an, wir erkennen nicht, daß das, was uns so ängstigt, wir selbst sind. Schicksal ist im Grunde nichts anderes, als immer wieder auf das neue die Begegnung mit sich selber, Begegnung mit den eigenen erlösten oder unerlösten Persönlichkeitsanteilen, Begegnung mit den eigenen Vorurteilen, Einstellungen, Maßstäben und Idealen, Begegnung mit den eigenen Trieben und Gefühlen, mit dem eigenen Freiheitsdrang, mit dem eigenen Machtstreben.

Viele Gestalten unseres Unbewußten erscheinen uns in einer so verzerrten Form, daß wir sie nicht als Teile unseres Selbst identifizieren (siehe Gesetz der Wiederkehr des Verdrängten), geschweige denn annehmen und integrieren können.

Das Gesetz der Affinität besagt also, daß eine Verwandtschaft, eine Entsprechung besteht zwischen der Innenwelt und der Außenwelt, daß das, was uns außen begegnet, auch in uns wohnt, daß die äußeren Symbole, die uns umgeben, Widerspiegelungen unseres Innenlebens sind.

Oder anders ausgedrückt: Alles, was in uns wohnt, was unsere Seele beherbergt, wird auf den Bildschirm des Raumes projiziert und erscheint dort in Form von anderen Menschen, in Form von Symbolen und Ereignissen. Wir sind überall von uns selber umgeben. Insofern kann der einzelne sich selbst über seine unbewußten und bewußten äußeren Projektionen erkennen. Die äußeren Projektionen machen deutlich, wie es in dem Betreffenden aussieht. Daher ist nicht das entscheidend, was jemand sagt, sondern wie es in seinem Leben aussieht.

Viele Menschen glauben aufgrund ihrer geistigen Studien oder aufgrund von Meditation und religiösen Übungen in der Entwicklung schon sehr weit fortgeschritten zu sein, doch ihre Projektionen und Situationen, z. B. Festsitzen in einer unglücklichen Ehe oder Schwierigkeiten mit Kindern lassen umgekehrte Schlüsse zu. Projektionen und äußere Situationen sind Indikatoren dafür, wie weit jemand *wirklich* ist, wo jemand wirklich steht.

Um noch deutlicher zu werden: Nur das, was jemand zu leben imstande ist, ist seine Wahrheit, ist seine wahre Entwicklungsstufe.

Das Gesetz der Affinität ist untrüglich: Ist jemand fähig zu einer glücklichen Partnerschaft, wird er nach diesem Gesetz auch eine glückliche und erfüllende Beziehung haben, ist er dazu unfähig, wird er in einer unglücklichen Beziehung stecken oder einsam sein, ist er partiell dazu fähig, wird er teils glücklich und teils unglücklich sein.

Da Projektionen und Situationen, in denen man lebt, etwas darüber aussagen, welche inneren Konflikte, Abwehrhaltungen, Defizite, aber auch welche Gefühle, Gedanken und Fähigkeiten der einzelne in sich beherbergt und welchen Entwicklungsstand er inne hat, so wäre es günstig für eine Selbstanalyse, die eigenen äußeren Bedingungen etwas näher unter die Lupe zu nehmen.

Hier einige Fragen, die sich der einzelne in diesem Zusammenhang stellen könnte:

Stehe ich unter Druck oder Zwang?
Entspricht mir mein Essen qualitativ und quantitativ?
Paßt mein Partner zu mir?
Ist der Beruf, den ich ausübe, meiner wahren Natur entsprechend?
Wie ist meine finanzielle Situation?
Sind Gerichtsverfahren anhängig?
Komme ich mit meinen Kindern zurecht?
Welche Krankheit fungiert als Gleichnis für einen Konflikt in der Innenwelt?

Solche und andere Fragen könnte man aufwerfen und dann versuchen, einen Bezug zwischen Außenwelt und Innenwelt herzustellen. Dazu braucht es allerdings den Mut, in den Spiegel zu schauen und die Fähigkeit, die Symbole bzw. die äußeren Gleichnisse dechiffrieren zu können.

Wie sehr die Affinitäten, die wir in der Außenwelt haben, vom Entwicklungsstand (siehe Gesetz der Entwicklung) abhängig sind, zeigt folgender Fall:

Karl M. arbeitet als praktischer Arzt in einer größeren Stadt in Deutschland. Sein Fühlen und Denken war jahrelang geprägt von den patriarchalen Maßstäben und Bildungsidealen. In dieser Zeit benutzte er seiner inneren Situation entsprechend auch die äußeren Widerspiegelungen: eine Penthouse-Wohnung, englische Möbel, Feinkost, dunkle Anzüge, eine schwarze Luxuslimousine, eine vornehme, konventionell gebildete Frau, die klassische Musik und Opern liebte und von einem starken Prestigedenken beseelt war und, nicht zuletzt, betreute er als Schulmediziner einen ganz bestimmten Patientenstamm.

Eines Tages (Karl M. war in einer Phase des Grübelns und Zweifelns) kam er in eine Buchhandlung und dort fiel ihm ein Buch von Charles Reich mit dem Titel *Die Welt wird jung* in die Hände. Dieses Buch sollte sein Leben grundlegend ändern. Es bestätigte und verstärkte seine Zweifel an seiner bisherigen Lebensart in starkem Maße und war der Anfang für eine totale Umstrukturierung in seinem Leben. Weitere progressive Bücher folgten, unter anderen auch Bücher über Naturmedizin.

Karl M. begann alles mit anderen Augen zu betrachten. Seine bisherigen Affinitäten wurden ihm mehr und mehr fremd. Daraufhin verkaufte er seine Penthouse-Wohnung, ließ sich von seiner Ehefrau scheiden, stellte seine Nahrung um und arbeitete von nun an fast nur noch mit pflanzlichen Substanzen.

Aufgrund seiner inneren Veränderung bzw. anderen Seelenlage hatte er auch bald außen neue Widerspiegelungen: eine neue Frau, die zu seinem neuen Denken besser paßte, eine andere Wohnung und eine völlig andere Beziehung zu Kollegen, Freunden und vor allem zu Patienten.

Alles Sichtbare ist nur ein Gleichnis (Goethe), ein Gleichnis für die seelische Szenerie.

Fährt jemand in der Außenwelt gegen eine Mauer, so steht letztere symbolisch für eine Mauer in der Innenwelt des Betreffenden. Eine solche Mauer kann ein unverrückbarer Maßstab oder eine Norm sein, gegen welche die seelischen Energien immer wieder anrennen.

Wenn andere einen unterdrücken, hat man sich innen bereits selbst unterdrückt, wenn andere einen betrügen, hat man sich innerlich selbst betrogen. Wenn andere die eigenen Grenzen verletzen, so hat man sie selbst in sich bereits torpediert. Wenn andere einen angreifen, so hat man sich bereits selbst angegriffen – die anderen spiegeln mit ihrem Angriff nur den Angriff auf eigene innere Lebensprinzipien wider.

Das, was andere uns antun, haben wir im Inneren uns selbst angetan.

In solchen Fällen spricht man von *unbewußter* Affinität; denn niemand wird bewußt und freiwillig in Betonmauern rasen oder Betrügern, Revierverletzern und Aggressoren begegnen wollen. Jeder will im Bewußten das Angenehme und Gute tun.

Eine *bewußte* Affinität liegt also vor, wenn wir etwas bewußt auswählen – ein Kleidungsstück, eine Wohnungseinrichtung, ein Auto, einen Fernsehapparat, wobei natürlich beim Kauf von solchen Dingen auch unbewußte Motivationen eine Rolle spielen.

So kann es sein, daß jemand aus der Fülle der Angebote einen Gebrauchtwagen scheinbar bewußt auswählt, weil letzterer optisch gefällt und auch technisch einwandfrei zu sein scheint, aber unbewußt gerade dieses Auto wählt, um damit später aufgrund von mehreren notwendigen Reparaturarbeiten viel Ärger erleben zu können. Sein Unbewußtes sagte sich: Wir beherbergen ein großes Potential an Ärger in unserem Hause und brauchen dringend einen Auslöser. Da wäre doch dieser Wagen, der von außen so schön anzusehen ist, geeignet. Den wollen wir nehmen, denn über ihn werden wir unseren Ballast los.

Ähnlich gelagert ist auch der Fall von Richarda R. Richarda R. mußte sich einer Knieoperation unterziehen. Um auf Nummer sicher zu gehen, sollte eine anerkannte Kapazität die Operation vornehmen. Doch diesem Arzt unterlief ein bedauerlicher Kunstfehler; die Folge davon war, daß sie danach leicht hinkte. Richardas Unbewußtes hatte also gerade den Arzt gewählt, der ihr (unbewußt) Schaden zufügt. Es mußte also in ihrem Unbewußten eine Selbstzerstörungstendenz vorgelegen haben, sonst hätte sie keine Affinität mit diesem Arzt gehabt. Der pfuschende Chirurg war lediglich unbewußter Erfüllungsgehilfe, um diese Selbstdestruktionstendenz zu aktualisieren.

Gelingt hingegen eine Operation, so liegt keine Diskrepanz zwischen dem Bewußten und dem Unbewußten vor. Der Betreffende hatte dann eine günstige Affinität, er fand einen Chirurgen, der sein Können optimal einzusetzen wußte.

Es ist also immer entscheidend, auf welcher Frequenz sich der Betreffende mit einem Persönlichkeitsanteil befindet. Und diese Frequenz ist wiederum abhängig vom jeweiligen Entwicklungs- und Bewußtseinszustand dieser innerseelischen Anlage. Das muß anhand einer Anlage näher erklärt werden:

Es gibt eine Fähigkeit in der Psyche des Menschen, die darauf hinwirkt, daß wir auf bestimmten Lebensgebieten unser eigenes Programm leben, daß wir selbst Herr sind, daß wir selbst über uns bestimmen und auf diesem Lebensgebiet unseren ureigenen Weg gehen.

Wurde kein solches Programm bewußt ausgebildet, ist man gezwungen, nach den alten Programmen, welche Eltern, Erzieher und Umwelt uns eingestanzt haben, zu leben bzw. zu funktionieren. Und vor allem: man hat ständig nur Affinitäten zu Erwartungsdruck, Zwang, Unterdrückung oder gar zu Brutalität und Gewalt.

Man könnte dieses innerseelische Prinzip nicht nur in Minus- und Pluspol, sondern auch jeden Pol in verschiedene Frequenzen einteilen, die jeweils mit einer völlig anderen Anziehung von Schicksalsereignissen verbunden sind; siehe Tabelle auf der nächsten Seite.

Wer z. B. auf der *untersten* Frequenz mit diesem Persönlichkeitsanteil schwimmt, hat eine Affinität mit massiven, meist physischen Beeinträchtigungen. Er wird geschlagen, überfallen, überwältigt oder vergewaltigt. Auf der nächst *höheren* Frequenz ist der Betreffende bereits der unmittelbaren Lebensgefahr entronnen – er muß *nur* noch Zwang erdulden. Schließlich hievt sich der Betreffende höher und höher, bis er eines Tages diesem Prinzip nur noch in einer

Eigene Meinung, eigene Vorstellung, eigenes Konzept, eigenes Programm

Minuspol des Prinzips (Kindrollenspieler):	*Pluspol des Prinzips* (Elternrollenspieler):
Erwartungsdruck ausgesetzt sein	Erwartungshaltung an andere hegen
unter Sachzwängen leiden	andere mittels Sachzwänge manipulieren
sich der Macht einer Autorität beugen müssen	Macht ausüben
Unterdrückung erleiden	unterdrücken
Zwang erdulden	andere zwingen
Brutalität, Gewalt, Vergewaltigung, Therapieschäden erleiden	Brutalität und Gewalt ausüben

sehr subtilen Form begegnet – er ist nur noch dem (kaum wahrnehmbaren) Erwartungsdruck z. B. seines Partners ausgesetzt. Begriffen hat er dieses Prinzip jedoch erst, wenn er seine wirklich eigenen Vorstellungen verwirklicht, wenn er Herr über sich selbst ist, wenn er eigene Programme zu leben und anzubieten imstande ist. Erst dann schwimmt er auf einer Ebene, die ihm Begegnungen und Partner beschert, mit denen auch eine gleichberechtigte Partnerschaft möglich ist.

Diese Einteilung eines Prinzips in verschiedene Frequenzen macht auch deutlich, warum z. B. manche Frauen immer wieder vergewaltigt werden, warum jemand immer wieder auf's neue einen Vorgesetzten bekommt, der vom Machtwahn besessen ist, warum ein anderer immer wieder Situationen aufsucht, in denen er einem permanenten Erwartungsdruck ausgesetzt ist. Die Betreffenden befinden sich in einem Wiederholungszwang, sie bleiben auf einer Ebene stecken und haben aufgrund dieser Frequenz auch immer wieder dieselben Schicksalsereignisse.

Eine *unbewußte* Affinität ist gegeben, wenn eine Person irreale, neurotische Inhalte in sich trägt und dadurch fast magisch äußere Manifestationen aufsucht (bzw. darauf aufgrund des Gesetzes der Affinität projiziert), die ihn physisch und psychisch negativ beeinflussen, z. B. wenn jemand unter einer Hochspannungsleitung wohnt oder an seinem Haus eine Hauptverkehrsstraße vorbeigeht, wenn jemand nachts von Kirchenglocken in seinem Schlaf gestört wird oder auf Wasseradern schläft. Die Wirkung verstärkt die Ursache. Die äußere Projektion wird verinnerlicht, sie bestätigt und verstärkt die innere Situation.

Auf diese Art und Weise werden oft Krankheitsdispositionen überhaupt erst geweckt. Unbewußte Projektionen sind auch z. B. die toxischen Stoffe, die an einem Arbeitsplatz eingeatmet werden – als materielle Widerspiegelung des Gifts, das der Betreffende in seiner Seele beherbergt.

Auch hier sagt niemand: «Jetzt suche ich mir einen Arbeitsplatz, der mich gesundheitlich gefährdet oder jetzt suche ich mir eine Wohnung, deren Wände radioaktiv strahlen oder ich möchte unbedingt von meinen Nachbarn in der Nachtruhe gestört werden.» Ebenso wird sich kaum jemand darum reißen, eine Wohnung in einer Einflugschneise zu beziehen.

Wenn die äußeren Situationen Widerspiegelungen der Innenwelt darstellen, dann ist es möglich, von der Außenwelt Rückschlüsse auf die innerseelische Szenerie zu ziehen. Um es noch deutlicher zu sagen: Man kann (wenn man die Symbolsprache versteht) sowohl ablesen, welche Potenzen und Möglichkeiten als auch, welche Konflikte und Probleme innerseelisch vorhanden sind. So wohnen z. B. in einer Einflugschneise folgende Personen:

Menschen, die ihre Freiheit, Unabhängigkeit und Veränderung verdrängt haben. Diese verdrängte Freiheit und Unabhängigkeit erscheint ihnen dann symbolisch in Form von Flugzeugen, die über ihr Haus schwirren. Die äußere Problematik deutet darauf hin, daß diese Menschen innerlich eine Blockade haben, sich von irgendetwas zu befreien. Der eine steckt in einer Ehe, von der er sich gerne befreien möchte, ein anderer leidet unter der Tretmühle des Berufsalltags, sieht aber keine Möglichkeit, diesen Zustand zu verändern.

Menschen, die gerne *hoch hinaus wollen*, dieses Ziel aber aus den verschiedensten Gründen nicht schaffen. Das Flugzeug fungiert hier als Symbol für die innere Tendenz des *Oben Sein Wollens*. So wohnte ein Klient, der von dem Wunsch, einmal Weltruhm zu haben, wie besessen war, in der Einflugschneise des Großflughafens in Frankfurt. Täglich sah er dort Maschinen aus den verschiedensten Ländern der Erde: Swissair, Korean Airlines, PanAm, Canadian-Airlines usw. und erlebte auf diese Art und Weise internationalen Höhenflug (Weltruhm) in einer symbolischen, verzauberten, unerlösten Form.

Auch Träume widerspiegeln seelische Situationen:
Marianne S. spielte seit einigen Wochen mit dem Gedanken, aus der Kirche auszutreten. Viele Punkte sprachen dafür, dennoch hatte sie Ängste und Zweifel vor diesem entscheidenden Schritt. Eines Nachts hatte sie folgenden Traum:
Sie fuhr mit ihrem Auto über einen hohen Berg. Plötzlich sah sie, daß das ganze Tal unter Wasser stand – nur ein schiefer Kirchturm schaute mit seiner oberen Spitze aus dem *Meer* heraus. Ehe sie sich's versah, war Marianne mit ihrem Wagen unter Wasser. Voller Panik versuchte sie den Rückwärtsgang einzulegen, was ihr nach einigen Fehlversuchen auch gelang. Auf diese Art und Weise konnte sie gerade noch den Fluten entkommen. Sie fuhr rückwärts wieder den Berg hoch und war gerettet.
Als Marianne S. schweißgebadet aus diesem Alptraum erwachte, deutete sie den Traum als Hinweis des Schicksals, daß sie die Kirche nicht verlassen dürfe, da ihr sonst Unheil geschähe. Der Traum (so Marianne's Interpretation) habe ihr deutlich gezeigt, daß es günstiger wäre, das Wagnis nicht einzugehen, also den *Rückwärtsgang* einzulegen.

Hierzu muß folgendes bemerkt werden: Da Träume nur Widerspiegelungen unserer Seele sind, können sie nicht als objektives Richtmaß fungieren, ob etwas richtig oder falsch ist. Sie können nur die derzeit vorherrschende seelische Szenerie symbolisch anzeigen. Mariannes Zweifel an der Kirche wurden durch den schiefen Kirchturm, ihre Ängste durch das Wasser und ihre konservative Tendenz durch den Rückwärtsgang symbolisch ausgedrückt. Das bedeutet, daß, wenn Marianne sich sicher gefühlt, also den Kirchenaustritt voll hätte bejahen können, ein solcher Traum nicht erschienen wäre. Für das Unbewußte wäre dieses Thema dann zu wenig relevant gewesen. Ein sicherer Entschluß hätte Marianne seelisch zu wenig bewegt, so daß keine Bewegung in die seelischen Bilder gekommen wäre. Und selbst wenn diese seelische Situation über einen Traum zum Ausdruck gekommen wäre, hätten die Traumbilder die Sicherheit und Klarheit der Entscheidung widergespiegelt.

Daher ist Mariannes Trauminterpretation richtig und doch falsch. Sie ist richtig insofern, als der Traum ihr zeigte, daß sie nicht voll zu einem Kirchenaustritt stehen kann, daß damit noch zu viele Ängste verbunden sind. Unter solchen Umständen wäre ein Kirchenaustritt tatsächlich nicht ratsam. Sie ist jedoch falsch, wenn der Traum als Stellungnahme einer höheren Instanz gesehen wird, als Wink des Schicksals, diesen Schritt unter keinen Umständen zu unternehmen. Für Marianne wäre es also wichtig, sich noch mehr zu informieren, mehr Literatur zu lesen, mit verschiedenen Leuten zu sprechen, die sowohl pro als auch contra Kirche eingestellt sind, um schließlich eine Entscheidung fällen zu können, hinter der sie auch stehen kann.

Besonders dramatisch machte sich das Gesetz der Affinität im Falle von Rita C. bemerkbar:

Rita C. lernte als Stewardeß viele einflußreiche Männer kennen. Eines Tages verliebte sie sich Hals über Kopf in den gut aussehenden, weltmännisch auftretenden Jack A., der vorgab, ein Unternehmen zu leiten. Da für Jack A. Geld keine Rolle zu spielen schien, ließ sich Rita C. immer gerne einladen. Eines Tages jedoch bat Jack A. sie, ihm über einen kurzzeitigen finanziellen

Engpaß hinwegzuhelfen. Für Rita C. war dies Ehrensache. Sie borgte ihm 40 000 Mark, worauf Jack A. für immer verschwand. Als ihre Ahnung, um das Geld betrogen worden zu sein, Gewißheit wurde, hatte Rita C. fürchterliche Aggressionen auf ihren Exliebhaber und trat in diesem seelischen Zustand ihren Dienst an. Auf diesem Flug passierte es dann, das Flugzeug fing Feuer. Nur mit Mühe gelang es Rita C. und ihren Kolleginnen, eine Panik an Bord zu verhindern. Sie mußten auf einem anderen Flughafen notlanden, die Passagiere und die Besatzungsmitglieder kamen jedoch mit dem Schrecken davon.

Daraufhin stieg Rita C. in eine andere Maschine. Bereits kurze Zeit danach wurde auch hier Feuer an Bord gemeldet. Eine erneute Notlandung mußte erfolgen und auch hier ging alles noch glimpflich ab. Die Feuerwehr auf dem Flughafen hatte den Brand sofort unter Kontrolle.

Rita C. hatte aufgrund ihrer extremen Aggression auf Jack A. eine Affinität mit brennenden Flugzeugen. Das Feuer an Bord war jeweils nur die Widerspiegelung des Feuers (der Aggression) in ihrer Seele. Zehn Jahre lang verrichtete Rita C. ihren Dienst in der Luft, ohne daß besondere Vorkommnisse wie technische Pannen oder andere Schwierigkeiten sie verunsichert hätten, und dann war sie an einem Tag gleich zweimal in akuter Lebensgefahr!

ROLLENSPEZIFISCHE AFFINITÄT

Britta K. war ein ruhiges, hübsches Mädchen, das alle gerne mochten. Deshalb versuchte man alles, um Unangenehmes von ihr fernzuhalten. Wenn es dennoch zu Schwierigkeiten, sei es im Freundeskreis oder in der Schule, kam, waren die anderen die Schuldigen und Britta wurde bemitleidet. Sie war immer das *arme* Kind, das einfach zu lieb und zu gut für diese *böse* Welt war. Britta wurde in solchen Situationen verhätschelt und verwöhnt. Diese Rolle des *armen* Kindes, die sich in Brittas Unbewußtes eingravierte, war jedoch keine gute Ausgangsposition für die spätere Partnerwahl. Britta wählte (wie soll es auch anders sein) einen *Bösewicht* als Mann, einen, der Trinker war und dadurch bedingt fast permanent in einer prekären finanziellen Lage war. Durch diese Umstände hatte sie die Möglichkeit, ihre Rolle selbst im Erwachsenenalter weiter beizubehalten. Als ihre Eltern, ihre Geschwister, ihre Freundinnen und Geschäftskollegen davon erfuhren, wurde sie wieder bedauert und bemitleidet.

Drei Jahre nach ihrer Scheidung lernte Britta einen neuen Mann kennen, mit dem sie nach kurzer Zeit des Kennenlernens auf eine Urlaubsinsel flog. Obwohl dieser Urlaub zunächst voller Liebe und Glück schien, fand Britta schließlich einige Punkte, die sie geschickt überzeichnete, um damit ihre Rolle nach der Rückkehr wieder perfekt spielen zu können. Ihr Freund stand zu oft so ungünstig vor ihr, so daß sie *dauernd* im Schatten war und so nur wenig Urlaubsbräune abbekam. Er ließ sie *dauernd* die Tasche tragen oder sie verbrachte (die beiden hatten ein Appartement gemietet) die *meiste* Zeit ihres Urlaubs in der Küche (Tatsache war jedoch, daß sie nur jeden zweiten Tag ein Essen zubereitete).

«Ach Kind», sagte nach Brittas Rückkehr ihre Mutter, «dir klebt das Pech wirklich auf den Fersen. Komm, nimm noch ein Stück von dem Kuchen, den ich für dich gebacken habe.»

Dieser Fall macht deutlich, wie die Rolle, die einem oft auf den Leib geschrieben ist (siehe liebes Aussehen bei Britta etc.), zum Schicksal werden kann. Entweder man sucht unbewußt die Personen und die Ereignisse auf, die zu dieser Rolle passen oder man filtriert aus der Fülle der Ereignisse das raus, was für die Rolle geeignet erscheint.

Es bleibt sich gleich, ob die Ereignisse tatsächlich so waren oder nicht – es wird mit dem eigenen unbewußten Rollenbild empfunden und bewertet.

PAARSPEZIFISCHE AFFINITÄT

Paarspezifische Affinität bedeutet, daß jedes Paar eine andere Anziehung bzw. Affinität hat. Wenn A sich mit B liiert, so haben die beiden Kontakte mit anderen Personen, die ihnen entsprechen. Jedes Paar hat seinen eigenen Freundeskreis. Kommt es zur Trennung, so bricht auch meist der Freundeskreis auseinander. Viele glauben, daß in einer solchen Situation sich die Spreu vom Weizen trennen würde: Die *echten* Freunde bleiben auch nach der Auflösung der Beziehung erhalten, während die *falschen* Freunde nun von dannen ziehen.

Dies mag bei subjektiver Betrachtungsweise so erscheinen, doch das Gesetz der Affinität sagt hier: A hat mit B eine andere Anziehung, als wenn sie allein auftritt und wieder eine andere, wenn sie sich mit Person C verbindet. Die Verbindung AB hat AB Freunde, der Single A hat A Bekannte, und das Paar AC hat einen AC entsprechenden Freundeskreis.

Jede Verbindung hat eine spezifische Ausstrahlung und daher auch eine entsprechende Anziehung. Person A gibt sich zusammen mit Person B anders als mit Person C; denn ein anderer Partner löst andere Empfindungen, andere Gedanken, anderes Verhalten aus (siehe Gesetz von Ursache und Wirkung). Doch nicht nur die Anziehung von Personen wird durch die Verbindung zweier Menschen beeinflußt, sondern jedes Paar hat auch eine ganz bestimmte Affinität in der äußeren Welt.

Liiert sich A mit B, so haben sie eine paarspezifische Affinität mit Ereignissen (Schicksalsgemeinschaft) und eine paarspezifische Affinität mit geographischen Orten und Plätzen. Wenn Kurt R. mit Lieselotte N. in Urlaub fährt, wird er andere Situationen aufsuchen, als mit Gundi L. Gundi L. würde wahrscheinlich schon bei der Planung des Urlaubs Kurt R. anders beeinflussen. Und selbst wenn Kurt R. dasselbe Land, denselben Ort oder gar dasselbe Hotel wählen würde, hätte der Aufenthalt eine andere Qualität. Die beiden wären in einer anderen Stimmungslage, würden andere Leute in dem

Hotel kennenlernen usw. Grundsätzlich ist es jedoch so, daß die beiden nur dort unterkommen, wo sie eine Affinität haben. Besteht keine Affinität, gefällt den beiden der Platz nicht oder bei unbewußter Nichtaffinität ist das Hotel bereits belegt.

Doch nicht nur im Urlaub, sondern auch im täglichen Leben besteht die paarspezifische Affinität. Ein Paar kann nur dort ein Haus oder eine Wohnung finden, wo die Betreffenden eine Entsprechung haben. Auch hier heißt es zu unterscheiden zwischen einer bewußten und einer unbewußten Affinität. Eine bewußte Affinität liegt vor, wenn beide eine Wohnung beziehen, die beide bewußt ausgesucht haben, von einer unbewußten Affinität spricht man, wenn das Paar auf Wohnungssuche geht und gezwungen ist, die Wohnung zu nehmen, die angeboten wird. Im letzteren Falle ist also keine freie Wahlmöglichkeit gegeben, sondern die Umstände drängen die Betreffenden in die bestimmte Richtung. Sie würden vielleicht lieber eine andere Wohnung nehmen, müssen aber gerade die Wohnung beziehen, mit der sie seelisch verwandt sind. Die andere Wohnung ist unter Umständen noch nicht fertig, zu teuer oder schon vergeben. Ein erfahrener Immobilienmakler drückte dies einmal so aus: Jeder bekommt das Objekt, das ihm zusteht, das ihm entspricht. Aufgabe des Vermittlers ist es unter den vorhandenen Angeboten schnell dasjenige herauszufinden, zu dem die Betreffenden passen. Anders formuliert: Nach dem Gesetz der Affinität sucht sich das Unbewußte mit einer ungeheuren Präzision und Treffsicherheit gerade den Ort, die Wohngegend, das Haus, gerade die Etage, mit gerade denjenigen Nachbarn aus, die der Innenwelt des Paares symbolisch entsprechen.

Trennen sich die beiden und ein Partner bleibt in der bisherigen Wohnung zurück, so kommt es zu folgendem Phänomen: Der in der Wohnung verbleibende Partner zieht so lange keinen passenden neuen Partner, mit dem er zusammenleben kann, mehr an, wie bei ihm nicht die Bereitschaft besteht, wegzuziehen. Vielleicht kann der Fall von Lars T. diese Gesetzmäßigkeit verdeutlichen.

Lars T. und Ulla T. haben sich unter großen Mühen und unter

Einsatz aller Ersparnisse einen exklusiven Bungalow gebaut, in dem sich die beiden anfangs sehr wohl fühlten. Nach einiger Zeit begann es jedoch in der Beziehung zu kriseln bis schließlich Ulla T. auszog. Lars T.'s Ziel war es nach der Scheidung, seinen Bungalow zu behalten, was ihm auch gelang. Er benötigte jetzt nur noch die richtige Frau. Doch wie sehr sich Lars T. auch bemühte, er lernte keine Frau kennen, die in das gemachte Nest einziehen wollte. Seine ehemalige Ehefrau Ulla war längst wieder verheiratet, aber bei ihm war alles wie verhext. Entweder waren die potentiellen Partnerinnen bereits verheiratet oder sie wohnten in einer anderen Stadt, wo sie auch beruflich fest etabliert waren, so daß keine Bereitschaft, umzuziehen bestand, oder sie wollten ganz einfach keine feste Beziehung. Über zehn Jahre suchte Lars T. verzweifelt nach einer passenden Frau, ehe er in unserem Institut vorsprach.

Was lief hier ab? Warum konnte Lars T. kein neues Glück in der Partnerschaft finden?

Wer um das Gesetz der Affinität weiß, kann die Frage leicht beantworten: Lars und Ulla T. hatten eine paarspezifische Affinität mit einem spezifischen Grundstück, mit einer spezifischen Straße, mit einem spezifischen Haus, mit einem spezifischen Grundriß, mit ganz spezifischen Einrichtungsgegenständen.

Nur diese beiden Personen gehörten in einer ganz bestimmten Zeit ihrer Lebensgeschichte an diesen Ort und zu dieser Materie. Als Ulla Lars verließ, war die bisherige Konstellation nicht mehr gegeben. Mit einer anderen Frau hätte Lars in eine andere Wohngegend, in eine andere Straße, in ein anderes Haus ziehen müssen, um dem Gesetz der paarspezifischen Affinität entsprechen zu können. Die Fixierung auf seinen Bungalow beschränkte ihn in der Partnerwahl, ließ dem anderen kein Mitbestimmungsrecht, gab der neuen Partnerin keine Chance, etwas Eigenes einzubringen oder etwas Gemeinsames aufzubauen. Es war und blieb immer das Gemeinsame von Lars und Ulla. Die Wände des Hauses, die Möbel, das Geschirr, alles war noch mit den alten seelischen Schwingungen von Lars und Ulla belastet. Ein anderer Partner nimmt das bewußt oder unbewußt wahr, fühlt sich fremd und ungeborgen. Seine innere Stimme warnt ihn und sagt: Ziehe dort nicht ein, das bist du nicht, das ist nicht deine Identität, oder: Das gehört dir nicht, du bist dort im Machtbereich eines anderen, du bist dort nur geduldet. Selbst Renovierungen von alten Wohnungen und Häusern, ja selbst das Zurverfügungstellen eines eigenen Zimmers, das der neue Partner sich nach eigenem Geschmack einrichten kann, nützt wenig – es ist und bleibt der Platz für jenes Paar, welches einmal eine gewisse Wegstrecke im Leben gemeinsam ging.

Lars T. mußte klar werden, daß sein schönes Haus, das ursprünglich die Chancen beim anderen Geschlecht erhöhen sollte, der Haupthinderungsgrund für eine erfüllende Partnerschaft war.

Als er von seiner Fixierung losließ, lernte er kurze Zeit später in einer anderen Stadt eine ihn liebende Frau kennen. Sie zogen dort in eine gemeinsame Wohnung, in der sie bis heute glücklich zusammen sind. Seinen Bungalow hat er inzwischen an andere Leute vermietet.

So wie Lars T. bleiben Tausende von Frauen und Männern allein oder finden keinen Partner mehr, weil sie in der alten Wohnung, in der sie mit ihrem früheren Partner zusammenlebten, ausharren. Sie verstoßen gegen das Gesetz der Affinität und müssen die entsprechenden Rückwirkungen des Schicksals erleiden.

Anders wäre die Situation gewesen, wenn Lars T. sein Haus zum Verkauf angeboten und ein anderes Paar sich dafür interessiert hätte. In diesem Falle wäre der Kauf dieses Objekts ja die gemeinsame Entscheidung der beiden Interessenten gewesen und sie hätten mit diesem Haus ihr spezifisches Schicksal erlebt.

Wie ist aber die Situation zu beurteilen, wenn zwei Partner eine bestimmte Vorstellung von ihrem zukünftigen Heim haben, aber diese Vorstellung aufgrund von äußeren Umständen nicht verwirklichen können, z. B. wenn sie keine solche Wohnung finden können?

Hier gibt es zwei Ursachen:
Es bestehen Bindungsängste von einem oder gar von beiden Partnern.

Die Zeit ist noch nicht reif. Das Unbewußte der beiden möchte sich noch eine Bedenkzeit oder Zeit des Prüfens ausbedingen.

Fazit:
Eine Wohnung oder ein Haus, ein Job, ein beruflicher Erfolg, oder ein Partner sind erst dann erreichbar, wenn keine Diskrepanz mehr zwischen der bewußten und der unbewußten Affinität besteht. Viele sind bewußt fest der Meinung, sie hätten mit dieser oder jener Wohnung oder mit einer bestimmten beruflichen Position eine Affinität, doch (wie Georg Groddeck sich ausdrückt) im Hintergrund kichert das *Es* (das Unbewußte) und sagt: Das soll Deine Entsprechung sein? Das glaubst Du wohl selber nicht! Schau, ich zeige Dir, wo Du wirklich stehst, was wirklich die Widerspiegelung Deiner seelischen Situation und Deines Entwicklungsstandes ist.

Daher: Nicht das, was jemand *bewußt* will, sich wünscht oder sich vorstellt ist relevant, sondern entscheidend ist das, was das Unbewußte ausdrücken will, womit das *Unbewußte* eine Affinität hat. So bekommt jemand z. B. eine Wohnung dann, wenn er sowohl im Bewußten als auch im Unbewußten damit eine Entsprechung hat.

Ein Wunsch oder ein Ziel kann also nur dann erreicht werden, wenn die Diskrepanz zwischen dem Unbewußten und dem Bewußten zugunsten einer gemeinsamen Zielrichtung aufgehoben ist, wenn beide miteinander harmonieren. Doch wie kann zwischen dem Unbewußten und dem Bewußten eine Kongruenz erreicht werden?

Wir haben bereits von dem Faktor *Zeit* gesprochen, der bei dem Gesetz der Affinität eine entscheidende Rolle spielt. Zeit bedeutet in diesem Zusammenhang Entwicklung und Reifung, d. h. ein Wunsch kann nur dann in Erfüllung gehen, wenn die Zeit dafür reif ist, wenn also die entsprechende Anlage oder Fähigkeit entwickelt worden ist, wenn die entsprechenden Rahmenbedingungen geschaffen wurden. Diese Tatsache soll nun aber keineswegs zu der Annahme verleiten, daß jemand, der häufig umzieht, sich besonders stark entwickelt hätte bzw. als reifere Persönlichkeit anzusehen wäre als ein anderer, der jahre- oder jahrzehntelang an einem Ort verweilt. Im Gegenteil! Häufiger Wohnungswechsel kann, genauso wie permanenter Partnerwechsel, ein Zeichen für innerseelische Rastlosigkeit und Unzufriedenheit sein. Indem manche Menschen den Weg zur eigenen Identität nicht finden, können sie sich auch mit keinem Wohnort und mit keiner Wohnung identifizieren. Die daraus resultierende Ungeborgenheit muß dann erneut durch einen Wohnungswechsel kompensiert werden. Die Suche nach der eigenen Identität, der Weg nach Innen, kann durch stete äußere Veränderungen erneut erfolgreich abgewehrt werden. Der Mangel oder der Schmerz wird dadurch nicht evident, wird dadurch nie analysiert, nie angegangen. Es muß also hier die Frage aufgeworfen werden: Wann ist ein Umzug die zwangsläufige Folge einer innerseelischen Entwicklung und Reifung, etwa, wenn die äußere Form nicht mehr zu den neuen Inhalten paßt (siehe Gesetz von Inhalt und Form), und wann ist er als Fluchtversuch anzusehen, als Ausdruck einer Ungeborgenheit, die solange besteht, wie die notwendigen Entwicklungsschritte nicht vollzogen worden sind?

Ferner sei darauf hingewiesen, daß das Gesetz der Affinität nicht, wie es manchmal geschieht, als Alibi verwendet werden soll. Wenn jemand gehemmt oder faul ist und deswegen keine Arbeit findet, dann kann er nicht sagen: Ich habe eben keine Affinität mit einem Job und muß daher arbeitslos bleiben. Eine solche Interpretation ist ein Affront gegen das Gesetz der Entwicklung. Der Status quo wird dadurch festgeschrieben.

UNBEWUSSTES AUFSUCHEN VON KRANKHEITSAUSLÖSERN

Nach dem Gesetz der Affinität sucht jeder unbewußt im Äußeren das auf, was ihm im Inneren entspricht. So bedeuten bestimmte innere Stimmungslagen und Konflikte immer auch, daß eine Disposition dafür vorhanden ist, äußere Ereignisse anzuziehen, die symbolisch diese innere Situation in der Außenwelt ausdrücken. Dies ist aber auch auf die Psychosomatik übertragbar. Die seelische Situation sucht unbewußt nach Auslösern bzw. Erfüllungsgehilfen in der Außenwelt, um sich symbolisch durch den Leib ausdrücken zu können!

Als Franks Freundin Magda einen anderen Mann kennen und lieben gelernt hatte, fuhr Frank aus Frust und Trotz auf die spanische Ferieninsel Ibiza, wo er sich neue Kontakte erhoffte. Doch wie sehr er sich dort auch bemühte, er hatte keine Chancen: die schönen Frauen am Strand waren entweder schon in Begleitung oder sie gaben ihm zu verstehen, daß sie nicht an ihm interessiert waren. Daraufhin fand Frank alles *zum Kotzen*. Zuhause liegt die Freundin in den Armen eines anderen, im Urlaub lehnt ihn jede, die ihm gefallen hätte, ab. Als er abends alleine zum Essen ging, verdarb er sich durch eine Speise den Magen und mußte daraufhin die ganze Nacht über *kotzen*. Franks Unbewußtes suchte und fand einen Auslöser, nämlich die verdorbene Speise, um die derzeitige Stimmungslage körperlich ausdrücken zu können.

Ähnlich gelagert war auch der Fall von Hugo S., der, nachdem er eine neue Form der Psychotherapie entwickelt hatte, auf diesem Gebiet als Leitbild fungierte. Allerdings hatte Hugo S. eine Schwierigkeit: Er hatte eine Schreibhemmung, welche die Ausbreitung seiner Lehre verlangsamte. Ferner hatte er aufgrund dieser Hemmung eine panische Angst davor, daß einer seiner Schüler ihn plagiieren könnte und sein geistiges Gut vor ihm auf den Markt bringen würde. Tatsächlich wurde seine Angst scheinbar bestätigt, als sein Schüler Karl-Heinz R., ein geistig sehr reger junger Mann ein Buch veröffentlichte, das – so schien es Hugo S., vom Anfang bis zum Ende aus seinem Gedankengut zusammengesetzt war. *Seine* Schöpfung kam daher früher heraus, als er es wollte. In dieser Stimmungslage bestellte Hugo S. im Speiserestaurant einen Fisch. Stunden später bekam er über 41° Fieber. Diagnose: Salmonellenvergiftung. Leitsymptom dieser Vergiftung war ein fast permanenter Durchfall. Mit dieser Diarrhoe mußte Hugo S. gleichnishaft am eigenen Körper das erleben, was ihm in der Außenwelt durch seinen Schüler widerfuhr: Seine Schöpfung kam schneller heraus, als es ihm lieb war.

Hierbei ist nicht entscheidend, ob es sich nun wirklich um ein Plagiat handelte, sondern einzig und allein, wie Hugo S. die Situation empfand. Und er glaubte felsenfest daran, daß er *bestohlen* worden war.

Diese Beispiele machen deutlich, daß man in der rein somatisch orientierten Medizin in der Ursachenkette zu wenig weit zurückgeht. Die seelische Disposition und das Gesetz der Affinität werden nicht beachtet. Dadurch ergibt sich für jedes Ereignis und auch für jede Erkrankung ein völlig falsches Bild. Man sieht immer nur Ausschnitte aus der Wirklichkeit und kann den Gesamtzusammenhang nicht erkennen. Dies wiederum hat zur Folge, daß man sowohl beim Schicksal als auch bei den Krankheiten nur an den Symptomen herumdoktert und daher keine oder nur wenig Möglichkeit hat, den Mechanismus abzustellen.

Wer bei der Interpretation der Ereignisse und der Krankheitssymptome im materiellen oder körperlichen Bereich steckenbleibt, kann nur wenig Vorbeugemaßnahmen treffen, um Wiederholungen zu verhindern, kurzum, er kann die Disposition nicht löschen.

5
DAS GESETZ DER ANZIEHUNG

Das Unbewußte macht nicht nur krank oder gesund, sondern wirkt auch in der Außenwelt. Es zieht das außen an, was der Innenwelt entspricht, womit eine Affinität besteht (Gesetz der Affinität) oder zieht zu einem Defizit den entsprechenden Gegenpol an (Gesetz des Ausgleichs) oder läßt das Verdrängte wiederkehren (Gesetz der Wiederkehr des Verdrängten). Da der Mechanismus der Anziehung sehr komplex ist – häufig kommen hier verschiedene Gesetzmäßigkeiten gleichzeitig zum Tragen – ist es notwendig, noch etwas näher darauf einzugehen.

Es ist wichtig, die Frage aufzuwerfen, welche weiteren Faktoren es sind, die diesen Mechanismus beeinflussen und die Frequenz der Anziehung bestimmen. Neben der pränatalen Seelenprägung, der Projektion des Gegenbildes* zur eigenen Mutter und zum eigenen Vater, dem Milieu, in dem man aufwuchs, der Schulbildung, die man genoß, sowie der Geschwisterposition*, die beide Partner in ihrer Elternfamilie eingenommen haben, sind dies insbesondere die biographische Situation, in der man sich befindet und der Wiederho-

---

* Hermann Meyer *Die neue Sinnlichkeit*, München, 1984

lungszwang. Bevor wir auf diese beiden Punkte eingehen, sei noch darauf hingewiesen, daß das Gesetz der Anziehung nicht nur bei der Wahl der Lebenspartner eine Rolle spielt, worauf in den folgenden Seiten das Schwergewicht gelegt wird, sondern in allen Begegnungssituationen (Freunde, Arbeitskollegen, Geschäftspartner, Kunden, Klienten, Patienten, Therapeuten usw.).

BIOGRAPHISCHE SITUATION

Die Partneranziehung ist u. a. abhängig von der jeweiligen biographischen Situation, in der wir uns befinden.

Der Partner, mit dem wir etwa vor 10 Jahren befreundet waren, paßte nur zum damaligen Entwicklungsstand unserer Anlagen und Fähigkeiten. Heute jedoch stimmen die beiden psychischen Muster nicht mehr überein.

So erging es z. B. Katja U., die fünf Jahre lang als Angestellte in einer Firma tätig war, ehe sie eine Ausbildung zur Kosmetikerin absolvierte. Einige Zeit später eröffnete sie ein Kosmetikinstitut. Katja war während ihrer Zeit als Angestellte mit Egon befreundet, lernte kurz nach Beginn ihrer Ausbildung Sven kennen und ist jetzt als Geschäftsinhaberin mit Paul liiert.

Ihr Unbewußtes wählte also zu der jeweiligen Phase ihrer Lebensgeschichte den *passenden* Partner. So wäre Egon, der sehr kleinbürgerlich dachte und der eine Frau brauchte, die ihm zu Diensten steht, für die Geschäftsfrau Katja U. nicht mehr geeignet gewesen.

Sehr schwierig gestaltet sich das Bild bei Menschen, die mit ihrem Leben unzufrieden sind, aber bereits im Status quo nach Partnern suchen, die nur zu dem Zukunftsbild, das sie sich von sich selber vor dem geistigen Auge malen, passen würden. Diese Problematik war bei einem Kursteilnehmer zu verzeichnen, der im Berufsleben wenig Erfolg hatte. Er hielt nach Frauen Ausschau, die nur zu seinem Idealbild, nämlich einmal sehr erfolgreich zu sein, eine Entsprechung gehabt hätten.

Er suchte nach der Idealfrau, passend zu diesem Idealbild. Er hoffte darauf, daß er einen *Topf* finden würde für einen *Deckel*, den er noch nicht verkörpern konnte. Mit den Frauen, die er gemäß seiner gegenwärtigen biographischen Situation anzog, konnte er sich nicht identifizieren – sie waren nicht seiner Vorstellung gemäß. Er betrachtete jede nur als Vorstufe für die zukünftige Traumfrau, was sich sowohl sehr ungünstig auf den Eigenwert der betreffenden Partnerin als auch auf die Partnerschaft schlechthin auswirken mußte.

Diese Beziehungsschwierigkeiten waren für ihn jedoch wieder ein Hinweis, nicht mit der *richtigen* Partnerin zusammen zu sein. Hier wird deutlich, wie wichtig es ist, die eigenen Gefühlsraster zu verändern. Statt Ärger und Mißmut bei seiner jeweiligen Partnerin auszuleben, wäre es für den Betreffenden ungemein günstiger, seine Energien für die Verbesserung seiner beruflichen Situation einzusetzen. Erst wenn er dies geschafft hat, kann der unbewußte Mechanismus der Anziehung auf einer neuen Ebene wirksam werden.

DER WIEDERHOLUNGSZWANG

Der Wiederholungszwang ist die Folge von nicht ausgebildeten oder von in der Entwicklung steckengebliebenen Anlagen. Wer z. B. nicht gelernt hat, Probleme und Konflikte zu bewältigen, muß aufgrund dieses Mankos immer wieder (wenn es problematisch oder kritisch wird) mit Flucht reagieren. Eine andere Reaktionsweise steht ihm nicht zur Verfügung. So kann es sein, daß ein Mädchen auf das cholerische Verhalten ihres Vaters ein Reaktionsmuster ausgebildet hat, das ihr später als erwachsene Frau immer wieder nur Choleriker *bescherte.*

Wiederholungszwang ist es auch, wenn ein Mann immer wieder an Frauen gerät, die ihm keine seelische Liebe und Wärme schenken können. Auf diese Art und Weise kann er die frühere Situation wiederholen, in der er ständig vergebens versuchte, die Liebe seiner

Mutter zu gewinnen. Andere Männer wiederum lernen nur Frauen kennen, die eine Abneigung gegenüber Hausarbeit haben oder die ständig krank sind, an Depressionen leiden oder die es lieben, bei jeder Gelegenheit mit anderen Männern zu flirten.

Auf diese Art und Weise können die alten Gefühlsraster der Frustration, des Mitleids, der Aufmunterung oder der gleichgeschlechtlichen Konkurrenzangst wiedererlebt werden. Die *Basis* vieler Beziehungen sind die zueinander komplementär stehenden Reaktionsmuster bzw. Wiederholungszwänge der beiden Partner.

Wie sehr der Wiederholungszwang aber auch mit dem alten patriarchalen Denken zusammenhängt, und welche Folgeerscheinungen sich daraus ergeben, zeigt folgender Fall:

Michael L. war 12 Jahre alt als sein Vater starb. Aufgrund der veränderten Familiensituation wurde nun Michael in eine Rolle gedrängt, die in keiner Relation zu seinem Alter stand. Er mußte für seine zwei jüngeren Geschwister Verantwortung übernehmen und zu Hause alles regeln und organisieren. Mit 22 Jahren lernte er Gabriele kennen, die in ihrem Elternhaus sehr behütet aufwuchs, gleichzeitig aber in all ihren Handlungen entmutigt wurde, was die Symptomatik einer *gelernten Hilflosigkeit* zur Folge hatte. Einesteils liebte Michael Gabriele ob ihrer *süßen* Unbeholfenheit, andererseits aber hatte er ungute Gefühle, wenn er daran dachte, was dies für ihn zukünftig bedeutete. Trotz Warnung seiner inneren Stimme unterzeichnete Michael zwei Jahre später den Ehevertrag. Nun konnte er seine gewohnte Rolle vor einer neuen Kulisse wieder übernehmen.

Nachdem anfangs das komplementäre Verhältnis zwischen *Vater und Kind* zufriedenstellend verlief, fühlte sich Michael nach einiger Zeit immer mehr unwohl. Die Doppelbelastung von starkem beruflichen Engagement und der *Vaterrolle* in seiner Ehe überforderte ihn. Gabriele, obwohl nicht berufstätig, schaffte den Haushalt nicht. Sie war total passiv und unselbständig und auch bei den kleinsten Entscheidungen wartete sie bis ihr Mann nach Hause kam. Immer häufiger tauchte in Michael der Wunsch auf,

Gabriele zu verlassen, was er aber schließlich schnell wieder verdrängte, da er der Ansicht war, daß sie ohne ihn auf der Strecke bleiben würde.

Als die partnerschaftliche Situation immer mehr zu stagnieren drohte, wurde Gabriele schwanger und schließlich Mutter einer Tochter namens Doris. Im Alter von 4 Jahren mußte der kleinen Doris eine Niere entfernt werden, die total versteint war. Um seiner Frau und seiner Tochter ein besseres Zuhause bieten zu können, baute Michael schließlich ein Haus.

Zwei Jahre später brach er auf offener Straße zusammen. Diese Zusammenbrüche wiederholten sich schließlich in bestimmten Intervallen. Michael mußte seinen Beruf aufgeben, konnte nicht mehr Auto fahren und wurde zusehends unsicherer und unbeholfener. Die Ärzte standen vor einem Rätsel, da eine körperliche Ursache nicht festzustellen war.

Nach dem Gesetz der Anziehung hatte Michael entsprechend seiner Prägung und dem dadurch ausgebildeten psychischen Raster Gabriele kennengelernt, die ein komplementäres Verhaltensmuster an den Tag legte. Wie im Elternhaus, so wurde er auch gegenüber Gabriele in eine unfreiwillige Vaterrolle gedrängt. Als die Aufrechterhaltung der Beziehung immer schwieriger wurde, setzte (was häufig geschieht) die Schwangerschaft als Abwehr- und Anpassungsmechanismus ein.

Das Kind sollte, so die unbewußte Motivation zur Schwangerschaft, die Ehe retten, an der man aufgrund von Konvention und Moral festhalten wollte. Unbewußt projizierten die beiden Partner ihre Konflikte auf die kleine Doris, die dann an dem Organ somatisierte, das paarig angelegt ist und symbolisch für Partnerschaft steht. Das Kind mußte die *versteinerte* Partnersituation der Eltern in seinem Körper austragen (Nierensteine).

Nachdem die Grundproblematik der Beziehung sich durch das Kind noch verstärkte (Michael hatte ja nun gleich zwei hilflose Wesen im Hause), mußte ein anderer *Ausweg* gefunden werden. So inszenierte Michaels Unbewußtes Schwächeanfälle und Zusammenbrüche, um damit die Partnerin unter Druck zu setzen, endlich einmal aktiv zu werden (Krankheitsgewinn). Michael erschöpfte sich in der steten Kompensation, konnte seine Helferrolle nicht mehr aufrechterhalten und fiel auf den Minuspol der Schwäche und Hilflosigkeit zurück. Dies war der Pol, den er bisher unbewußt auf Gabriele projiziert hatte. Da Gabriele auf den Rollentausch nicht einging bzw. nicht eingehen konnte, ging die Rechnung seines Unbewußten jedoch nicht auf.

Michael wurde also Opfer seiner eigenen Maßstäbe, welche ständig seinen Wiederholungszwang aufrechterhielten. Michael wagte es nicht, die Beziehung zu Gabriele abzubrechen, da er sich ihr gegenüber verantwortlich fühlte. Als die kleine Doris zur Welt kam, war der *Point of no return* erreicht. Nach dem konventionellen Maßstab war es für Michael nun gänzlich unmöglich, sich zu befreien. Er hatte nun nicht nur eine Verantwortung gegenüber seiner unselbständigen Ehefrau, sondern auch gegenüber seiner kleinen Tochter, die noch dazu ständig kränkelte.

Hier wird deutlich: Je länger man damit wartet, desto schwieriger wird es, sich aus einer mißlichen Lage herauszumanövrieren, bis eines Tages der obengenannte Punkt erreicht ist, an dem es kein Zurück mehr gibt, an dem eine *falsche* Entscheidung scheinbar nicht mehr rückgängig gemacht werden kann. Man baut anstatt sich den Fehler einzugestehen sogar noch Verstärker ein –, quasi um die *falsche* Entscheidung zu rechtfertigen. Man reagiert auf einen Fehler (hier: falsche Partnerwahl) mit einem weiteren (hier: Eheschließung) und noch einem Fehler (Zeugung eines Kindes, um die Ehe zu kitten) und nochmals fehlerhaft (hier: Hausbau), so daß schließlich keine Chance mehr besteht, auszusteigen. Als letzter Ausweg bleibt in solchen Fällen nur noch die Krankheit (oder ein Unfall oder in Extremfällen der Tod), ein anderer Weg, der jedoch meist als neuerlicher negativer Verstärker fungiert.

Lösung:
Zunächst muß sich Michael bewußt werden, daß es zweierlei Verantwortung gibt: eine Verantwortung im Sinne von Moral und Konvention und eine Verantwortung im Sinne der Lebensgesetze. Die erste Form der Verantwortung ist gepaart mit der Unwissenheit über die psychischen Gesetzmäßigkeiten. Aufgrund dessen konnte Michael nicht erkennen, daß für seine Frau ein Prozeß des Selbständigwerdens nicht möglich war, solange er an dieser Form von Verantwortung festhielt. Es war ein circulus vitiosus: Weil sie unselbständig war, blieb er bei ihr und weil er blieb, konnte sie unselbständig bleiben. Die alte Form der Verantwortung hielt also beide im Wiederholungszwang fest und ließ eine Entwicklung und Reifung der Persönlichkeit auf beiden Seiten nicht zu.

Aus der Perspektive der Lebensgesetze und ihrer Dynamik sieht die Situation jedoch anders aus. Nach der Bewußtwerdung seiner Problematik hätte sich Michael sowohl verantwortlich zeichnen müssen für seine lebendigen Persönlichkeitsanteile, u. a. sowohl für seine Freiheit, für seine Gesundheit und sein Leben schlechthin, als auch für das lebendige Wachstum seiner Ehefrau.

Er hätte also bereits zu dem Zeitpunkt, an dem er unter der ehelichen Situation zu leiden begann, die entsprechenden Konsequenzen ziehen müssen.

Wenn auch eine Lösung der Problematik heute ungemein schwieriger geworden ist, so gibt es dennoch eine Chance: Michael (35) muß einen Kompromiß finden: Einesteils muß er sich verantwortlich zeichnen für seine *Fehler*, die er in der Vergangenheit gemacht hat, d. h. er muß für den Unterhalt seiner Frau und seiner Tochter aufkommen und eine seelisch-ästhetische Lösung finden, durch die der Kontakt zu seiner Tochter aufrechterhalten werden kann. Andererseits muß er aber auch das Recht auf ein eigenes Leben mit einer neuen Zukunft durchsetzen.

Nach eingehender Analyse und dem Studium der Lebensgesetze erkannte Michael diese Chance, erklärte aber, daß er diesen Schritt nicht machen könne, weil er durch seine Krankheit jetzt noch stärker an die Partnerin gebunden sei. Michael L.: «Wie soll ich mit meinen Schwächeanfällen einen Umzug in eine fremde Stadt schaffen und mir da ein neues Leben aufbauen? So etwas geht doch nur, wenn ich im Vollbesitz meiner Kräfte bin!»

Daher war es wichtig, daß Michael zunächst Vertrauen zu seiner eigenen Natur gewann. Unsere These war, daß er, wenn sein Unbewußtes wirklich von dieser Lösung überzeugt wäre und diesen Weg klar vor sich sähe, gesund werden würde, denn nur die bisherige Orientierungslosigkeit, Aussichtslosigkeit und Ausweglosigkeit hatte die entsprechende Symptomatik (Schwäche, Zusammenbruch) erzeugt. Durch die neue Perspektive kann Michaels Unbewußtes echte Hoffnung schöpfen, was sich vitalisierend auf den Körper auswirkt. Indem Michael die entsprechenden Vorbereitungen für die Veränderung traf (Besprechung der Problematik mit Frau und Tochter, finanzielle Regelung, Wohnungssuche usw.) mußte die Energie, die bisher in der Krankheit gebunden war nun nach außen treten. Proportional zu den Schritten, die er in Richtung einer neuen Zukunft unternahm, ließen die Symptome nach.

Das Beispiel von Michael L. macht klar, daß nach dem Gesetz der Anziehung Partner angezogen werden, die scheinbar unpassend sind, bei näherer Betrachtung jedoch passen sie wie der Deckel auf den Topf.

So regt sich Rita Z. ständig auf, weil ihr Partner keine Manieren in der Öffentlichkeit an den Tag legt. Sein ungehobeltes Verhalten schmerzt sie; sie leidet darunter und dennoch hat sie sich unbewußt gerade diesen Mann gesucht. Je mehr Wert sie auf Anstand und Korrektheit legt, desto größer ist die Tendenz, daß sie durch den Gegenpol *ausgeglichen* wird. Diesem komplementären Wechselspiel wohnt ein Entwicklungsmoment inne, nämlich, daß ihr (irrealer) Maßstab in dieser Beziehung aufgelöst werden muß. Leider verhärten sich in solchen Fällen jedoch meist die Fronten, d. h. sie wird durch sein Benehmen in ihrem Maßstab (scheinbar) bestätigt, wähnt sich dadurch noch mehr im Recht, während er meist noch mehr in den anderen Pol abrutscht.

Wenn es dann zur Trennung kommt, weil der eine und/oder der andere Partner die ständige Spannung nicht mehr aushält, haben beide, wenn sie die Schuld an der Trennung jeweils dem anderen zuschieben, aus dieser Beziehung nichts gelernt.

Sie haben nicht reflektiert, was in ihrer Partnerschaft ablief und haben den Persönlichkeitsanteil, den sie in der Projektion beim anderen erlebten, nicht integriert. Die Frau hat sich nicht zu ihrem chaotischen, unkonventionellen Anteil bekannt, hat ihn weiter abgewehrt und dem Mann ist sein verdrängter und projizierter Persönlichkeitsanteil der Korrektheit und des Anstands ebenso nicht bewußt geworden.

Eine solche Integration ist auch (wie wir gesehen haben) schwierig! Beide Anteile sind ja nicht real, sondern im Gegenteil sehr neurotisch. Denn die *guten* und die *schlechten* Manieren sind nur die zwei Kehrseiten einer Medaille, nämlich des Maßstabs, wie man sich innerhalb der kollektiven Neurose zu verhalten hat.

Die *guten* Manieren mögen vielleicht als sehr angenehm erscheinen, sie bergen aber häufig in sich Verlogenheit und Schein, während *schlechte* Manieren oft entwaffnende Ehrlichkeit und Direktheit ausdrücken.

Gut und Schlecht sind hier (wie immer und überall) sehr relativ. Man kann also sagen: Die beiden Partner passen innerhalb der patriarchalen Gesellschaft, innerhalb ihrer zweiten Natur zusammen, nicht aber in ihrem wirklichen Wesen, das hinter dem neurotischen Überbau verborgen liegt.

Nach dem Gesetz der Anziehung hat Rita Z. erst die Chance, einen Partner mit guten Manieren kennenzulernen, wenn es ihr egal ist, wie sich jener in der Öffentlichkeit verhält. Und egal ist ihr dies erst, wenn sie erkannt hat, wie neurotisch solche Verhaltensspielregeln sind, wie relativ daher ihr Maßstab ist und vor allem, wenn es ihr gelingt, sich gegenüber dem Partner abzugrenzen, und sie erkennt, daß das Verhalten ihres Freundes in der Öffentlichkeit dessen Angelegenheit ist, und daß sie sich dafür nicht verantwortlich zeichnen muß.

Eine andere Frau, Martina S., lernte einen Mann lieben, der ständig nach anderen Frauen Ausschau hielt. Es verging keine Woche, in der er sie nicht *betrog*. Martina S. arbeitete seit vielen Jahren bei einem staatlichen Unternehmen. Da ihr die Tätigkeit dort wenig Freude bereitete, wünschte sie sich nichts so sehr als sich eines Tages davon befreien zu können. Diese verdrängte Freiheit erlebte sie in der Projektion bei ihrem Freund, der sich als notorischer Seitenspringer erwies. Martina S. regte sich darüber furchtbar auf und fühlte sich zudem deshalb in ihrem Eigenwert ständig geschmälert. Nach dem Gesetz der Anziehung betrachtet, mußte sie diesem Mann begegnen und sich mit ihm liieren, weil nur er dazu fähig war, sie zu ergänzen bzw. sie in ihrem Persönlichkeitssystem zu vervollständigen. Auch sie konnte ihren eigenen Persönlichkeitsanteil nicht annehmen, weil er ihr in einer verzerrten Form erschien.

Uschi S., eine sehr dominante Frau, die ganz bestimmte Vorstellungen hatte, wie ihr Partner beschaffen sein sollte, wünschte sich einen ebenbürtigen Partner. Er sollte voll im Leben stehen, redegewandt sein und Stärke und Cleverness an den Tag legen, kurzum ein *richtiger* Mann sein. Sie zog jedoch nur *schwache* Männer an, worunter sie sehr litt. In verschiedenen Situationen waren die Betreffenden tollpatschig und durchsetzungsschwach oder handelten unklug. Uschi S. hätte oft aus der Haut fahren mögen bei so viel Unsicherheit, Schwäche und Dummheit.

Als es ihr jeweils *zu bunt* wurde, *das Faß voll war*, versuchte sie die Beziehung zu beenden, was jedoch bei den Partnern eine um so größere Anhänglichkeit bewirkte. Sie fielen nun gänzlich in den masochistischen Pol ab, waren ihr nun gänzlich zu Willen und versprachen Besserung. Ein solches Verhalten des Partners rief jedoch bei Uschi noch mehr Verachtung hervor.

Was lief hier ab? Uschi S. wünschte sich oberbewußt einen starken Partner, doch ihr Unbewußtes war anderer Meinung. Nach dem Gesetz des Ausgleichs benötigte sie dringend einen schwachen Partner, den sie dominieren konnte und der in ihrem Sinn funktionierte.

Oberbewußt behauptete auch sie, gerade das nicht zu wollen, doch die Tatsache, daß sie vorwiegend schwache, unsichere Männer anzog, zeigt auf, daß ihre unbewußten Tendenzen zu Macht und Dominanz ausgelebt werden wollten.

So suchen viele Menschen unbewußt weniger intelligente Partner, um selbst klug in Erscheinung treten zu können, arme Partner, um bereitwillig die Rolle des Mäzens zu übernehmen, hilflose Partner, um ihr Helfersyndrom ausleben zu können, feige Partner, um selbst Mut beweisen zu können oder herrschsüchtige, um sich unterwerfen zu können...

So wie Rita Z., Martina S. und Uschi S. sich ständig aufregen oder ärgern mußten, so war Karl D. ständig bei seiner Partnerin gezwungen, zu maßregeln und zu kontrollieren. Auch er suchte sich unbewußt nach dem Gesetz der Anziehung eine Partnerin, bei der die Gewähr bestand, daß er seinen Drang zu Maßregelung und Kontrolle ausleben konnte. Gierig suchte und fand sein Unbewußtes eine Partnerin, die vieles falsch machte, vergeßlich und sehr unordentlich war, damit er entsprechend einschreiten konnte.

Karl D.: «Ich möchte ja gar nicht maßregeln! Ich will das ja alles nicht! Es wäre mir viel lieber, wenn ich meine Ruhe hätte und wenn ich nicht einschreiten müßte.»

So wie Karl D. argumentieren viele Menschen. Sie leiden unter solchen Situationen und werden dennoch magisch von ihnen angezogen.

Es ist für die meisten Menschen kaum zu begreifen, daß zwischen dem, was sie oberbewußt und dem, was sie unbewußt wollen und brauchen ein Riesenunterschied besteht. Einige werden sogar aggressiv und verbieten sich die Unterstellung, daß sie sich ihre Partner und Situationen ausgesucht hätten, um sich aufregen und ärgern zu können, um aggressiv werden und hassen zu können, um kritisieren und maßregeln zu dürfen. Solche Äußerungen sind dann für den Therapeuten ein Hinweis, daß er an die Abwehr des Klienten gestoßen ist.

Noch schwieriger als die Einsicht in die eben geschilderten

unbewußten Mechanismen gestaltet sich die Veränderung des Verhaltens und damit der persönlichen Anziehung. Die Frage lautet hier: Wie kann z. B. Karl D., der in seiner Kindheit von seinen Eltern ständig gemaßregelt wurde und bei dem dadurch bedingt der Drang entstand, seinerseits zu kritisieren und zu maßregeln, von diesem Verhalten loskommen?

Lösung:
Nach der Bewußtwerdung des alten Verhaltensmusters, das bisher ständig reproduziert wurde, muß Karl D. eine Alternative suchen. Die Ursache, warum er maßregelt, liegt nicht im *falschen* Verhalten seiner Partnerin begründet – dies ist nur ein sehr *oberflächlicher* Grund, der vom Bewußten vorgeschoben wird, sondern, wie an anderer Stelle bereits aufgeführt, an seinen Idealen, die sich komplementär zu seinen Hemmungen gebildet haben.

Er vergleicht seine Partnerin ständig mit seinen inneren Idealen und Maßstäben und leitet aus Verstößen dagegen die Berechtigung zur Maßregelung ab. Weder seine Ideale noch seine *Aktivitäten* wie Maßregelung, Kritik und Kontrolle, bringen ihn und seine Partnerin weiter.

Mit dem Ersatzziel *Ideal* sind Ersatzaktivitäten verbunden, die sicher nicht dazu führen, mehr Glück und Lebensqualität zu erreichen. Es geht also im vorliegenden Fall um einen Rückzug aus dem Nebenfeld des Seins, um Kraft und Energie für das Hauptfeld des Lebens zu haben.

Dazu muß Karl D. wissen, für was seine alten Ideale und seine Tendenz zu Maßregelung und Kontrolle als Ersatz stehen. Die Ideale sind Ersatz für *eigene* Ziele und die obige unliebsame Tendenz Ersatz für die Aktivitäten und Energien, die eingesetzt werden müssen, um diese persönlichen Ziele zu erreichen.

Es ist also für Karl D. wichtig, daß er jedesmal, wenn er in sich wieder den Drang zu Maßregelung und Kontrolle spürt, innehält, das Ideal oder den Maßstab eruiert, aufgrunddessen er einschreiten möchte und sich dann sagt: Stop! Ich verschleudere von nun an meine kostbaren Lebensenergien nicht mehr auf diese Art und Weise, sondern setze sie dafür ein, meine persönlichen Ziele zu erreichen. Wenn es Karl D. gelingt, tatsächlich an der Verwirklichung von ureigenen Zielen zu arbeiten, hat er gar keine Zeit mehr für solch ineffiziente Beschäftigungen wie Kritisieren und Kontrollieren. Karl D. ist dann für sich selbst verantwortlich und nicht mehr für das Verhalten seiner Partnerin.

Nun wird mancher einwenden, daß sein Partner wirklich, also auch objektiv gesehen, schlampig, geizig, verschwenderisch, eitel, träge oder faul ist und daß durch diese oder jene Eigenschaft tatsächlich das Zusammenleben mit dem Partner gestört wird bzw. daß er als Person dadurch in Mitleidenschaft gezogen wird. Er wird sagen, daß er sich dagegen wehren muß und er dies nicht bloß hinnehmen oder hier nicht nur in der bloßen Erdulderrolle bleiben kann. Er muß womöglich die Faulheit des Partners durch übermäßigen Fleiß ausgleichen, oder ist aufgrund der Verschwendung des Partners gezwungen, mehr zu sparen. Er wird zum Ausdruck bringen, daß er keine Lust hat, stets nur die Schwächen des anderen auszugleichen, quasi sich in der Kompensatorrolle zu erschöpfen.

In solchen Fällen heißt es zunächst einmal, sich für die eigene unbewußte Partneranziehung verantwortlich zu zeichnen. Auch hier gilt, daß man gerade diese Spannung aufgesucht hat unter der man nun so leidet und glaubt, sie nicht mehr aushalten zu können. Der nächste Schritt wäre daher zunächst nicht eine Trennung, sondern eine Abgrenzung vom Partner, sowie eine Neuregelung des Zusammenlebens, insbesondere die Einteilung in verschiedene Kompetenzbereiche. Wenn der Partner sehr schlampig ist, kann man vereinbaren, daß er wohl z. B. in seinem Zimmer chaotisch sein kann, aber nicht in dem Bereich des anderen. Wenn er faul oder verschwenderisch ist, soll er selber die Folgen der Faulheit oder der Verschwendung ausbaden. Dies läßt sich am besten durch getrennte Bankkonten etc. bewerkstelligen. Solche Lösungsmöglichkeiten setzen allerdings – wie immer und überall – voraus, daß die Betreffenden das patriarchale System mit seinen unerfüllbaren, gegen das (individuelle) Leben gerichteten Normen infragestellen. Vor allem dürfen sie nicht mehr der Norm huldigen, man müsse in einer Partnerschaft alles gemeinsam haben, gemeinsam erleben, gemeinsam unternehmen etc. Sie dürfen keinen Ehevertrag unterzeichnen, durch den sie teilweise dazu verpflichtet sind, für die Folgen von fehlerhaftem Verhalten des Partners aufzukommen, z. B. Schulden mittragen zu müssen. Wenn jeder Partner in der gemeinsamen Wohnung seinen eigenen Bereich hat und jeder für sich selbst verantwortlich zeichnet, sind bei entsprechender Bereitschaft solche Lösungen sehr wohl möglich. Wichtig ist dabei vor allen Dingen, daß die Problematik formuliert wird und die Lösungen *rechtzeitig* realisiert werden. Wenn zu lange gewartet, und erst unter großem Leidensdruck gehandelt wird, kann die Beziehung bereits durch aufgestaute Emotionen wie Haß, Wut und Aggression so sehr zerrüttet sein, daß auch über eine Neuregelung des Zusammenlebens keine Harmonie mehr zu erreichen ist.

Nun gibt es wiederum Menschen, die aufgrund solcher und anderer Probleme so frustriert wurden, so viel seelische Schmerzen erlitten haben, daß sie es vorziehen, lieber alleine zu leben. Viele dieser *Singles* glauben, daß sie ohne festen Partner, mit dem zusammen sie wohnen, besser leben können. Sie sind der Überzeugung, sich als Mensch und Individuum besser und freier entwickeln zu können und betrachten einen Partner dabei eher als Hemmschuh. Dies mag für bestimmte Anlagen wie etwa die Entwicklung von Selbständigkeit zutreffend sein, aber für die anderen Fähigkeiten ist das Alleinleben sehr ungünstig.

Der Single wird durch den Gegenpol nicht mehr ausgeglichen. Er richtet es sich so ein, daß er kaum mehr seelische Schmerzen erfährt. Er lebt mit all seinen Schwächen, Hemmungen, Komplexen und Fehlern und wird dabei von außen nicht mehr korrigiert. Dies hat zur Folge, daß er sich kaum mehr weiterentwickelt, obwohl er umgekehrt aufgrund der mangelnden Blockaden sich im Glauben wiegt, gerade jetzt sich freier entfalten zu können. Wenn eine Diskrepanz zwischen dem, was man bewußt anstrebt und dem, was das Unbewußte will, besteht und sich dadurch bedingt häufig der scheinbar *nicht geeignete* Partner als *geeignet* herausstellt, dann wäre die Frage aufzuwerfen, was bedeutet es, wenn jemand unbewußt *nur* folgende Konstellationen anzieht:

1 verheiratete Männer oder Frauen,
2 Partner, die weit entfernt wohnen,
3 Partner mit Handicap,
4 Partner, die an einer Sucht leiden,
5 Partner, die nicht dem eigenen Geschmack bzw. Typ entsprechen,
6 Partner, mit denen man entweder nur körperlich oder nur seelisch-geistig übereinstimmt.

Für welche innerseelischen Konstellationen stehen solche äußeren Situationen? Was wird da in der Außenwelt widergespiegelt?

Zu 1
Nehmen wir den typischen Fall einer jungen Frau, die sich in einen verheirateten Mann verliebt. Vom Bewußten her leidet diese Frau darunter, daß ihr Freund nicht frei ist, ihr Unbewußtes aber hat sich gerade diesen Mann gesucht, um eine innerseelische Spannung außen auszudrücken und zu erleben.

Um es noch deutlicher zu formulieren: Ein anderer Mann, der ihr diese Spannung nicht liefern kann, kommt für sie nicht in Frage. Würde sich ein solcher Mann um sie bemühen, würde sie ihm einen Korb geben. Der Ratschluß ihres Unbewußten lautet: Ich hole mir in der Außenwelt einen verheirateten Mann und kann dadurch gleich mehrere Fliegen mit einer Klappe schlagen:

a) Ich kann den unbewußt angestauten Ärger ausleben.
b) Ich habe die Möglichkeit, die seelische Gefühlslage des steten Hoffens, Wartens und der steten Sehnsucht auszuleben.
c) Defizite in bezug auf Partner- und Beziehungsfähigkeit werden nicht evident. Ich kann sie im Gegenteil locker dadurch übertünchen.

Es kommt nicht ans Tageslicht, daß ich überhaupt nicht durchsetzungs- oder abgrenzungsfähig bin oder daß ich mich über längere Zeit nicht an einen anderen Menschen anpassen kann bzw. daß ich eine permanente Partnerschaft gar nicht durchhalten kann, jedenfalls nicht in der Form, wie es allgemein erwartet wird.

d) Ich kann signalisieren, daß ich die Bereitschaft zu einer festen Partnerbeziehung hätte, wäre der Partner nur dazu bereit. Es ist mir dadurch möglich, die eigene Blockade und Abwehr, mich fest zu binden, auf den Ehevertrag des anderen zu projizieren. Insofern erscheint der Hemmschuh scheinbar außen und noch dazu als vom anderen ausgehend.

Selbst stehe ich aber mit einer reinen makellosen Weste da. Insbesondere kann ich dadurch meinen eigenen Freiheits- und Unabhängigkeitsdrang weiter ausleben.

e) Ich kann (so wie früher in anderen Situationen) meine Tendenz zu Heimlichkeiten wieder erleben.

f) Habe ich doch aufgrund unserer vielen Verpflichtungen ohnehin wenig Zeit.

g) Ich kann damit auch etwas für die eigene Entwicklung tun. So wie ich Krankheiten inszeniere, um damit bestimmte Ziele zu erreichen (Krankheitsgewinn), so habe ich durch den verheirateten Partner einen Schicksalsgewinn zu verzeichnen. Ich kann über diesen scheinbar beschwerlichen Weg lernen, daß ein verheirateter Mann auch ein potentieller Partner ist (früher habe ich solche Personen gar nicht als potentielle Partner wahrgenommen); daß der Maßstab von ewiger Treue und Liebe den Lebensgesetzen widerspricht (dies wird am Partner bzw. an seiner Ehe erkennbar); daß der eigene Treuemaßstab infrage gestellt werden muß. (Wenn der Partner zwei Frauen hat, dann besteht auch für die Freundin die Berechtigung, sich mit zwei Männern zu liieren. Tut sie das nicht, verstößt sie gegen das Prinzip der Gleichberechtigung und ist so immer in der Rolle der seelischen Masochistin); daß überhaupt Moral und Konvention aufgelöst werden müssen. Dadurch erfahre ich eine Erweiterung unseres Bewußtseins.

h) Ich arbeite und diene ohnehin nicht gerne. Soll doch die Ehefrau kochen, die Wäsche waschen, die Hemden bügeln, die Strümpfe stopfen und die geräumige Wohnung sauber halten. Ich habe dazu keine Lust. Ich bin emanzipiert und will nicht Sklavin eines Mannes sein. Außerdem ist meine Angst vor Abhängigkeit, meine Angst, sich einem Manne auszuliefern so groß, daß ich lieber ein solches Risiko gar nicht eingehe.

i) Ich kann endlich meinen Haß, den ich von früher noch so gut kenne, als Vater und Mutter die Schwester oder den Bruder bevorzugt haben, auf einer neuen Ebene ausleben. Die neue «Nebenbuhlerin» kann ich – ohne daß ich mir Gewissensbisse machen müßte, ausgiebig hassen. Damit ist es sogar möglich, dem Partner noch indirekt meine innige, tiefe Liebe zu zeigen.

Daß solche und andere Gründe bei dieser unbewußten Partnerwahl eine Rolle spielen, zeigen die vielen Fälle, in denen die Beziehung zu einem verheirateten Partner in dem Moment beendet wird, in dem letzterer sich tatsächlich scheiden lassen will. Plötzlich reagiert das Unbewußte der solange Wartenden mit Angst, die Beziehung wird verunsichert, kommt in eine Krise oder löst sich gänzlich auf. Häufig zieht das Unbewußte dann auch in der Außenwelt einen neuen Partner an, um paradoxerweise die scheinbar langersehnte Bindung auf keinen Fall eingehen zu müssen. Oder der geschiedene Partner wird aus Verpflichtung geheiratet, da er sich extra hat scheiden lassen. Eine solche Verpflichtung aber ist häufig der Anfang vom Ende einer großen Liebe.

Zu 2
Die Situation mit einem Partner, der weit entfernt wohnt, ist hier ähnlich gelagert wie Situation 1, jedoch ohne die unbewußte Intention, Moral und Konvention infragezustellen und aufzulösen. Auch hier werden eigene Defizite und Schwächen nicht augenscheinlich. Ein Wochenende lang, wenn der Partner aus einer weit entfernten Stadt bei dem Betreffenden zu Besuch verweilt, kann er es durchhalten, sich ausschließlich und allein von seiner «Schokoladenseite» zu

zeigen, ein Wochenende lang kann er sich dem Partner widmen, ein Wochenende lang kann er sich anpassen und eigene Bedürfnisse zurückstellen. Das Unbewußte sagt sich hier: Am besten ist es, wir holen uns einen Partner, der weit entfernt wohnt, dann können wir sicher sein, daß wir nach dem jeweiligen Treffen wieder unser eigenes Leben leben können.

Das Unbewußte gerät jedoch in solchen Fällen in Panik, wenn der Partner, der bisher Hunderte von Kilometern entfernt war, Anstalten macht, in die eigene Stadt zu ziehen. Die Partnerschaft ist plötzlich gefährdet, da die Ausgangsbasis der Beziehung nicht mehr gewährleistet ist. Eine solche Beziehung kann nur dann gut gehen, wenn beide Partner während der Zeit ihres Getrenntwohnens entscheidende Entwicklungsschritte absolviert haben wie z. B. Erlernen von gewissen Fähigkeiten, die dem Unbewußten die Sicherheit geben, es jetzt mit dem Partner auf anderer Basis versuchen zu können.

Zu 3
Das Unbewußte läßt hier nur Partner zu, die einem nicht gefährlich werden können, also sog. Partner mit Handicap, Menschen also, die von der subjektiven Sicht aus gesehen irgendein Manko oder einen Makel haben und deshalb nicht voll als fester Partner in Betracht kommen. Ein solcher Partner wird immer nur als *Provisorium* gesehen bis (so der Glaube und der Wunsch des Betreffenden) eines Tages der wahre und richtige Partner auftaucht. Es braucht wohl nicht besonders erwähnt zu werden, daß dieser Wunsch eigentlich kaum erfüllt werden kann. Häufig wird im Gegenteil das Provisorium zum Dauerzustand, was immer mit einem leichten Frust verbunden ist.

Viele suchen sich auch unbewußt einen Partner mit Handicap, da sie sich nur einem solchen gegenüber trauen, sich so zu geben, wie sie sind. Bei ihm wagen sie, ihre Hobbies weiter zu pflegen; auch einmal ein Rendezvous abzusagen; wagen sie, ihren Ärger auszudrücken, auch einmal egoistisch zu sein. Würde der Partner hingegen zu ihnen passen, und wären sie rundum mit ihm zufrieden, würden sie aus Angst vor Liebes- oder Partnerverlust zurückstecken und unter Umständen sich sogar selbst verleugnen. Daher läßt das Unbewußte – unbestechlich wie es ist – nur einen Partner zu, bei dem es nicht so weit kommen kann, weil jener ja nicht der Richtige ist.

Psychoanalytisch ausgedrückt: Da Angst immer auch mit Abwehr gekoppelt ist, werden paradoxerweise ähnlich wie bei 1 in der Außenwelt gerade diejenigen Partner abgewehrt, die *passen* würden und diejenigen angezogen, die für die eigene Sphäre und Schicksalssituation nicht geeignet sind. Letztendlich sind sie jedoch vom Gesichtspunkt der Entwicklung des betreffenden Menschen aus gesehen geeignet, da sie als negative Verstärker zur Bewußtwerdung treiben. Oft inszeniert das Unbewußte aber auch nur Begegnungen mit unpassenden Partnern, damit der Betreffende weiter nach anderen Partnern suchen kann bzw. um vor sich selber ein Alibi für seine polygame Veranlagung oder ganz einfach für seinen Drang nach Abwechslung zu haben. Wäre der oder die Richtige da, dann könnte man auch treu sein. So aber muß man weiter suchen, um doch noch eines Tages der großen Liebe begegnen zu können.

In manchen Fällen baut das Unbewußte aber auch eine Sicherung ein. Wenn auf allen Gebieten mit dem Partner Übereinstimmung herrscht, man sich überall gut versteht, dann muß zur Sicherheit ein Punkt vorhanden sein, der am Partner so stört, daß eine effektive Bindung nicht in Betracht kommt.

So war es im Fall von Katrin K., deren Partner alle für sie wichtigen Kriterien erfüllte, mit Ausnahme seines Auftretens. Ihr schwebte vor dem geistigen Auge in dieser Beziehung eine völlig andere Darstellungsweise vor. Ihr Unbewußtes sagte sich da: Wenn der Partner auch noch den eigenen Vorstellungen gemäß auftreten würde, müßten wir uns ihm total ausliefern, wären wir auf ihn fixiert bzw. wären total von ihm abhängig. Der Partner hätte Macht über uns und das müssen wir auf alle Fälle verhindern; denn mit dem Phänomen der Macht haben wir in der Vergangenheit schlechte Erfahrungen gemacht.

Zu 4

Das Unbewußte zieht Partner an, die an einer Sucht leiden, wenn

a) der eigene Helferdrang ausgelebt werden will,

b) ein Verhalten an den Tag gelegt wird, das die Sucht des anderen immer wieder aufs neue nährt (Komplementärverhalten, siehe Kapitel: Jede Krankheit hat die ihr gemäße Ideologie).

c) eigene Schwächen, Unsicherheiten und Ängste den Gegenpol, nämlich die Sucht (= Kompensation von Schwäche, Unsicherheit und Angst) hervorrufen. Die Sucht des anderen gleicht den Betreffenden aus (Gesetz des Ausgleichs).

d) Gefühle verdrängt werden, die dann z. B. im Falle der Trunkenheit vom Partner pervertiert ausgedrückt werden (Gesetz der Wiederkehr des Verdrängten).

Zu 5

Wenn das Unbewußte in der Außenwelt einen Partner holt, der nicht dem eigenen Geschmack gemäß ist, können drei Ursachen vorliegen:

a) der Betreffende drückt selbst seinen Geschmack zu wenig in seiner Kleidung, Wohnung und Umwelt aus (Gesetz von Inhalt und Form),

b) Der Betreffende kompensiert mit seinem Geschmack, erhebt ihn zum Ideal. Er will damit oben sein, besser sein als die anderen. Ist dies der Fall, kann er seine unbewußten Tendenzen zu seelischem Sadismus, zu Maßregelung und Entwertung ausleben, wenn der Partner nicht dem eigenen Geschmack gemäß ist,

c) der einzelne *lebt* kein Leben, das dem eigenen Geschmack entspricht, also ein Leben weitgehend ohne Wohlleben und Freude.

Zu 6

Wenn in der Partnerschaft nur die körperliche Ebene oder nur die seelisch-geistige Ebene stimmt, ist anzunehmen, daß der Betreffende bei sich selbst eine Partnerschaft zwischen seinem Körper und seiner Seele nicht zustandegebracht hat. Entweder wird hier der Körper vernachlässigt (z. B. zu wenig körperliche Betätigung in Arbeit oder Sport) oder der seelischen Ebene wird zu wenig Gewicht beigemessen. Diese Inkongruenz widerspiegelt sich dann auch außen (Gesetz der Affinität) in einer Partnerschaft oder wird durch den Partner ausgeglichen, etwa wenn ein introvertierter Mann eine extravertierte Frau anzieht.

6
DAS GESETZ VON URSACHE UND WIRKUNG

Das Gesetz von Ursache und Wirkung ist im Gegensatz zu den anderen Schicksalsgesetzen jedem bekannt, da es in den großen Religionen dieser Welt Eingang gefunden hat.

In der Bibel predigt Paulus: «Denn was der Mensch sät, das wird er auch ernten.» Und im achten Buch der Leuchte Asiens steht: «Ihr erntet, was ihr sät; schaut jene Felder, Sesam war Sesam, Korn war Korn zuvor; es wußtens Dunkelheit und Schweigen – so steigt Menschenlos empor.»

Helena Blavatsky schreibt in der *Geheimlehre*: «Karma ist das unfehlbare Gesetz, welches die Wirkung an die Ursache knüpft in der psychischen, gedanklichen und geistigen Welt. Da keine Ursache ohne eine ihr entsprechende Wirkung bleiben kann, von der größten bis zur kleinsten, von einer kosmischen Umwälzung bis zu der Bewegung deiner Hand, und da Gleiches stets Gleiches hervorruft, ist Karma das unsichtbare und unerkannte Gesetz, welches weise, gerecht und einsichtig jede Wirkung zu der entsprechenden Ursache hinzufügt, indem es die erstere mit ihrem Urheber verbindet.»

In den östlichen Religionen wird Karma weitgehend mit dem Gesetz von Ursache und Wirkung gleichgesetzt. Karma ist dabei nicht blindes Schicksal oder Vorsehung, sondern in Radhakrishnas Worten «das Gesetz von der Erhaltung der moralischen Energie». Es besagt, daß die Handlungen eines Menschen (als Tun und Denken verstanden) Wirkungen haben, die ihn in weiteres Handeln verstricken. Diese Kette von Ursache und Wirkung reißt nicht ab, bis der Mensch zum reinen, folgenlosen Tun gefunden hat.

Christmas Humphreys schreibt in *Karma und Wiedergeburt*: «Was in diesem Leben an schlechtem Karma angehäuft wurde, muß im folgenden Leben abgebaut werden. Der Mensch wird nicht für seine Sünden bestraft, sondern von seinen Sünden.»

Wie bereits bei dem Gesetz des Ausgleichs zum Ausdruck gebracht, haben die meisten Menschen bisher das Gute mit Konvention und Moral in Beziehung gebracht. Solange jedoch ein Leben nach der Norm als gut und erstrebenswert apostrophiert wird, kann aufgrund der damit verbundenen Unterdrückung der Lebendigkeit und der Individualität nur Krankheit, Elend und Leid geerntet werden. Kaum jemand bringt solche Wirkungen mit den eigenen Ursachen, die gesetzt worden sind, in Beziehung.

Wer bringt schon die Lüge des Partners oder des Kindes mit dem eigenen Verhalten in Verbindung? Wer denkt schon daran, daß die eigene Dominanz, die eigenen Prinzipien, die eigenen Maßstäbe oder die eigenen Ideale die Lüge des anderen erwirkt haben? Der andere wagt nicht, die Wahrheit zu sagen, weil er nicht verletzen will, weil er Angst hat oder weil er nicht als *böser* Mensch gelten will. Meist ist der Lügner in der Position des Kindrollenspielers, des Schwachen und Ohnmächtigen. Elternrollenspieler hingegen können mehr die *Wahrheit* sagen, da sie bestimmen können, was *Wahrheit* ist.

Da Konvention und Moral selbst eine Lüge gegenüber der menschlichen Natur darstellen, muß der im Sinne der Moral wahrhaftige Mensch auch immer wieder belogen werden. Die Ursache, die unbewußte *Lüge* zieht die Wirkung, die bewußte *Lüge* nach sich.

Häufig erwirkt der Belogene die Lüge aber auch, indem er bestimmte Erwartungshaltungen an den anderen hegt, die letzterer nicht erfüllen oder gegenüber denen er sich nicht abgrenzen kann. Viele Kindrollenspieler müssen daher ihre Eltern, ihre Partner, ihre Vorgesetzten u. a. belügen, weil sie sich auf andere Art und Weise keinen Freiraum für ihre Individualität schaffen können oder weil sie ihr Eigenleben nur heimlich zu leben wagen.

Fliegt die Lüge auf, sind die Elternrollenspieler in ihrem Element. Endlich können sie wieder jemanden zur Rechenschaft ziehen, können maßregeln, können weise Sprüche loslassen, wie *Lügen haben kurze Beine* oder können endlich wieder ihr (unbewußtes) Strafbedürfnis stillen. Anstatt die Lüge des anderen als Reaktion auf eigene falsche Einstellungen und auf eigenes Fehlverhalten zu sehen, wird im Gegenteil die eigene Position noch gestärkt. Eine Bewußtwerdung der Ursache wird durch Symptombekämpfung abgewehrt.

Das, was hier am Beispiel der Lüge aufgezeigt wurde, gilt auch analog für andere Phänomene. Handelt es sich um angenehme, positive Feedbacks des Schicksals wie Liebe, Glück, Belohnung und Anerkennung, dann sind wir eher geneigt, sie mit unserem Denken und Verhalten oder mit unseren Fähigkeiten in Beziehung zu setzen. Sobald die Rückmeldungen des Schicksals aber negativer Natur sind, stecken viele Menschen den Kopf in den Sand. Man hat eine Scheu davor, Fehler zuzugeben. Man will sich keine Blöße geben. Doch nur derjenige, der den Mut aufbringt, diese Wirkungen mit eigenen Ursachen, die er gesetzt hat, in Zusammenhang zu bringen, kann in sein Schicksal korrigierend eingreifen.

Ein anderer häufiger Grund, warum der Ursache-Wirkung-Mechanismus nicht durchschaut werden kann, ist die Unwissenheit um die eigenen Schwächen und Defizite. Die Wirkungen darauf werden daher als unabänderliches Schicksal gesehen und nicht als Folgeerscheinung eigener mangelnder Anlagen und Fähigkeiten.

Hat jemand z. B. seine rhetorischen Fähigkeiten zu wenig ausgebildet, so ist er nicht nur in jeder Diskussion der Unterlegene, sondern hat aufgrund dessen auch Schwierigkeiten in der Partnerschaft, in jeder Begegnungssituation schlechthin, ist gehandicapt auf Reisen, hat Schwierigkeiten, sich beruflich durchzusetzen...

Eng im Zusammenhang mit dem Unfehlbarkeitsanspruch steht die Tendenz der Elternrollenspieler, zu einmal getroffenen Entscheidungen immer stehen zu müssen. Die patriarchale Phase der Menschheit ist dadurch gekennzeichnet, daß ständig mit viel Aufwand an Mühe, Zeit und unter Einsatz unvorstellbarer Mengen an Lebenskraft die Wirkungen auf die eigenen falschen Ursachen bekämpft werden. Und im Bekämpfen der Symptome werden wieder neue falsche Ursachen gesetzt, die wieder aufs neue beseitigt werden müssen. Man denke dabei nur an das Automobil.

Tausend negative Feedbacks weisen auf die Dringlichkeit einer Umstrukturierung des Verkehrssystems hin. Doch, obwohl die Landschaft von Straßen bereits zerfressen ist, obwohl Lärm und Abgase Gesundheit und Lebensqualität aller Menschen einschränken, obwohl die Wälder sterben, obwohl jährlich allein in der BRD über 10 000 Tote und 100 000 Verletzte im Straßenverkehr zu beklagen sind, wird unbeirrt an diesem anachronistischen Verkehrsmittel *Auto* festgehalten. Unvorstellbares Leid und Elend, unvorstellbar viel Trauer und Schmerz werden dadurch weiter verursacht. Junge Menschen werden aus der Blüte ihres Lebens gerissen, leben als Krüppel in Heimen oder werden zu Frührentnern. Schon heute übersteigen die Folgelasten die Gewinne der Automobilindustrie bei weitem.

Das Auto ist die Fortsetzung des Krieges mit anderen Mitteln. Und doch sind die wenigsten bereit, auf ihr liebstes Spielzeug, die Mordwaffe Auto, zu verzichten.

Hans Dollinger fragt in seinem Buch *Die totale Autogesellschaft*: «Wann wird der Autofahrer seine bisherige Blindheit gegenüber den Folgen unserer totalen Autogesellschaft aufgeben? Wann wird er begreifen, daß ein Auto ein Transportmittel und als solches nur dann sinnvoll ist, wenn genügend Platz zum Fahren da ist und die Umwelt nicht gefährdet ist? Das Auto als Statussymbol, als Prestige- und Persönlichkeitsprothese, als sichtbarer Ausdruck von Männlichkeit, von Berufsstand und Klassenzugehörigkeit muß endlich verschwinden. Die *Springflut der Motorisierung* dient nicht dem Menschen, sie pervertiert und zerstört seine Umwelt und gefährdet letztlich die Existenz seiner Art.»

Einige Esoteriker glauben, daß viele Menschen, wenn das Auto abgeschafft wäre, andere Medien unbewußt aufsuchen würden, um sich zu verletzen oder zu töten. Dies ist jedoch nur dann der Fall, wenn der einzelne weiterhin seine eigene innere Natur verletzt und abtötet, nicht aber, wenn er seine Anlagen und Fähigkeiten entfaltet, wenn er innerlich ökologischer geworden ist.

Eine weitere negative Folgeerscheinung des Automobils sind die Arbeiten, die unternommen werden müssen, um dieses naturzerstörende Verkehrssystem aufrechtzuerhalten: Kfz-Mechaniker, Straßenbauarbeiter, Brückenbauer, Architekten (Garagenbau), Sanitäter, Polizisten, Ärzte, Krankenschwestern, Totengräber, Fahrlehrer, Rechtsanwälte, Richter, Zeitungsreporter, Versicherungsvertreter, Parkwächter, Wagenwäscher, Tankwarte, Tanklastzugfahrer, Steuerbeamte (Kfz-Steuer) sind rund um die Uhr beschäftigt.

Indem sie für die heilige Kuh *Auto* tätig sind, arbeiten sie für einen Götzenkult. Ihre Arbeitskraft kann nicht für den Aufbau einer neuen ökologischen Kultur, die mehr Menschlichkeit und Lebensqualität beinhalten würde, eingesetzt werden.

Wie im individuellen Leben (siehe Beispiel von Michael L. auf Seite 139) können wir auch auf der kollektiven Ebene immer wieder die Überschreitung des *Points of no return* beobachten. Ein Umstieg auf ein moderneres, der heutigen Zeit entsprechenderes Verkehrsmittel wie z. B. ein abgas- und lärmfreies Kabinenbahnsystem oder auf Magnetschwebebahnen stehen nicht zur Diskussion, weil das Auto inzwischen zu einem der wichtigsten Wirtschaftsfaktoren avanciert ist.

Doch je länger eine solche Umstrukturierung des Verkehrssystems hinausgezögert wird, um so schwieriger wird die Lage. Auch hier hat es den Anschein, daß der Umstieg erst erfolgen wird, wenn die Menschheit sich aufgrund von weiteren ökologischen Katastrophen dazu gezwungen sieht.

Wir können also zusammenfassend feststellen, daß die Aufdeckung der Ursachen abgewehrt wird durch:
1 Das Festhalten an Moral und Konvention, sowie an alten patriarchalen Maßstäben und Idealen,
2 den Unfehlbarkeitsanspruch bzw. *Gotteskomplex* des Elternrollenspielers,
3 Unwissenheit um die eigenen Defizite und Schwächen,
4 den Wahn, an einmal getroffenen Entscheidungen festhalten zu müssen.

Weiter ist im Zusammenhang mit dem Gesetz von Ursache und Wirkung relevant:
 a) Das Phänomen, daß die Wirkung die Ursache verstärkt. Laotse bringt hierzu treffende Beispiele: Je mehr Polizisten, desto mehr Verbrecher, je mehr Ärzte, desto mehr Krankheiten usw.
 b) Was für den einen die Ursache, ist für den anderen die Wirkung. Wenn wir uns z. B. mit dem Problem der Beeinflussung kindlichen Verhaltens durch die Eltern befassen, dann korrelieren wir das Verhalten der Eltern mit dem der Kinder. Bedeutet dies nun z. B., daß strafende Eltern ihre Kinder aggressiv machen oder daß aggressive Kinder ihre Eltern zum Strafen treiben?
 Wir können also auch hier das Phänomen der Wechselwirkungen und der gegenseitigen Verstärkung (siehe auch Gesetz der positiven und negativen Verstärkung) beobachten.

DAS GESETZ VON URSACHE UND WIRKUNG INNERHALB DER LEBENSGESCHICHTE EINES MENSCHEN

Das Gesetz von Ursache und Wirkung kommt aber auch innerhalb der Biographie eines Menschen zum Tragen, etwa wenn jemand sich zuerst altruistisch und aufopfernd gegenüber seinem Partner verhält, dabei schlechte Erfahrungen macht und deshalb als Reaktion darauf, in der nächsten Beziehung nur egoistisch sein eigenes Leben lebt, ohne sich auf den Mitmenschen einzustellen und die Belange und Bedürfnisse des anderen zu beachten, oder wenn eine Person zuerst angepaßt und brav die Erwartungen der Umwelt erfüllt und schließlich dann später zum Rebellen wird, sich ständig auflehnt, sich immer gegen alles und jeden stellt, in der Verweigerungshaltung verharrt.

Auch wechseln viele in den anderen Pol, die anfangs ein naives Vertrauen an den Tag gelegt haben, dabei enttäuscht wurden und nun dem nächsten Partner ständig mit Mißtrauen begegnen; oder Menschen, die früher ohnmächtig gegenüber Machthabern und Autoritätspersonen gewesen sind, beugen durch dominantes Verhalten einem Rückfall in die alte Rolle vor.

Wieder andere, die in Kindheit und Jugend Armut erlebt haben, reagieren später im Erwachsenenalter mit der Symptombildung der Zurschaustellung von Wohlstand und Prestige. Es wurde ihnen zum Bedürfnis, stets zu zeigen, daß sie nicht mehr arm sind – sie trinken Krimsekt oder Champagner, essen Hummer und Kaviar, steigen nur in den besten und nobelsten Hotels ab, beherbergen im Wohnzimmerschrank edles Prozellan, schreiten auf wertvollen Perserteppichen, wohnen nur in exklusiven Gegenden usw.

In all diesen Fällen bildet sich also ein Reaktionsmuster auf die Vergangenheit aus, das fälschlicherweise für das eigene Wesen gehalten wird oder welches zumindest aufgrund der früheren negativen Erfahrungen mit dem alten Verhalten nun als das Richtige angesehen wird.

In Wirklichkeit sind die Betreffenden nur in das andere Extrem verfallen und ebenso pathologisch wie in ihrem früheren Verhalten. Sie können auf diese Art und Weise wiederum kein echtes psychisches Gleichgewicht erreichen und erhalten dann erneut, wenn auch auf andere Art und Weise, ungünstige Rückmeldungen.

Der Gehemmte erwirkt negatives Schicksal eher durch seine Inaktivität, durch Unterlassung, durch Nichteinsatz oder mangelnden Einsatz seiner Anlagen, durch seine Hemmung, durch sein

Defizit. Der Kompensator hingegen setzt ungünstige Ursachen durch sein ständiges Agieren, durch seine Einflußnahme, durch den überdimensionierten oder unkontrollierten Einsatz seiner Anlagen.

Hat eine Person ein solches Reaktionsmuster in der Vergangenheit auf eine Partnerschaft ausgebildet, muß der nächstfolgende Partner dieses in der Erleidensform erleben. Entsprechend den Reaktionen des neuen Partners, etwa auf ein extremes Unabhängigkeits- oder Machtstreben, verläuft dann auch das Schicksal der neuen Partnerschaft.

Besonders schwierig gestaltet sich die Situation, wenn die Reaktion auf die frühere Hemmung ihren Niederschlag auf materiellem Gebiet gefunden hat und schließlich zum Lebensstil wird. Hierzu der Fall von Françoise C:

Françoise C. kompensierte nach ihrer gescheiterten Ehe ihre schwache Partnerfähigkeit, indem sie in ihrer Wohnung eine Katze hielt und zu rauchen und zu trinken begann. Über die Katze konnte sie ihr Bedürfnis nach Zärtlichkeit stillen, und Zigaretten und Alkohol verschafften ihr Genuß. Aufgrund dessen hatte sie gar kein Bedürfnis mehr, einen neuen Partner kennenzulernen, sie war ja in ihrem Persönlichkeitssystem *ausgeglichen*.

Als Fred A. sich um sie bemühte, mußte er also nicht nur ihre Mankos, sondern auch noch ihre Kompensationen, die ihre Hemmung stabilisierten und verstärkten, ertragen. Katzenhaltung, der Griff zur Zigarette und Flasche bestimmten fast völlig ihren Lebensstil. Ihre Lebensenergien waren auf die Katze projiziert worden und in der Sucht gebunden.

Françoise hatte also, wie erwähnt, keinen Grund nach ihren verlorenen Anlagen zu suchen oder sie auszubilden, da sie bereits Kanäle für das Ausagieren ihrer Energien gefunden hatte. Sie zwang im Gegenteil Fred A. in die Erdulderrolle. Er mußte zusehen, wenn sie stundenlang mit der Katze Zärtlichkeiten austauschte und wenn sie ihm was *vorrauchte*. Nach kurzer Zeit brach Fred A.*, der keine Haustiere mochte und Nichtraucher war, die Beziehung ab.

Hier wird deutlich, daß derjenige, der seine Kompensation in seinem Lebensstil manifest macht, den Partner immer in die Defensive zwingt. Dem Partner bleibt, sofern er nicht über eine ausgeprägte Abgrenzungsfähigkeit verfügt, nichts anderes übrig, als sich anzupassen oder die Flucht zu ergreifen.

Ferner gilt es zu beachten, daß meist auch die Partnerwahl analog dem Lebensstil erfolgt, der sich durch die Vergangenheit bzw. durch die eigenen Mängel herauskristallisierte. Da der eigene Lebensstil als Richtmaß dafür genommen wird, ob der andere zu einem paßt oder nicht, ob er z. B. *Niveau* hat, ob er *tierlieb* ist, ob er *gutmütig* ist, ob er *Geschmack* hat, wird das Angebot an Partnern eingeschränkt (dies ist auch der Grund dafür, warum so viele Menschen Singles bleiben!). Hier ist es wichtig, sich vor Augen zu führen, daß der andere in solchen Fällen nur zur zweiten Natur paßt, nur zu den Hemmungen und zu deren Kompensationen, nicht aber zur wirklichen, wahren, entwickelten Natur des Betreffenden.

Selbstverständlich sind oft auch günstige Reaktionen auf die Vergangenheit zu verzeichnen.

War der vorhergehende Partner aggressiv, launenhaft, verschwenderisch etc., weiß man die friedliche Art, die Ausgeglichenheit, die Sparsamkeit des neuen Partners zu schätzen. Wäre der Vorgänger nicht gewesen, könnte man sich der Eigenschaften des neuen Partners nicht erfreuen. Man wäre sich dieser positiven Anlagen weniger bewußt.

Häufig werden aber auch Charakterzüge des Partners (insbesondere ungünstige) auf den nächstfolgenden Partner übertragen. Man glaubt auch der *Neue* würde so fühlen und denken, wie der alte Partner, hätte ähnliche Motivationen und Bestrebungen, seine Worte hätten dieselbe Bedeutung, denselben Sinngehalt und dieselbe Zielrichtung.

So glaubte eine Klientin, ihr neuer Freund hätte ebenso wie ihr

---

* Allerdings müßte sich Fred auch fragen, warum er sich gerade Françoise als Partnerin ausgesucht hat.

Ex-Ehemann nur das Ziel, sie zu gängeln und herabzusetzen, sie zu manipulieren, auszutricksen und ihr was auszuwischen. Es dauerte über ein halbes Jahr, bis sie dessen völlig anders gelagerte Charakterstruktur erkennen konnte. Sie war noch so sehr in der Vergangenheit, in dem alten Raster gefangen, daß sie die Wirklichkeit nur verzerrt wahrnehmen konnte.

Abschließend sei noch folgendes Phänomen erwähnt: Wenn oben davon gesprochen wurde, daß manche Menschen von einem Pol in den anderen wechseln, dann ist dies nicht nur eine bloße Reaktion auf eigene ungünstige Erlebnisse, sondern der andere Pol ist häufig derjenige, der früher in der Projektion beim Partner erlebt wurde. Aus diesem Grunde ist es nicht verwunderlich, wenn ein Mann, der über das hysterische Verhalten seiner früheren Partnerin so sehr schimpfte, eben dieses im Laufe der Zeit annimmt.

DAS GESETZ VON URSACHE UND WIRKUNG IN DER PARTNERSCHAFT

Manche Frauen und Männer wundern sich, daß sie von ihren Partnern immer wieder nach einiger Zeit verlassen werden. Sie denken nicht daran, daß, abgesehen von einer tatsächlich unüberbrückbaren Wesensverschiedenheit, sie selbst die Ursachen hierfür gesetzt haben.

So war Stella R. mehr als erstaunt, als sie im Rahmen einer Gruppentherapie erfuhr, daß sie sich zu wenig ausdrückt, zu wenig redet, zu gehemmt und dadurch zu langweilig für viele Männer ist.

Eine andere Gruppenteilnehmerin, Silvia T., konnte es nicht fassen, daß sie im Gegensatz zu Stella R. durch ihr ständiges Agieren und Reden eine Belastung für die Umwelt darstellt. Ihre Mitmenschen hatten, wenn sie richtig in Fahrt war, kaum eine Möglichkeit, sich selbst einzubringen. Einige schilderten, daß ihnen nach einiger Zeit des Kontaktes mit ihr die Ohren dröhnten. Daß sich bei einem solchen Verhalten, das von Silvia T. selbst nicht so wahrgenommen wurde (sie war der Meinung, sich ohnehin stets stark *zurückzuhalten*), Partner nicht wohl fühlen können, liegt auf der Hand. Sie konnten sich nicht entspannen, fühlten sich nicht geborgen. Nach einiger Zeit beendeten sie meist ohne einen Grund anzugeben, die Beziehung.

Leider beendet man häufig eine Beziehung ohne den Grund anzugeben oder man schützt aus falscher Rücksichtnahme einen anderen Grund vor, um die Person nicht zu verletzen. Indem jedoch die wahren Gründe, die zu einer Trennung führen, nicht genannt werden, hat der andere nicht die Möglichkeit, Hemmungen abzubauen, Kompensationen zurückzuschrauben, sein Verhalten zu verändern. Er bekommt nicht die Chance, die *Ursachen* abzustellen, die immer wieder dieselben Reaktionen bei den Mitmenschen *erwirken*. So sagte Michael D. niemand, daß die Inhalte, über die er spricht, Substanz vermissen lassen und daher die Mitmenschen sich abwenden. Niemand wagt es, ihm zu sagen, daß es für ihn wichtig wäre, sich mehr zu informieren, mehr zu lesen, um mehr *Tiefgang* zu erreichen. Auch ließ er jede Spur von Humor vermissen. Die Frauen, die zunächst von seinem markanten Äußeren sehr angetan waren, wurden daher bald seiner Gegenwart überdrüssig.

Andere Frauen und Männer wiederum werden verlassen, weil der Sexualkontakt mit ihnen als zu langweilig empfunden wird. Kaum eine oder einer der Verlassenen kommt jedoch auf die Idee, sein sexuelles Programm zu erweitern und zu verbessern. Sie versuchen nur nach jeder Enttäuschung wieder neue Partner zu finden, von denen sie sich erhoffen, daß sie besser passen. Sie sind der Ansicht, daß eben der oder die Richtige noch nicht aufgetaucht ist, oder sie schieben einfach dem anderen Geschlecht den schwarzen Peter zu. Daraus entstehen dann Pauschalurteile wie: «Männer sind roh und herzlos» oder «Frauen sind stolz und abweisend». Und tatsächlich haben auch die Betreffenden solche Erfahrungen (siehe auch S. 211) gemacht. Doch sie haben nicht bedacht, daß sie mit ihren Inhalten all dies *erwirkt* haben.

Viele Menschen jammern ständig, daß ihnen so viel Mißgeschick widerfährt, daß sie so viel Pech haben, daß sie kein Glück beim anderen Geschlecht haben, daß sie einsam sind oder daß sie von ihren Partnern ausgenutzt werden. Sie jammern über ihr Erwirktes, über das, was sie sich selber unbewußt eingebrockt haben. Anstatt die Betreffenden zu bemitleiden und zu bedauern, wäre es für deren Entwicklung günstiger, ihnen die Ursachen für diese Folgeerscheinungen offenzulegen.

Ganz abgesehen davon, daß es für andere einen enormen Zeitverlust darstellt, das ineffiziente, ständige Gejammere anzuhören, ist es völlig falsch, das Spiel mitzuspielen, daß alles Zufall sei und daß man keine Beziehung zwischen der Person und ihrem Charakter einerseits und dem jeweiligen Schicksal andererseits herleiten könne.

Den Lauf des Schicksals des einzelnen von seinen Lebensgewohnheiten, der Art sich zu kleiden, zu ernähren, zu wohnen, zu denken usw. abgesondert und damit abstrakt zu betrachten, heißt den Menschen aus der Eigenverantwortung zu entlassen und ihn einer besseren Zukunft zu berauben.

Das Gesetz von Ursache und Wirkung kann an allen Ecken und Enden beobachtet werden. Insbesondere wirkt dieses Gesetz auch im Geschäftsleben: Ein Restaurantbesitzer lamentierte, er müsse bald seinen Betrieb schließen, weil selbst an Wochenenden kaum Gäste kommen würden. Er führte dies auf sein Pech zurück und auf die Rigorosität der Konkurrenz. Wir schickten einen Mitarbeiter unseres Instituts zu dem Restaurant, um nach der Ursache des schwachen Geschäftsganges zu forschen. Letzterer wurde bereits am Eingang zum Spieselokal evident: Ein grimmig blickender Schäferhund lag auf der Türschwelle – viele potentielle Gäste wurden davon abgeschreckt und fuhren lieber zu einem anderen Restaurant, wo sie eine solch gefährliche Hürde nicht erst überwinden mußten.

Als wir dem Inhaber des Restaurants dies eröffneten, zog er diese Ursache zunächst ins Lächerliche: «Niemals würde Hasso Menschen hindern, sein Lokal zu betreten.» Es gelang uns jedoch, ihn zu dem Experiment zu überreden, den Hund nicht am Eingang verweilen zu lassen. Tatsächlich verdoppelte sich der Umsatz bereits nach kurzer Zeit. Die Ursache für den mangelnden Geschäftsgang war also die Unfähigkeit des Restaurant-Inhabers, sich in eine andere psychische Welt einzufühlen. Er glaubte, weil für ihn Hasso keine Gefahr darstelle, sei er auch für andere keine Bedrohung.

Nicht immer sind jedoch die Gründe für geschäftlichen Mißerfolg so offensichtlich wie in obigem Fall: Frederico S. hatte ein herrlich gelegenes, wunderschönes Restaurant an der Costa del Sol und dennoch kamen keine Gäste. Als einer unserer Kursteilnehmer dort zum Essen ging, war er zunächst von der tollen Aussicht, von der Ästhetik des Baustils und von der eleganten Terrasse, die von duftenden Blumen und schlanken Palmen umgeben war, fasziniert. Die angenehme Atmosphäre wurde jedoch abrupt gestört, als der Ober zur Aufnahme der Bestellung kam. Er gab sich arrogant, was sich negativ auf die Stimmung im Lokal auswirkte. Nach dem Abendessen ging unser Kursteilnehmer gegen 23 Uhr zu Bett und konnte erst gegen drei Uhr früh einschlafen. Grund: Die Speisen lagen wie Blei in seinem Magen. Der Koch hatte ein Öl verwendet, das sehr schwer verdaulich war. Am nächsten Tag erfuhr unser Kursteilnehmer im Ort, daß alle Urlauber nur einmal dieses Restaurant besuchen, weil die Speisen einen Affront für jeden Magen darstellen.

Die Ursache für den geschäftlichen Mißerfolg lag hier also in der Wahrnehmungsschwäche und der mangelnden Menschenkenntnis sowie in der Unfähigkeit zur Analyse. Nachdem der arrogante Ober entlassen und das bisherige Öl in der Küche durch ein hochwertiges ersetzt wurde, war dieses Lokal ein Geheimtip und der Wirt brauchte über mangelnde Besucherzahlen nicht mehr zu klagen.

Ein Klient stellte mit der Intention, von einigen Arbeiten entlastet zu werden, für sein kleines, aber sehr erfolgreiches Unternehmen eine Sekretärin ein. Zunächst war er von seiner neuen Mitarbeiterin, Sandra E., begeistert. Sie identifizierte sich voll mit seinem Unternehmen und arbeitete fleißig von früh bis spät. Seine Bekannten und Freunde beglückwünschten ihn zu diesem *guten Griff*. Einige Zeit später häufte sich trotz des Engagements von Sandra E. die Arbeit immer mehr an. Sandra E. mußte nun oft sogar noch abends Überstunden machen oder setzte sich auch am Wochenende an die Schreibmaschine. Daraufhin stellte der Unternehmer, der dies nicht mehr länger mit ansehen konnte, eine zusätzliche Kraft ein. Doch bereits nach kurzer Zeit war der Arbeitsanfall so groß, daß der Chef und seine zwei Sekretärinnen total die Übersicht verloren. Zu allem Überdruß begannen nun auch die Geschäfte zu stagnieren. Und es ging immer weiter bergab. Was war geschehen?

Sandra E. war eine freundliche, nette und fleißige Frau, hatte aber sehr viele Defizite in ihrem Persönlichkeitssystem zu verzeichnen. Sie hatte einen Mangel an Durchsetzung, an Vorrathaltung, an Sicherheitsdenken, an Organisationstalent, an Wahrnehmungsfähigkeit, an strategischen Fähigkeiten, an Koordinationsfähigkeit und vor allem einen Mangel an Planungsvermögen und an Systematik.

Mit diesen Defiziten bzw. mit diesen Unfähigkeiten arbeitete sie wie wild darauf los, sie machte dabei Fehler über Fehler, erledigte einige Dinge doppelt und dreifach, beachtete viele Einzelheiten nicht, blieb dort untätig, wo sie tätig werden sollte und wurde dort tätig, wo sie lieber die Sache noch einige Zeit hätte ruhen lassen sollen. Dies hatte zur Konsequenz, daß sie schließlich (ohne sich dessen bewußt zu sein) immer mehr damit beschäftigt war, den Folgen ihrer eigenen Fehler und Fehlleistungen nachzuarbeiten. Die Einstellung einer weiteren Kraft brachte hierbei keine Erleichterung. Im Gegenteil! Die neue Kraft wies ebenso viele Defizite auf und verstärkte nur die Unfähigkeiten von Sandra E.

Um das *sinkende Schiff* zu retten, mußte der Unternehmer unter Einsatz all seiner Kräfte die negativen Kettenreaktionen beseitigen, die seine Angestellten verursachten. Seine eigenen Aufgaben mußte er weitgehend zurückstellen, was sich erneut ungünstig auf den Geschäftsbetrieb auswirkte. Je mehr Beschäftigte, desto mehr Arbeit! Oder: Das Schicksal der Firma stand komplementär zu den Unfähigkeiten der Angestellten bzw. war die Wirkung darauf.

DAS GESETZ VON URSACHE UND WIRKUNG BEI MISSHANDLUNGEN

Das Gesetz von Ursache und Wirkung zeigt auch auf, warum manche Frauen häufig von ihren Männern mißhandelt werden. Wenn hier ein solches Thema zur Sprache gebracht wird, dann nicht, um mit diesem heißen Eisen die feministische Szene zu verärgern, sondern um Mechanismen aufzuzeigen, die in solchen Fällen immer wieder wirksam sind und die nur aufgelöst werden können, wenn alle Ursachen eruiert werden, also nicht nur die Ursachen in der Psyche des Täters, sondern auch in der des Opfers. Ich möchte auch hier vorweg, um negativen Projektionen vorzubeugen, betonen, daß es mir fern liegt, den Täter in irgendeiner Weise in Schutz zu nehmen, geschweige denn sein destruktives Verhalten zu sanktionieren.

Andererseits glaube ich jedoch, daß wir mit dem alten Weltbild und der damit verbundenen Sichtweise bzw. mit der alten Schwarz-Weiß-Malerei nicht mehr weiterkommen. Wenn es darum geht, wirksam der Gewalt und dem Verbrechen vorzubeugen, kommen wir nicht darum herum, die Szenerie von einem neuen, anderen Blickwinkel aus zu betrachten. Dieser Blickwinkel ist neutral, d. h. nicht wertend; er beschreibt lediglich die Gesetzmäßigkeiten, die ständig im Schicksal ablaufen. Diese Sichtweise ist auch nicht, wie verschiedentlich unterstellt wird, gefühllos und hart; sie bedeutet im Gegenteil ein Einfühlen in die beiden Pole, in Opfer wie Täter, sie ist getragen von Verantwortung dem Leben und der Zukunft gegenüber. Gerade weil jegliches Leben geschützt werden muß, und gerade weil eine bessere menschliche Zukunft angestrebt werden muß, gilt es, die Ursachen und ihre Wirkungen schonungslos aufzudecken.

Wem ist damit gedient, wenn die alte Sichtweise wiederholt wird? Was nützt dem Opfer das Mitleid, und was dem Täter die Verurteilung oder Strafe? Ist damit jemals etwas besser geworden? Sind damit weitere Verbrechen verhindert worden? Ist damit die Disposition des Opfers oder die Tendenz zu Gewalttätigkeit beim Täter gelöscht worden? Hat sich das pathologische Verhalten des Täters oder das komplementär dazu stehende Verhalten des Opfers dadurch geändert? Sicher nicht – also wollen wir beginnen:

Nach unseren Forschungen sind es hauptsächlich drei Ursachen bzw. drei ungünstige Verhaltensmuster, die bewirken, daß Frauen von Männern geschlagen werden:

1. Ursache:
Ausdrucksblockade. Die Frau redet wenig, geht zu wenig aus sich heraus. Der Partner muß all ihre Gefühle und Gedanken, ihre Ideale und Wünsche erahnen oder erraten. Sie zeigt ihre Gefühle nicht, verdrängt deren Ausdruck und erfährt ihre verdrängten Gefühle über den Partner, der sie (weil verdrängt) in verdrehter Form ausagiert. Was sie zu wenig an Gefühlen äußert, äußert er zu viel, d. h. überdimensioniert und pervertiert (siehe auch Gesetz der Wiederkehr des Verdrängten). Häufig ist es so, daß, wenn er aus Aggression, Haß und Wut zuschlägt, sie aus Stolz keine Reaktion zeigt. Das bringt ihn noch mehr in Rage, er will (das läuft unbewußt ab) endlich einmal eine Reaktion sehen. Er will mit ihr kommunizieren und tut dies über Schläge.

2. Ursache:
Egoismus. Die Frau lebt nur sich, ohne sich um die Bedürfnisse und Belange des Partners zu kümmern. Der andere muß sich verleugnen. Sie lebt ihren Lebensstil ohne mit dem Partner echt in Beziehung zu treten. Letzterer wird nur zu einem Zuschauer ihrer Art zu leben, wie sie mit dem Kind oder mit dem Hund umgeht, wie sie ausgeht, wie sie mit Freundinnen Kaffee trinkt usw. Er wird kaum wahrgenommen, ist lediglich ihr Anhängsel. Sie tut nichts Böses, greift ihn nicht an. Da jedoch die wahren Bedürfnisse des Partners nicht oder nur wenig gestillt werden, entsteht ein Stau in dessen Unbewußtem. Er ist ständig frustriert, weil auf ihn zu wenig eingegangen wird, weil er nur eine Statistenrolle in ihrem Leben spielt. Er wird nicht definiert, er wird nicht nach

seinen Bedürfnissen gefragt, er strampelt einer Fiktion nach! Wenn die Frustration eine bestimmte Schwelle überschreitet, reagiert er mit Aggression. Und sie ist sich keiner Schuld bewußt, denn sie hat ja tatsächlich nichts getan. Hierzu sei noch folgendes vermerkt:

Es gehört zu den Selbstverständlichkeiten einer Partnerschaft, die Triebe des Partners zu befriedigen, dem Partner körperlichen Genuß zu verschaffen und ihm Sicherheit zu vermitteln, mit ihm zu kommunizieren, ihm Geborgenheit zu schenken, ihn öfter zu umarmen, zu küssen und ihm zu sagen, daß man ihn gern hat, ihn in seiner seelischen Eigenart anzunehmen. Solche Geschenke kosten nichts und bringen viel Freude und Glück. Die natürlichen Bedürfnisse des Partners jedoch zu versagen, kann Aggression auslösen. Besonders gefährdet ein Opfer von körperlicher Gewalt zu werden, sind Frauen, die sowohl die Vorteile, die sie in der patriarchalen Lebensform genießen, als auch die Vorteile, die die Emanzipation gebracht hat, nutzen, ohne die jeweiligen Nachteile davon in Kauf nehmen zu wollen.

Dies sieht in der Praxis meist so aus, daß die Frau sich von ihrem Mann materiell und finanziell versorgen läßt, aber gleichzeitig auf ihr Recht auf Unabhängigkeit und Freiheit pocht. Sie will ihrem Partner nicht mehr treu sein, will ihm kein warmes Essen mehr machen, will nicht mehr für ihn waschen und bügeln, will ihm nicht mehr *dienen*. Sie vergißt dabei, daß auch der Mann indirekt im Berufsleben ihr dient, indem er das Geld, das zum Lebensunterhalt notwendig ist, beschafft. Kurzum: Wenn eine Frau unabhängig und frei sein will, muß sie selbst für ihren Lebensunterhalt aufkommen, muß sie im Restaurant ihr Essen selbst bezahlen, muß selbst Aktivität, Initiative und Wagemut aufbringen. Geschieht dies nicht, handelt es sich um eine Pseudoemanzipation, die ungute Reaktionen hervorruft. Der «Patriarch» weiß nicht mehr wofür er sich abrackert. Der «Sinn» ist ihm verlorengegangen. In solchen Phasen weiß er sich oft keinen anderen Rat mehr als zuzuschlagen.

3. Ursache:
Die Betreffende nimmt an, daß sie anständig, integer und gut ist, während sie dem Partner alle Schlechtigkeiten unterstellt. Häufig legt sie auch ein Trotzverhalten an den Tag. Sie läßt sich nichts zu Schulden kommen, nur der andere hat schlechte Motivationen, ist gemein und niederträchtig, will täuschen und lügen, nur der andere ist der Böse.

Es handelt sich hier um eine Projektion des eigenen Schattens. Die Frau verschiebt die Aufmerksamkeit von ihrem eigenen Unbewußten auf das des Partners. Sie projiziert ihr eigenes unbewußtes destruktives Potential, wie Haß, Aggression, Wut, sowie ihre eigenen *schlechten*, mit ihrem Maßstab des Edelseins, der Liebe und Güte unvereinbaren Motivationen auf den anderen. Dem anderen wird etwas unterstellt, was nicht der Wirklichkeit entspricht oder, was sehr häufig geschieht, man greift an, indem man bestimmte Schwachstellen des anderen überzeichnet oder indem man bestimmte Verhaltensweisen oder Einstellungen des anderen nach persönlichen Maßstäben und Vorstellungen bewertet. Etwa, indem ein Partner, der von einer Haustierhaltung Abstand nehmen will, als schlechter Mensch hingestellt wird, der keine Tiere mag; oder etwa, wenn ein Partner ihr helfen will, sie ihm unterstellt, daß er dadurch nur Macht über sie erlangen will. Manche Männer stehen solchen Projektionen hilflos gegenüber, in ihrem Unbewußtsein staut sich Haß an. Aus geringstem Anlaß schlagen sie dann zu.

Die genannten Verhaltensmuster* können natürlich nur dann Schläge erwirken, wenn bei dem jeweiligen Partner die Disposition vorherrscht, seine Unsicherheit, Schwäche und Ohnmacht durch Brutalität und Gewalt zu kompensieren. Er wird nur zuschlagen, wenn er aufgrund von mangelnder Intelligenz und Differenziertheit,

---

* Diese Verhaltensmuster sind selbstverständlich auch bei Männern vorzufinden. Aufgrund ihrer körperlichen Unterlegenheit wird jedoch die Frau zu anderen Reaktionsweisen gezwungen.

Phantasielosigkeit und wegen des Festhaltens an alten Normen und Idealen, keinen anderen Ausweg sieht, wenn er keinen anderen Kanal für seine angestauten Emotionen findet. Der Mann könnte auf die geschilderten Verhaltensmuster auch anders reagieren. Er könnte z. B. in die Kneipe gehen, könnte sich von der Frau trennen, könnte Seitensprünge machen, könnte ins Spielcasino gehen, könnte zum *Workaholic* werden, könnte in den Konsum flüchten und seinen Frust durch Prestigegüter kompensieren, er könnte aber auch krank werden, Unfälle erleiden oder Selbstmordversuche unternehmen. Jeder reagiert anders. Die Frau jedoch, die geschlagen wird, sucht sich unbewußt einen Partner, der fast nur körperliche Gewalt als Reaktionsmuster zur Verfügung hat. Es gibt allerdings auch Männer, die mehrere Reaktionsweisen gleichzeitig einzusetzen pflegen:

So hatte der Partner einer Kursteilnehmerin nicht nur ständig Affären mit anderen Frauen, sondern ging auch trinken, kompensierte mit Luxuslimousinen, für deren Kauf er Kredite aufnahm und erpreßte sie mit Selbstmordversuchen, zusätzlich schlug er in bestimmten Intervallen seine Frau und brach ihr dabei viermal das Nasenbein. Als diese Frau von einer anderen Kursteilnehmerin auf ihr falsches Verhalten aufmerksam gemacht wurde (sie bevorzugte das erste beschriebene Verhaltensmuster), rief sie spontan aus: «Demnach wäre ich ja ein Monster!» Das kann und das darf nicht sein!

Wir konnten sie jedoch beruhigen. Es mußte ihr klarwerden, daß sie sich nur so lange auf diese Weise sehen mußte, solange ihr das Verhalten ihres Mannes als monsterhaft erschien. Es mußte ihr bewußt werden, daß Seitensprung, Trunksucht, Kauf von teuren und schnellen Autos auf Kredit, Suizidversuche, sowie Brutalität lediglich Reaktionsweisen auf Ursachen darstellen und nicht a priori eingesetzt werden, um ihr was Böses anzutun. Ihr Mann wird sich sicher nicht beim ersten Rendezvous gesagt haben: Diese Frau will ich betrügen, in Schulden stürzen, mit Selbstmordabsichten erpressen oder schlagen. Es hat sich jedoch im Laufe der Zeit so ergeben – eben, weil zwei unbewußte pathologische Strukturen in Bewegung geraten sind, sich *ergänzt* haben.

Als letzten Widerstand gegenüber dieser Erkenntnis führte sie den Umstand ins Feld, daß ihr Mann doch der allein Schuldige sei, da er auch schon ihre Vorgängerin geschlagen hätte. Nach unserer Analyse wurde jedoch offensichtlich, daß letztere ein ähnliches Verhaltensmuster an den Tag legte, also ebenso wie sie die Disposition, einen solchen Mann anzuziehen, mitbrachte.

Manche Frauen erklären, nachdem sie dem Inferno einer solchen Partnerschaft entkommen sind, daß sie seelisch und körperlich so verletzt wurden, daß sie wahrscheinlich nie mehr zu einem Mann ein richtiges Vertrauen entwickeln können. So verständlich dieser Satz aufgrund des erlittenen Schicksals auch sein mag, so wohnt ihm dennoch ein Abwehrcharakter inne. Der Ausspruch hat neben der Intention, bemitleidet zu werden, eine Alibifunktion, um Mitverantwortung abzuwehren, er dient zur eigenen *Entschuldigung* und damit der Schuldzuweisung und Belastung des anderen, er dient dazu, das eigene Verhalten, das diese negativen Wirkungen hervorrief, beibehalten zu können, um nichts hinzuzulernen oder verändern zu müssen.

7
DAS GESETZ DER BESTÄTIGUNG

Jeder Mensch möchte gerne das Gefühl haben, daß sein Lebensweg richtig ist, daß das, was er fühlt und denkt, in Ordnung ist, daß es o. k. ist, wie er sich verhält und wie er handelt. Jeder sucht daher unbewußt nach einer Bestätigung.

Das Gesetz der Bestätigung besagt, daß jeder Glaube, jede Geisteshaltung, jede Einstellung, jede Meinung, jedes Vorurteil, jedes Gefühl, jeder Maßstab, jede Norm, jedes Ideal und jede Hypothese oder wissenschaftliche Theorie sich immer wieder selbst bestätigen.

Thure von Uexküll* meint hierzu:

Die menschliche Phantasie ist sehr erfinderisch in der Konstruktion von Hypothesen und Theorien, und der Erfinder einer Hypothese hängt gewöhnlich mit großer Liebe an seinem Erzeugnis. Er ist daher nur zu leicht geneigt, aus allem eine Bestätigung seiner Auffassung herauszulesen und das, was nicht in seine Theorie hineinpaßt, zu übersehen. Aber nur Vorstellungen, die sich unabhängig vom Wunsch nach Bestätigung in der rauhen

---

* Thure von Uexküll: *Psychosomatische Medizin*, München, 1986

Wirklichkeit der Tatsachen bewähren, haben ein Recht auf Anerkennung. Alle anderen führen auf Irrwege.

Balint bemerkt zu diesem Thema, daß der gesunde Menschenverstand vor allem unsere uns selbst unbewußten Vorurteile enthält. Diese Vorurteile übertragen wir auf die Wirklichkeit, ohne zu merken, wie sehr sie uns den Blick für die wirklichen Zusammenhänge trüben.

Hierzu ein Beispiel aus der Praxis:
Sophia E. hat die Einstellung, daß sie mit 56 Jahren keinen Mann mehr finden kann, weil die Männer, die altersmäßig für sie infrage kommen würden, entweder im Krieg geblieben oder fast alle verheiratet sind. Sophia: Und wenn wirklich einmal einer frei wird, bevorzugt er eine 30jährige.

Wo auch immer sich Sophia befand, auf Schritt und Tritt wurde ihre Einstellung bestätigt:

Sie las Berichte in Zeitschriften und Zeitungen, wurde mit Statistiken über Frauenüberschuß konfrontiert, wenn sie Busreisen ins Ausland buchte, war außer dem Chauffeur kein Mann anwesend und ihr ganzer Bekanntenkreis setzte sich fast ausschließlich nur aus alleinstehenden, älteren Damen zusammen.

So triftig die Gründe auch sein mögen, sie rechtfertigen nicht den Schluß, mit 56 keine Chancen mehr bei Männern zu haben. Bei der Analyse stellte sich heraus, daß Sophias Einstellung nur ein *Schutz* war, um ihr bisheriges Verhalten, das Männer abhielt, mit ihr in Kontakt zu treten, nicht infragestellen zu müssen. Ihre Einstellung war ein Versuch ihres Unbewußten, von ihrer Verhaltensstörung abzulenken und die *Schuld* auf die Statistik und auf äußere Umstände zu schieben.

Diese äußeren Umstände (Omnibus voller Frauen, im Bekanntenkreis vorwiegend nur Frauen) wurden jedoch aufgrund ihrer inneren Situation fast *magisch* aufgesucht und bestätigen und verfestigen ihre Einstellung. Es war wie verhext:

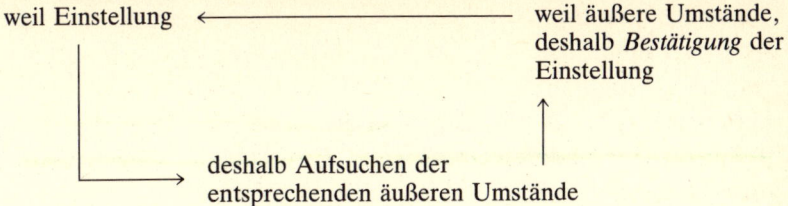

Einige werden nun sagen: Sie braucht ja nur ihre Einstellung zu ändern, dann hätte sie eine andere Anziehung und ihr Problem wäre gelöst. Leider ist die Problemlösung hier ein schwierigeres Unterfangen, als es zunächst aussehen mag, denn, wenn die Einstellung (wie oben erwähnt) als Schutz und als Abwehr verwendet wird, muß hier zuerst Einsicht in das eigene Fehlverhalten genommen werden, ehe eine neue Einstellung in ihrem Unbewußten wirklich Fuß fassen kann. Die neue Einstellung: Ich kann ungeachtet meines Alters nach dem Gesetz der Anziehung einen Mann bekommen, kann erst dann bestätigt werden, wenn sie in einen positiven Regelkreis übergetreten ist.

Bezüglich Einstellungen und Meinungen, die sich bestätigen, muß noch folgendes erwähnt werden: Da die breite Masse der Menschheit von denselben Maßstäben und Normen geprägt wurde, ist die Hemmung und Blockade der natürlichen Anlagen ein ubiquitäres Phämomen.

Passend zu diesen kollektiven Hemmungen bilden sich nun bestimmte kollektive Vorstellungsmuster bzw. kollektive Meinungen heraus, die schließlich von den sog. Autoritäten und Führern der Menschheit formuliert und verkörpert werden. Die Masse plappert dann unreflektiert solche Statements und Meinungen nach, da sie zu ihrer Hemmung passen, zu ihren unausgebildeten Anlagen wie z. B. mangelnde Wahrnehmungsfähigkeit oder mangelnde Initiative, sich selbst ein genaues Bild zu machen. Die genormte Meinung zu übernehmen ist also bequem, sie entbindet davon, selber zu fühlen, zu denken und zu handeln. Zudem hat die genormte Meinung den Vorteil, daß man als *normal* gilt und daß man damit meist richtig liegt und im *Recht* ist. Man wird mit ihr von allen Seiten *bestätigt*. Dies hat zur Konsequenz, daß paradoxerweise derjenige, der sich wirklich eine eigene Meinung gebildet hat, als dumm oder zumindest verschroben gilt. Seine Meinung wird als *falsch* angesehen und wird meist von den anderen überstimmt. Er ist damit zunächst nicht erfolgreich, weil Erfolg in dieser patriarchalen Kultur u. a. voraussetzt, daß viele sich von dieser These oder Meinung angezogen fühlen.

SCHAMGEFÜHLE

Maximilian R. schämt sich ständig für seine Freundin Maria. Er hat das Gefühl, sie würde aufgrund ihres Aussehens und ihrer krächzenden Stimme seinem Prestige in der Öffentlichkeit schaden. Andererseits mochte er Maria sehr gerne, weil sie, so Maximilians Argumentation, sehr gutmütig ist, ihm die Wünsche von den Augen abliest und hervorragend kochen kann. Eines Tages fuhr er mit Maria nach Mykonos, um dort drei Wochen Urlaub zu machen. Während seines Aufenthaltes lernte er beim Surfen das Ehepaar Hugo und Lieselotte O. aus Hamburg kennen, mit dem er sich auf Anhieb gut verstand.

Am Abend stellte er dem Ehepaar seine Freundin Maria vor. Dabei benahm sich Maria tolpatschig und unbeholfen. Und wie es Maximilian schien, war ihre Sprache, hervorgerufen durch die Erwartungshaltung Maximilians, schöner zu sprechen, besonders disharmonisch. Betroffen sah sich das Ehepaar aus Hamburg an. Die Situation spitzte sich schließlich so zu, daß Hugo Maximilian auf die Seite nahm und ihm zuflüsterte: Es ist für mich unvorstellbar, wie Sie sich als differenzierter, intelligenter Mensch mit so einem *Trampel* liieren können. Diese Frau gefährdet ihr Image! Glauben Sie mir, Sie verdienen eine bessere Partnerin! Maximilian hätte daraufhin vor Scham in den Erdboden versinken mögen, er war einem seelischen Zusammenbruch nahe. Sprach doch nun sein Freund Hugo genau das aus, was ihn ohnehin ständig bedrückte. Hugo *bestätigte* und *verstärkte* seine Schamgefühle.

Ähnlich gelagert ist auch der Fall von Martina B.: Als Martina Heinz B. heiratete, war sie überglücklich. Heinz B. sah groß und stattlich aus, war humorvoll und hatte bereits in jungen Jahren beruflich als Bauingenieur eine gute Position erreicht. Er war, so schien es Martina, eine *gute Partie*. Als nach einigen Jahren die Baukonjunktur nachließ, entschloß sich Heinz B. kurzerhand den Beruf zu wechseln und Versicherungsvertreter zu werden. Martina B. konnte sich jedoch mit dem neuen Beruf ihres Mannes überhaupt nicht anfreunden. Sie schämte sich vor ihrer Verwandtschaft und vor ihren Freundinnen. Und wenn sie in Gesellschaft war und gefragt wurde, was ihr Mann von Beruf sei, sagte sie immer nur: Früher war er Bauingenieur.

Eines Tages schloß Martinas Mann bei dem Apotheker der Kleinstadt, in der sie wohnten, einen größeren Vertrag ab. Zwei Tage später kaufte Martina in der Apotheke, in der sie bislang sehr zuvorkommend bedient wurde, einige Arzneimittel für ihren grippekranken Sohn. Es bediente sie der Inhaber der Apotheke selbst. Nachdem Martina die Ware bezahlt hatte, sagte der Apotheker zu ihr: «Ich wußte gar nicht, daß Ihr Mann Versicherungsvertreter ist. Na ja, Hauptsache er schlägt sie nicht!» Nach dieser Aussage des Apothekers sackten Martina B. die Knie weg und es flimmerte vor ihren Augen. Martina wurde vor Scham ohnmächtig.

Diese beiden Fälle von Maximilian R. und Martina B. machen deutlich, wie aufgrund eines bestimmten Gefühlspotentials äußere Umstände und Ereignisse aufgesucht werden, um diabolischerweise gerade diese Gefühle zu *bestätigen* und zu *verstärken*. Gefühle, die zunächst rein subjektiven Charakter haben, bekommen dadurch einen objektiven Anstrich. Der einzelne glaubt dann, sein Empfinden wäre gesund und richtig, glaubt, daß er im Recht sei.

Insofern sind die äußeren Ereignisse unbewußt erwirkt. So paradox es klingen mag, die äußeren Ereignisse sind Schein und doch Wirklichkeit. Sie sind Wirklichkeit, weil sie sich wirklich ereignen, und sie sind Schein in dem Moment, wenn der Betreffende sie nach seinem inneren Maßstab zu *werten* beginnt. In den beiden vorliegenden Fällen sind die Schamgefühle der Gegenpol und die Folge des Maßstabs bzw. des Ideals von Maximilian und Martina.

Maximilian war beruflich sehr erfolgreich und genoß dadurch ein hohes Sozialprestige. Er mußte also zwangsläufig mit der Hemmung konfrontiert werden. Hierfür war Maria zuständig, die ihn, indem sie den anderen Pol verkörperte, *ausglich*. Daraus folgt, daß er nur über sie, nur durch ihr prestigegefährdendes Verhalten zu einer *Ganzheit* kommen, das Erlebnis der Einheit haben konnte.

Eine differenzierte, vornehm sprechende Frau, die seinem innerseelischen Ideal mehr entsprochen hätte, hätte dies nicht bewerkstelligen können. Maximilian wollte seine Hemmung gleich *zweifach* kompensieren: mit seinen beruflichen Leistungen *und* mit einer Idealpartnerin. Doch das Idealbild der Partnerin ist nur das Komplementärbild zu seiner eigenen inneren Hemmung und ist daher *subjektiv*. An dieser Tatsache änderte auch die Bestätigung durch Hugo nichts. Da diese Wertung der äußeren Situation und Ereignisse nach dem inneren Maßstab oder Idealbild erfolgt, war Maximilian im Rad des Schicksals gefangen.

Nur deshalb, weil er in seinem Prestige so gehemmt war, hatte er das Idealbild einer Partnerin, die sein Ansehen in Beruf und Öffentlichkeit steigern sollte und weil dieses subjektive Ideal nicht erfüllt wurde, hatte er gerade hier seelische Schmerzen. Ein anderer Mann, mit einer anderen innerseelischen Problematik hat vielleicht eine Partnerin, die ihm die Bewunderung seiner Umwelt einbringt, aber er erlebt bei ihr zuwenig Intimität und Vertrautheit oder hat mit ihr sexuelle Probleme. Er würde vielleicht gerne auf das Prestige, das er durch die Partnerin erfährt, verzichten, wenn er nur mehr Vertrautheit oder sexuelles Glück erreichen würde.

So erscheint es den Betreffenden als ob das Schicksal ihnen immer gerade das *verwehren* würde, was sie am notwendigsten bräuchten. Wieder andere sprechen in diesem Zusammenhang von einer *Prüfung*, die ihnen das Schicksal auferlegen würde. Diese Interpretation hat häufig nur masochistischen Charakter und läuft meist darauf hinaus, daß der Betreffende sein Schicksal, und damit verbunden seine seelischen Schmerzen, *ertragen* lernt. Maximilian könnte mit dieser Ideologie etwa sagen: Ich muß lernen, gerade auf das zu verzichten, was ich so gerne möchte und muß mich mit dem zufrieden geben, was ich habe. Oder beliebt ist auch in solchen Fällen die Interpretation: Ich werde durch das Schicksal darauf hingewiesen, daß es edlere und höhere Werte gibt als das Prestige, das mir eine Frau verleiht.

All diese Interpretationen, so einleuchtend sie bei oberflächlicher Betrachtung der Symptomatik auch sein mögen, sind jedoch nur neuerliche Versuche, nach einem alten System zu werten, das in frühester Kindheit eingepflanzt wurde. Zugleich stellen solche Interpretationen, Rationalisierungen und Sublimierungen, also Abwehrhaltungen dar, um die wirklichen Ursachen nicht evident werden zu lassen. Sie übertünchen die eigene Hilflosigkeit vor dem Problem und die eigene Unwissenheit, wie eine echte Lösung aussehen könnte. Ja mehr noch! Die eigene Unwissenheit wird zu einem Geheimwissen hochstilisiert. Indem man so tut, als ob man über das Schicksal etwas wüßte, braucht man nicht mehr nach den wirklichen Ursachen zu suchen. Daß es sich bei dieser Art von Wissen um ein reines Abwehrmanöver handelt, um die Neurose zu schützen, wird deutlich, wenn konkrete Lösungen vorgeschlagen werden: Verhaltens- oder Einstellungsänderung, politisches Engagement oder gar die Ausbildung von Anlagen. Derjenige, der solche Vorschläge unterbreitet, wird dann von seiten der *Karmaabträger** als Unwissender eingestuft, der sich noch zu sehr im *grobstofflichen* Bereich aufhält, denn die Gebiete Psychologie, Psychoanalyse, Psychotherapie, Soziologie, Politik etc. sind den *Feinstofflichen* meist suspekt. Sie bedeuten eine Gefahr für ihre *höhere Ordnung*.

Schmerz-Ertragen-Lernen ist also kein Lernprozeß, sondern eine Krankheit. Es ist eine Abwehrideologie, die entwickelt wurde, um

---

*   um hier die esoterische Terminologie zu benutzen

das patriarchale System in der Innenwelt und in der Außenwelt nicht zu gefährden.

Wie aufgezeigt wurde, handelt es sich bei dem *Schicksalsschlag*, den Maximilian erleiden mußte, weder um eine Verweigerung dessen, was er so dringend braucht, noch um eine Prüfung, sondern lediglich um eine Gesetzmäßigkeit, die einfach wirksam wird, wenn bestimmte Defizite, Gefühle und Glaubenshaltungen vorherrschend sind.

Der Lernprozeß, der absolviert werden muß, sieht daher völlig anders aus. Maximilian müßte zunächst einmal Verantwortung übernehmen für seine innerseelische Partneranziehung, mit der er Maria unbewußt erwirkt hat. Dabei würde er auf seine Hemmung in bezug auf Status und Prestige stoßen und würde erkennen, daß er, solange es ihm nicht gelingt, ein echtes, reales *Prestige* zu erwerben, zwangsläufig immer wieder mit seiner Problematik konfrontiert werden wird. Seine berufliche Kompensation, um diese Hemmung auszugleichen, ist nur eine Krücke und bringt ihn letztendlich auf den Weg zu einem *realen* Eigenwert nicht voran.

Dagegen müßte Maximilian das gesamte soziale Wertsystem infragestellen, muß dessen Schein und Illusion entlarven, müßte einen Ablöseprozeß von der kollektiven Neurose vollziehen, um schließlich zu einem neuen Denken zu kommen, das keine Schamgefühle mehr hervorruft.

Maximilian's Lösungsmöglichkeit kann weitgehend auch auf Martina's Problematik angewandt werden. Auch sie wurde Opfer ihrer eigenen Hemmung und ihres eigenen Wertsystems. Martina hat die Kompensation ihrer Hemmung in bezug auf Status und Prestige auf ihren Mann delegiert. Da dieser Ausgleich durch die Berufsänderung von Heinz plötzlich nicht mehr gewährleistet war, fiel sie auf ihren Minuspol zurück und erlitt seelische Qualen.

SCHULDGEFÜHLE

Auf Wunsch seiner Mutter wurde Alfred L. (26) Beamter, obwohl ihm dieser Beruf überhaupt nicht zusagte. Alfred war ein begabter Schriftsteller, der aber bei seiner Umwelt auf wenig Verständnis stieß. Seine Mutter, in deren Haushalt er lebte, fand seine Ideen unwirklich, utopisch und spleenig. Und wenn Alfred manchmal davon sprach, daß er am liebsten *aussteigen* würde, um seine Begabung entfalten zu können, warnte ihn seine Mutter eindringlich davor: «Kind, tu mir das bitte nicht an! Das ist eine brotlose Kunst! Du wirst am Wegrand verhungern, ich habe zuwenig Rente, um dich zu unterstützen!»

Nach einiger Zeit jedoch konnte Alfred den Verwaltungsapparat nicht mehr ertragen, kündigte seine Stellung und erfüllte sich seinen Traum, als freier Schriftsteller zu arbeiten. Gleichzeitig zog er aus der Wohnung seiner Mutter aus, wobei er ihr unter großen Schuldgefühlen eröffnete, daß er von nun ab nicht mehr als Beamter tätig sein werde. Daraufhin bekam seine Mutter eine Herzattacke. Tagelang, wochenlang, monatelang kränkelte sie dahin und oktroyierte Alfred, der sie in bestimmten Intervallen besuchte, ständig Schuldgefühle auf, ihre Krankheit sei durch sein unüberlegtes Handeln verursacht worden.

Alfred hatte inzwischen zwei Manuskripte geschrieben und reichte diese bei verschiedenen Verlagen ein. Doch ohne Erfolg! Auch ein drittes Manuskript, das er unter dem Druck der Umstände schrieb, wurde von allen Seiten abgelehnt. Er mußte sich ständig Geld leihen, um überleben zu können. Diese mißliche Situation blieb sieben Jahre bestehen, so daß die Prophezeiung seiner Mutter weitgehend *bestätigt* wurde. «Siehst du, ich habe es dir gleich gesagt», pflegte sie zu sagen, «du hast aber nicht hören wollen!»

Eines Tages starb jedoch Alfreds Mutter an Leberzirrhose. Acht Tage später unterzeichnete Alfred den Vertrag für sein neuestes Werk bei einem großen westdeutschen Verlag. Es wurde ein Bestseller.

Was lief hier ab? Alfred hatte Schuldgefühle gegenüber seiner Mutter, als er den Beruf des Schriftstellers ergriff und daher eine sehr ungünstige Ausgangsposition. Jedes Schuldgefühl ist gleichbedeutend mit einem Defizit an Recht, d. h. im vorliegenden Fall, daß Alfred's Mutter und seine Umwelt als Elternrollenspieler in Erscheinung getreten waren, an die er seine eigenen Rechte abgegeben hat. Die anderen konnten ihn daher maßregeln – wie die Mutter es getan hat, oder strafen, indem sie ihn (wie die Verlage) ablehnten (archaische Schuld-Sühne-Programmierung). Wenn Schamgefühle in der Außenwelt Blamagen anziehen, so ziehen Schuldgefühle Maßregelungen, Strafen und Ablehnungen an. Da es sich bei diesen Gefühlen nur um *Ersatzgefühle* handelt, sind sie minuspolig und ziehen in der Außenwelt fast magisch den Pluspol in Form von negativen Ereignissen an, von Ereignissen, die für diese Art von Gefühlen passen wie der Deckel auf den Topf. Wer Schuldgefühle bzw. ein Defizit an Recht hat, gibt unbewußt den anderen Recht. Alfreds Mutter starb mit dem Bewußtsein, bezüglich der beruflichen Situation ihres Sohnes im Recht gewesen zu sein. Durch die äußeren Umstände wurden scheinbar seine Schuldgefühle *bestätigt*. In Wirklichkeit haben jedoch die Schuldgefühle die äußeren Umstände erst hervorgerufen. Alfred wurde (auch hier wird wieder die Paradoxie augenscheinlich) durch die Rechthaberei der Mutter und durch die Ablehnung der Verlage *ausgeglichen*. Erst als seine Mutter starb, wurde sein Unbewußtes von Schuldgefühlen frei und dadurch auch von dem Bedürfnis, bestraft und abgelehnt zu werden – der Erfolg war plötzlich möglich.

EIFERSUCHTSGEFÜHLE

Ähnlich wie mit den Schamgefühlen verhält es sich mit der Eifersucht. Carla S., eine sehr eifersüchtige Frau, hatte mit ihrem Freund Herbert eine nette, gemütliche Wohnung bezogen, in der jeder der beiden Partner ein eigenes Zimmer hatte. Sie fühlten sich darin sehr wohl, was sich insbesondere auch auf ihre Partnerschaft positiv auswirkte. Eines Tages mußte Carla aus beruflichen Gründen einen dreiwöchigen Lehrgang im Ausland besuchen. Nach 14 Tagen jedoch wurde Carla krank; sie konnte das Klima nicht vertragen und mußte die Heimreise antreten. Als sie daher früher als erwartet in ihre Wohnung zurückkam, mußte sie feststellen, daß Herbert inzwischen eine andere Frau in ihr Zimmer einquartiert hatte. Die andere hatte sich so richtig darin breitgemacht. Sie hatte sich buchstäblich *eingenistet*. Daraufhin schäumte Carla vor Eifersucht, warf mit Gegenständen und beschimpfte die beiden *Sünder* mit den unflätigsten Ausdrücken. Auch Carlas Eifersuchtsgefühle, die latent in ihrem Unbewußten schwelen, wurden scheinbar durch das äußere Erlebnis *bestätigt*. Carla S.: «In einem solchen Fall, wo ein fremder Mensch in das eigene Zimmer einzieht, würde wohl *jeder* eifersüchtig werden.» Mag sein, daß diese Aussage für viele Menschen zutrifft, fest steht jedoch, daß jemand, der weniger Eifersuchtspotential in seinem Unbewußten beherbergt, solche Situationen gar nicht anzieht. So erscheint es vielen geradezu als sadistischer Akt des Schicksals, daß derjenige, der solche Situationen am wenigsten verkraften kann, gerade damit besonders konfrontiert wird und derjenige, der mehr Resistenz aufweist, dessen Persönlichkeitssystem *sattelfester* ist, sich mit solchen Ereignissen kaum auseinanderzusetzen hat.

Diese Gesetzmäßigkeit ist auf alle Anlagen und Lebensgebiete anwendbar. Derjenige, der z. B. schwach durchsetzungsfähig ist, zieht häufig einen so aggressiven Partner an, wo es fast aussichtslos ist, sich dagegen zu behaupten. Selbst jemand, der eine gute Durchsetzungsfähigkeit besitzt, hätte gegenüber dieser *starken* Person kaum eine Chance.

Allerdings würde dieser einen solch schwierigen Partner und so unangenehme Situationen gar nicht anziehen. Aber demjenigen, der schwach ist, wird er zugemutet. Es verhält sich hier genauso wie auf der körperlichen Ebene. Ein gesunder Organismus ist nicht anfällig für pathogene Bakterien und Viren, aber der ohnehin schon geschwächte Organismus muß sich mit ihnen auseinandersetzen.

Carla muß also zuerst ihre eigene Seitensprungtendenz unter die Lupe nehmen und vor allem lernen, sich selbst zu besitzen, um den Besitzanspruch gegenüber dem Partner, der mit Eifersucht stets synchron läuft, reduzieren zu können.

Die große Schwierigkeit liegt nun darin, daß Personen, deren Ausgangsposition durch die *falsche* Partnerwahl schon ungünstig war – nun ständig mit ihren Schwächen und Defiziten auf den anderen reagieren. Sie vertreten z. B. zuwenig ihre Rechte auf Durchsetzung, auf Abgrenzung, auf einen eigenen Aktionsradius, auf ihr eigenes Wesen, auf Selbstverwirklichung, auf Freiheit usw. Wer sich seine Lebensrechte nicht selbst nimmt, *dem werden sie genommen!*

Oft haben die Geschwächten schon so viele Fehler gemacht, im Laufe der Zeit dem anderen so viel Raum gegeben, daß die Situation bereits total verfahren ist. In solchen Fällen müssen die Betreffenden ständig gegen die Folgen ihrer Fehler kämpfen, was einer Sisyphusarbeit gleichkommt. Doch zurück zum Fall von Carla S. Von ihrem Bewußtsein her glaubt sie einen treuen Partner zu brauchen, ihr Unbewußtes ist jedoch anderer Meinung: Unbewußt benötigt sie dringend einen untreuen.

Wie vielfältig das Gesetz der Bestätigung ist, zeigt auch der Fall von Marieluise B.: Marieluise war Inhaberin eines gutgehenden Kosmetiksalons im norddeutschen Raum. Im Laufe der Zeit wurde ihr jedoch das Geschäft immer mehr zu einer Belastung, so daß sie mit dem Gedanken spielte, sich zu verändern. Sie wußte allerdings nicht konkret, was sie künftig machen wollte, aber eines war ihr klar: Sie wollte nicht mehr von früh bis spät *malochen*. Aus diesem Grunde inserierte sie in den entsprechenden Zeitungen und Fachzeitschriften, um ihr Geschäft und ihr Haus, in dem sie wohnte, verkaufen zu können. Mit dem Erlös wollte sie dann *irgendetwas im Ausland* aufbauen. Doch in dieser Zeit schien sich alles gegen sie und ihre *Pläne* verschworen zu haben: Als sie acht Tage Urlaub in Bayern machte, brannte ihre Geschäftsführerin durch, als sie zurückkehrte, kamen ihre Angestellten nicht mehr in den Salon – und weder Geschäft noch Haus waren zu verkaufen.

Das Gesetz der Bestätigung sagt hier: Wer keine konkrekte Alternative, keine klare Orientierung hat, wird in seiner bisherigen Lebensform scheinbar *bestätigt*. Im Bewußtsein möchte man sich vom bisherigen Trott, von den alten Formen lösen, das Unbewußte spielt jedoch noch nicht mit. Das Über-Ich hält in solchen Fällen den Betreffenden am Alten fest, solange der neue Weg und das neue Ziel noch nicht klar formuliert wurde, solange das Unbewußte noch nicht überzeugt ist, daß das Neue von Erfolg gekrönt ist oder zumindest eine Existenzgrundlage abgibt.

Viele deuten nun die entsprechenden Ereignisse *mystisch*, indem sie sagen: Scheinbar soll es also nicht sein, daß ich die Scheidung durchziehe, den Umzug tätige, mein Geschäft aufgebe, mein Haus verkaufe.

Eine solche Interpretation ist jedoch unrichtig, was leicht zu ersehen ist, wenn man sich vor Augen führt, daß die äußeren Ereignisse lediglich Projektionen des eigenen Unbewußten sind. Sie *bestätigten* – um auf vorhergehenden Fall zurückzukommen – Marieluise's Hemmungen und Ängste, die sie im Bewußten nicht wahrhaben wollte und blockierten und verunsicherten damit ihre Veränderung. Wenn in solchen Fällen die Blockade des Neuen als Bestätigung des Alten interpretiert wird oder gar als Wink des Schicksals, daß es besser sei, in der Tretmühle zu verharren, hat sich der Betreffende durch die äußere Widerspiegelung seiner innerseelischen Vorgänge täuschen lassen.

STRESS

Daß Schamgefühle und Eifersuchtsgefühle durch die äußeren Ereignisse bestätigt werden, ist nach dem eben Gesagten nicht mehr so verwunderlich. Doch wie verhält es sich mit Streß und Spannungsgefühlen? Selbstverständlich ist auch hier derselbe Mechanismus wirksam: Die Gefühle *holen* sich die entsprechenden Ereignisse, um ausgelebt zu werden und um sich zu bestätigen.

Wenn der Betreffende z. B. zu einer bestimmten Uhrzeit einen Zug in einer nahgelegenen Stadt erreichen soll, dann fährt er schon so spät von zu Hause weg, damit er wieder hetzen muß, damit er wieder die Spannung erlebt: Schaffe ich es noch oder schaffe ich es nicht mehr?

Meist belastet dann eine Umleitung oder ein langer Fernlastzug, der aufgrund von stark frequentierter Gegenfahrbahn nicht überholt werden kann, das Nervenkostüm des Betreffenden. Wer innerseelisch so gelagert ist, sucht z. B. auch magisch Staus auf Autobahnen auf, um sich wieder aufregen zu können. Er fährt unbewußt nicht früher und nicht später weg, sondern nur zu der Zeit, in der die Gewähr besteht, daß er in einen Stau gerät. Auch werden oft die Vorsätze z. B. künftig pünktlich zu sein, zunichte gemacht durch Anrufe, die aufgrund von unbewußter Anziehung dann erfolgen, wenn der Betreffende gerade gehen will oder man läßt sich noch kurz vor Verlassen des Hauses in ein unfruchtbares Streitgespräch mit seinem Partner ziehen oder wird von seinem Nachbarn aufgehalten, weil man nicht wagt, sich ihm gegenüber abzugrenzen. Wie die Situation auch sein mag, es läuft immer auf dasselbe hinaus, der Betreffende fühlt sich gestreßt, steht ständig unter Spannung, muß sich aufregen und hält die äußeren Ereignisse für objektive Tatsachen, die eben einfach *geschehen* und auf die er keinen Einfluß nehmen kann.

ANGSTGEFÜHLE

Karsten W. behandelte seinen neuen Wagen mit großer Sorgfalt. Er hatte ständig Angst, daß ein Kratzer oder gar eine Beule ihn verunzieren könnte, was einen Prestigeverlust für ihn selbst bedeuten würde.

Als er eines Tages vom Einkaufen zurückkam, erstarrte er vor Schreck: Seine Beifahrertüre war total verkratzt. Karsten W. hatte dadurch die *Bestätigung*, daß man höllisch aufpassen müsse, wenn das eigene Auto unversehrt bleiben soll.

Karsten W. wollte in bezug auf Besitz und Prestige der Norm entsprechen, die Verunsicherung der Norm war jedoch scheinbar schon *miteinprogrammiert*. Diese Verunsicherung wurde durch seine Angst verursacht. Für Karsten stellte das Auto eine Möglichkeit dar, seine Hemmung im Eigenwert zu kompensieren. Das Auto hatte keinen realen Stellenwert mehr in seinem Leben, sondern wurde überbewertet. Karsten hatte Angst um seine Kompensation bzw. um seine Projektionsfläche. Diese Angst verunsicherte seinen Projektionsgegenstand und zog buchstäblich das negative Ereignis an.

Anton B. wollte sich als Taxiunternehmer selbständig machen. Da er im Unbewußten Ängste und Zweifel beherbergte, zog er nach dem Gesetz der Affinität Verunsicherungen und Abwehrhaltungen in der Außenwelt an. Diese Aufgabe, ihn in seinem Verselbständigungsprozeß zu bremsen und zu schwächen übernahm seine Ehefrau. Sie zweifelte an seinen Fähigkeiten, sie dachte nur an Mißerfolg.

Anton B. führte jedoch allen Unkenrufen zum Trotz seinen Plan durch und kaufte sich unter Aufnahme eines Kredits ein Auto, das er als Taxifahrzeug verwendete. Vierzehn Tage später hatte er damit durch einen Unfall einen Totalschaden. Dies hatte zur Folge, daß er wieder ins Angestelltenverhältnis zurück mußte und noch jahrelang seinen Kredit abzuzahlen hatte.

Anton B. wurde also *Opfer* des Gesetzes der Affinität und des Gesetzes der Bestätigung. Die Zweifel seiner Ehefrau verstärkten seine eigenen und diese Verstärkung bedingte schließlich eine noch ungünstigere Affinität, nämlich die Affinität mit dem Unfall. Dieser Unfall wiederum bestätigte die Bedenken seiner Ehefrau und seine eigenen unbewußten Ängste. Daraus hat Anton B. den falschen Schluß gezogen, nämlich, daß es sich nicht lohne, sich selbständig zu machen und hat dieses Denkergebnis seiner Tochter Gabriele weitergegeben.

Gabriele, die in der Modebranche tätig war, wagte es, obwohl alle Voraussetzungen gegeben waren, nicht, eine eigene Modeboutique zu eröffnen. Sie blieb lieber im Angestelltenverhältnis und rationalisierte dies damit, daß es heutzutage fast unmöglich wäre, sich auf dem Markt zu behaupten, da die Konkurrenz einfach zu groß sei. Eines Tages lernte Gabriele einen strebsamen jungen Mann kennen, der nach einiger Zeit die Absicht äußerte, ein Geschäft in der Innenstadt zu eröffnen. Gabriele riet ihm, fast in Panikstimmung, davon ab. Auf diese Art und Weise wiederholte sich die Szenerie von damals, in der ihre Mutter die Unternehmensgründung ihres Mannes verunsicherte. Ein Wiederholungszwang (siehe auch Seite 138) also, der sich über Generationen hinweg erstreckt und zum Schicksal für all diejenigen wird, die damit im Unbewußten verflochten sind.

Besonders deutlich wird das Gesetz der Bestätigung bei der psychisch bedingten männlichen Impotenz. Weil der Betreffende aus irgendeinem Grund *versagte*, zweifelt er an seiner Männlichkeit. So kann es sein, daß er aufgrund seiner Angst beim nächsten Mal wieder Schwierigkeiten hat, den Coitus zu vollziehen. Dieses erneute *Versagen* wird als *Bestätigung* der eigenen Impotenz aufgefaßt bzw. als Bestätigung, daß die Ängste in dieser Beziehung berechtigt sind.

Die bestätigte und dadurch verstärkte Angst zieht neuerlichen Mißerfolg nach sich. Angstgefühle überlagern und hemmen die erotischen Gefühle, die u. a. Voraussetzung für die Erektion des Penis sind.

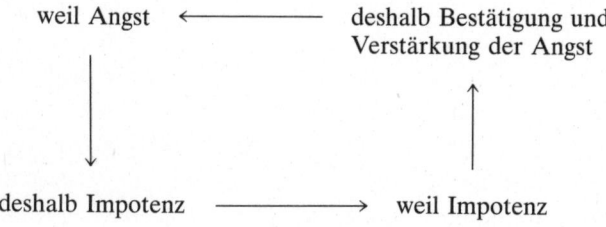

Hinzu kommt, daß der Betreffende, der solche Ängste in sich beherbergt, unbewußt meist eine Frau oder Frauen aufsucht, bei der bzw. bei denen auch andere Männer sexuelle Schwierigkeiten hätten, z. B. sehr passive Partnerinnen, die ihre erotischen Anlagen nicht ausgebildet haben oder nicht genügend einsetzen. Auch kann es sein, daß aufgrund von selbst gesetztem Leistungsdruck, einer unbewußten oder bewußten Fixierung auf das Bild eines bestimmten Frauentyps oder aufgrund von ungünstigen Umweltsituationen (Angst, beobachtet zu werden, oder aufgrund von unerotischer Umgebung bzw. Stimmung) Potenzstörungen entstehen.

Wie auch immer die Situation lauten mag, fest steht, daß der Betreffende immer die Partner und die Umweltsituationen aufsucht, die seine inneren Ängste hervorrufen, bestätigen und verstärken. Ferner muß bei Potenzstörungen noch abgeklärt werden, ob deren Ursache aufgrund des innerseelischen Maßstabs *Treue* nicht in Schuldgefühlen begründet liegt.

In diesem Fall lassen Schuldgefühle eine erotische Stimmung nicht entstehen. Wenn der Betreffende dann versagt, faßt er dies häufig als Bestätigung seiner Schuld auf und glaubt, dies wäre eine Strafe, die ihm von höheren Mächten für sein *frevelhaftes* Tun serviert worden sei.

Wenn hier festgestellt wurde, daß Angstgefühle sich immer wieder bestätigen, so soll damit nicht den Anhängern des positiven Denkens das Wort geredet werden. In diesen Kreisen werden häufig Wahrheiten durch Simplifikationen verzerrt und verfälscht. So wird dort z. B. die Meinung vertreten, daß derjenige, der Angst hat, auch das entsprechende Ereignis anzieht. Daraus leiten dann die Betreffenden ab, daß man Angst einfach nicht aufkeimen lassen, sondern sofort durch *positive** Gedanken ersetzen sollte. Dies stimmt und stimmt doch nicht. Es stimmt, wenn man die Sache vereinfacht betrachtet, doch es stimmt nicht mehr, wenn man die Komplexität und die Hintergründe des Phänomens der Angst in die Überlegungen miteinbezieht.

So gibt es verschiedene Formen der Angst:

---

* Wer nur positiv denkt, muß zwangsläufig Negatives ins Unbewußte verdrängen. Dadurch kommt es zur Projektion des Verdrängten, so daß der Positivdenker mit negativen Schicksalsereignissen oder mit vorwiegend negativ denkenden Menschen konfrontiert wird (Anziehung des Gegenpols).

Angst aufgrund von Verdrängung

Lebt jemand nach den Normen und Maßstäben des patriarchalen Systems, dann bedeutet dies, daß er alles Lebendige in sich, seine naturgemäßen Triebe, Gefühle und Gedanken verdrängen muß. Wenn immer wieder aufs neue Bedürfnisse, Energien, Wünsche, Sehnsüchte, Probleme und Konflikte verdrängt werden, so entsteht dadurch im Unbewußten ein Verdrängungspotential. Je mehr verdrängt wird, desto destruktiver wird das Verdrängungspotential, worauf man verständlicherweise mit Angst reagiert. Die eigenen Anlagen und Energien, die nicht gelebt werden, wollen aus ihrem verwunschenen, verzauberten Zustand erlöst werden. *Dieses Unerlöste bereitet Angst.* So erscheinen die eigenen verdrängten Anlagen als verzerrte Gestalten in unserem Unbewußten. Sie erscheinen in den Alpträumen wieder, in denen wir vor Angst und Panik erwachen. So kann z. B. ein Persönlichkeitsanteil im Traum (aber in manchen Extremfällen auch in der Wirklichkeit des Lebens) als Messerstecher, der uns bedroht, in Erscheinung treten. Die eigene verdrängte Aggression kleidete sich in symbolische Bilder bzw. schlüpfte in das symbolische Gewand des Messerstechers.

Angst aufgrund von Schwäche bzw. aufgrund von nicht ausgebildeten Anlagen

Wer, aus welchen Gründen auch immer, seine Fähigkeiten und Fertigkeiten nicht entwickeln kann, wird unweigerlich mit dem Phänomen der Angst und der Ohnmacht konfrontiert werden.

Hat jemand z. B. seine Fähigkeit zur Selbständigkeit nicht ausgebildet, wird er vor all den Situationen Angst haben, die diese Anlage erforderlich machen. Wenn jemand seine rhetorischen Fähigkeiten nur schwach ausgebildet hat, so kann es sein, daß dadurch bedingt Begegnungsängste auftauchen oder Ängste entstehen, vor einer Gruppe zu sprechen oder gar in der Öffentlichkeit eine Rede zu halten. Diese Schwäche ist meist gekoppelt mit einer Schwäche im Eigenwert und dadurch bedingt können mehrere Dimensionen das *Angstniveau* beeinflussen:

Die Anzahl der Zuhörer
Je größer das Auditorium, desto mehr Ängste tauchen meist auf. Es gibt allerdings auch Menschen, die umgekehrt bei größerer Zuhörerschar an Angst verlieren, weil sie richtig erkannt haben, daß eine große Masse gewöhnlich weniger attackiert als eine kleine Gruppe, die aus 5 oder 6 Personen besteht.

Vertrautheit mit den Zuhörern
Je fremder einem die Zuhörer sind, desto größer sind häufig die Ängste. Doch auch hier gibt es den umgekehrten Fall. So mancher Vortragende fühlt sich sicherer, wenn er die Ansichten und Einstellungen der Zuhörer nicht kennt.

Freundlichkeit oder Feindseligkeit der Zuhörer

Ob es sich um Autoritätspersonen handelt oder nicht. So mancher Vortragende hat sich schon durch Zuflüsterungen wie etwa folgende beunruhigen lassen: Hast du gesehen, der Herr Bürgermeister und der Kultusminister sind auch anwesend, oder: In der letzten Reihe sitzen lauter Kapazitäten deines Fachgebietes.

Der Grad der eigenen Vorbereitung – fühlt man sich sicher oder nicht etc.

Sekundärängste
Diese Ängste erwachsen aus den Punkten *Angst aufgrund von Verdrängung* und *Angst aufgrund von Schwäche*. Wer z. B. seine Partnerfähigkeit nicht genügend ausgebildet hat, kompensiert diese Hemmung oder Schwäche durch Bildung von Idealen, Illusionen und Träumen oder über den Weg der Projektion. Der Betreffende entwickelt dann, wenn solche Ideale oder Illusionen angegriffen werden oder gar sich aufzulösen drohen, heftige Ängste (z. B. wenn das Ideal einer harmonischen Ehe durch verschiedene Ereignisse, also durch die Realität erschüttert wird).

Die neurotische Angst

Hans H. hatte als Kind sehr viele Ängste und erhielt dadurch von seinen Eltern sehr viel Zuwendung. Da er dieses Verhaltensmuster auch später im Erwachsenenalter noch beibehielt, verunsichert er seine gesamte personale Umwelt, insbesondere auch seine Partnerinnen. Aufgrund seiner Ängste konnte er nur einen dominanten Frauentyp anziehen, da andere Frauen an ängstlichen Männern wenig interessiert sind. Angst bestimmte damit weitgehend sein Schicksal mit. Von diesen dominanten Frauen bekam er nicht die Zuwendung, die er sich vorstellte, die Zuwendung, die ihm zuteil wurde, bestand vorwiegend in der Bevormundung, der Entwertung und Herabsetzung seiner Person.

Die Ängste von Hans H. entsprangen aus einem alten, tief in die Seele eingravierten Raster, der scheinbar nicht mehr zu ändern war. Sein Unbewußtes glaubte immer noch, durch Demonstration von Angst und Unsicherheit Zuwendung zu erhalten. Die Angst wurde zu seinem *Lieblingsgefühl.* Er hegte, pflegte und hätschelte seine Angst. Solche Gefühle sind jedoch nicht wirklichkeitsadäquat, sondern erlernt und damit auch wieder *ver*lernbar.

Reale Ängste

Angst hat genauso wie der Schmerz eine lebenswichtige, existenzerhaltende Funktion in unserem Organismus. Die Angst ist ein Warnsignal, ist eine Reaktion der Seele auf ganz bestimmte Reize und Auslöser, auf ganz bestimmte Gefahren. Angst stimuliert zu Angriff oder Flucht, stimuliert zu einer Strategie, zum Nachdenken, zu schöpferischen Leistungen. Wer keine Angst hat, lügt oder lebt nicht mehr. Wie bei den Medikamenten, die statt zu heilen schaden oder töten können, so ist es auch mit der Angst. Die Dosierung muß stimmen! Wenn sie nicht richtig dosiert wird, also nicht situationsadäquat ist, dann schützt sie den Menschen nicht mehr, sondern lähmt und schädigt ihn. Wenn manche Personen anscheinend grundlos oder übertrieben stark Angst verspüren und zeigen, so übt die Angst keine Schutz-, sondern eine Vernichtungsfunktion aus. «Die Angst ist jedoch *raffiniert* und zeigt sich nur selten bereit, die Grenze zwischen Schutz und Vernichtung klar und unmißverständlich einzuhalten. Wir merken es nur selten, wann die Angst berechtigt und wann sie nicht mehr berechtigt ist, wann sie schützt und wann sie beginnt, destruktiv zu werden» (Peter Stiegnitz)

In der patriarchalen Kultur wird meist die Angst verleugnet oder als minderwertiges Gefühl abqualifiziert. Für viele patriarchal strukturierte Männer ist es ungeschriebenes Gesetz, daß sie nie Angst haben, geschweige denn Angst zeigen dürfen. Angst ist nach ihrer Meinung nur ein Gefühl, das Frauen oder Dorftrottel an den Tag legen. Sie selbst haben natürlich niemals in ihrem Leben Angst gehabt!

Manche Menschen haben tatsächlich wenig Ängste, aber nicht, weil es sich bei ihnen um Übermenschen handelt, sondern weil sie ihr Leben so eingerichtet haben, daß sie sich meist sicher fühlen können. Wenn jemand jahraus, jahrein dieselben Rituale absolviert und niemals außerhalb dieses Miniprogramms zu gehen wagt, ist es logisch, daß kaum Ängste auftauchen. Wieder andere haben nur scheinbar weniger Ängste, weil sie die Angst ständig mittels Alkohol- und Zigarettenkonsum zu kompensieren trachten. *Die Basis der enormen Umsätze der Tabak- und Spirituosenindustrie ist die Angst!* Dann gibt es noch eine weitere Gruppe von Menschen, die angeblich keine Angst haben: Die Unwissenden, Dummen und geistig Zurückgebliebenen.

Sie haben keine Angst, weil sie die Gefahren nicht kennen. Wer nicht weiß, welche Umstände eintreten können und nicht überlegt, welche Faktoren z. B. bei einem Unternehmen mit ausschlaggebend sind, ist imstande ohne Angst Risiken einzugehen. Dummheit und Wagemut können, wenn sie sich paaren, Verheerendes bewirken!

Die *Positivdenker* beachten also meist die Ursachen und die verschiedenen Formen der Ängste nicht, sondern pauschalieren. Aus diesem Grunde nützt es auch wenig, wenn ein Positivdenker einen auffordert: Hab keine Angst! Wie soll der Betreffende seine Angst besiegen, wenn sein verdrängtes Potential im Unbewußten schwelt und rumort, wenn er ein altes destruktives Programm in sich beherbergt oder wenn er auf den verschiedensten Lebensgebieten keine Fähigkeiten entwickelt hat? Wenn es heißt, Vertrauen zu haben, so darf dies nicht darüber hinwegtäuschen, daß nur derjenige Vertrauen haben kann, der seine Verdrängungen aufgelöst und seine Anlagen ausgebildet hat. Es muß daher Illusion bleiben, wenn via positiver Suggestion, also ohne Entwicklungsweg, versucht wird, Angst in Vertrauen umzuwandeln. Soll der Betreffende etwa Vertrauen in das destruktive Potential, das in seinem Unbewußten wohnt oder gar in seine Defizite, Schwächen und Fehler entwickeln?

Angst kann also nur infolge der Bewußtmachung und Bewältigung von Konflikten und anschließender Ausbildung von Anlagen abgebaut werden. Ferner kann man Vertrauen nur anlagenspezifisch und nie Vertrauen schlechthin entwickeln.

Es kann jemand, der seine Managementfähigkeiten geschult hat, darauf vertrauen, daß, wenn er die Weichen entsprechend gestellt hat, sein Unternehmen nicht Schiffbruch erleiden wird. Wenn er alles bedacht und getan hat, was erforderlich ist, kann er loslassen und Vertrauen entwickeln. In einem solchen Fall wäre Angst deplaziert und würde den Erfolg eines Unternehmens sicher verunsichern. Andererseits aber darf der Erfolg auf diesem Lebenssektor nicht zu dem Trugschluß verleiten, man könne nun auch auf anderen Gebieten zuversichtlich und optimistisch sein.

ÄRGER

Hartmut W. hatte ständig Ärger im Berufsleben. Insbesondere ärgerte sich Hartmut, der ein selbständiger Unternehmer war, über die Konkurrenz. Jeder Schachzug eines Konkurrenten brachte ihn zur *Weißglut*.

Diese Schwierigkeiten beschäftigten ihn so sehr, daß er kaum mehr an etwas anderes denken konnte. Selbst, wenn Freunde zu Besuch kamen, mußte er wie unter Zwang ständig davon sprechen.

Die Folge davon war, daß sich die Mitmenschen mehr und mehr von ihm distanzierten. Sie waren es leid, einen ganzen Abend lang fast ausschließlich nur Hartmut's Gejammer sowie seine Schimpfkanonaden anzuhören.

Hartmut W. war also offensichtlich in einem Gefühlsraster gefangen. Er suchte und fand, entsprechend seinem Potential an Ärger, welches er im Unbewußten beherbergte, Situationen, wo er sich auch ärgern konnte. Unbewußt entschied er sich bei seiner Berufswahl spezifisch für die Branche, in der die Gewähr bestand, daß ein Konkurrent auftauchte, der ihn verunsichern und ihm einen Grund liefern würde, sich ärgern zu können.

Unglücklicherweise stärkt Hartmut W. jedoch im Akt des *Sichärgerns* die Position des Konkurrenten, denn während seine Energien im Ärger verpuffen, kann der andere sein Unternehmen ausbauen und erweitern. Solange Hartmut sich ärgert, schwächt und lähmt er seine Fähigkeit zu Initiative und Wagemut und der Konkurrent *lacht sich ins Fäustchen*. Hartmut wird immer schwächer und der Konkurrent immer stärker. Was müßte Hartmut also tun?

Das Wichtigste ist zunächst, daß er sich dieser Problematik *bewußt* wird, daß er seinen alten Gefühlsraster und dessen Folgen erkennt und Überlegungen anstellt, auf welche Art und Weise er stattdessen seine Energien ausleben könnte. Hartmut müßte sich also immer, wenn Ärger aufkeimt, sagen: Stop! Das ist mein alter Gefühlsraster, der mir bisher nur Mißerfolg und Leid eingebracht hat! Ich lebe jetzt diese Energien anders aus: Statt mich zu ärgern, lege ich Aktivitäten an den Tag, vermehre ich meine Initiative und stärke damit mein Durchsetzungsvermögen; statt mich von meinem Konkurrenten verunsichern zu lassen, decke ich die Hintergründe seines Erfolgs auf und kann daher von ihm *lernen*. Hartmut kann schließlich seiner Konkurrenz *dankbar* sein, gibt letztere ihm doch die Möglichkeit, sich seines alten Gefühlsrasters sowie seiner Schwächen, Versäumnisse und Verdrängungen bewußt zu werden.

Jetzt kann er endlich all das nachholen, was er bisher versäumt hat: z. B. Kritik an der eigenen Unternehmungsführung, Analyse des

Marktes, zielgruppenorientierte Werbestrategie, Veränderung der Taktik, Verbesserung des Produktes, personelle Umstrukturierungen... Ist all dies geschehen, besteht die Chance, sich auf dem Markt zu behaupten.

MASSSTÄBE UND NORMEN

Es gibt kultur-, zeitepochen-, milieu- und familienspezifische Maßstäbe und Normen. Sie haben alle die Tendenz, sich selber zu bestätigen.
 Aus der Fülle solcher Maßstäbe und Normen seien hier einige aufgeführt:
 Man muß für seine Kinder was schaffen (Haus hinterlassen usw.)
 Bei Mädchen ist es sehr wichtig, in bezug auf Sex mehr aufzupassen als bei Jungen
 Mädchen brauchen keine höhere Schulbildung, denn sie heiraten ohnehin und bekommen Kinder
 Schuster, bleib bei deinem Leisten
 Man muß von Jugend an bis 60 oder 65 mit Ausnahme von 20 Urlaubstagen im Jahr ununterbrochen durcharbeiten
 Müßiggang ist aller Laster Anfang
 Bescheidenheit ist eine Zier
 Wenn ein Kind sich ankündigt, muß man heiraten, sonst haben Mutter und Kind einen schweren Schicksalsweg vor sich.

Es wäre zu weitschweifig, hier auf jeden einzelnen Maßstab oder jede einzelne Norm einzugehen. Deshalb sei hier nur auf den letzten Punkt eingegangen, der für alle anderen stehen kann.
 In diesem Fall ist nicht das uneheliche Kind das Übel, sondern die Einstellung der Mutter und der Umwelt. Das Übel ist die Glaubenshaltung, daß das Kind einer ledigen Mutter es im Leben schwerer haben wird als das Kind einer verheirateten Frau. Die landläufige Meinung, daß eine ledige Mutter entweder zu bedauern sei, weil sie

sitzengelassen wurde, oder daß sie verurteilt werden müsse, weil sie schon vor der Ehe Geschlechtsverkehr ausgeübt habe und daher ein *Flittchen* sei, ist ein weiteres, genauso haarsträubendes patriarchales Relikt.

Wird die Kindsmutter von solchen Thesen und Glaubenshaltungen psychisch infiziert und dadurch verunsichert, besteht die Gefahr, daß sie ständig Angst hat, als Flittchen zu gelten, sich schämt und dies alles unbewußt voll auf die Umwelt projiziert, so daß ihre Ängste und Schamgefühle durch die *Wirklichkeit* des Lebens aktualisiert werden. Tatsächlich deuten die Nachbarn mit dem Finger auf die Frau, tatsächlich wird hinter ihrem Rücken geflüstert und getuschelt, was ihr natürlich wieder (wie soll es auch anders sein) zugetragen wird. Auf diese Art und Weise kerbt sich diese irreale Glaubenshaltung um so tiefer in ihre Seele ein. Sie wird *bestätigt* und *verstärkt*. Zusätzlich überträgt die Frau diese Seelenlage unbewußt auf ihr Kind, dem ein Makel anhaftet, der im Sinne des Lebens gedacht, überhaupt nicht existent ist. Die Schwierigkeiten im Leben dieses Kindes werden dadurch unbewußt vorprogrammiert. Wenn sie eintreten, ist es für die Patriarchatsgläubigen klar: Es handelt sich ja um ein uneheliches Kind.

In solchen Fällen wäre es unumwunden notwendig, solch alte Maßstäbe als lebensfeindlich zu erkennen, an dem neurotischen, patriarchalen System zu zweifeln und neue Einstellungen und Alternativen zu entwickeln. Solange der Betreffende sich mit diesen alten, kranken und überkommenen Maßstäben und Normen *identifiziert*, bleibt er in der Opferrolle.

Die große Schwierigkeit liegt nun darin, daß diejenigen, die unter einem bestimmten Maßstab am meisten leiden, gegenüber einem Ausweg, einer Alternative oder einer Lösung oft die größte Abwehr zeigen. Sie wollen nicht glauben, daß ihr innerer Maßstab fortwährend dieses schwere Leid produziert. Entweder wehren sie Informationen gänzlich ab oder kaufen Bücher, die ihre alte Einstellung *bestätigen*. Abweichende Informationen werden nicht in das eigene Persönlichkeitssystem integriert.

Da solche Maßstäbe und Normen bereits pränatal und in frühester Kindheit übernommen wurden, hält fast jeder sie für einen *natürlichen* Bestandteil seines Selbst. Man ist lieber einsam, frustriert, krank, depressiv und süchtig als daß man Maßstäbe infrage stellt und etwas verändert!

Vielen bleibt unverständlich, inwieweit ihre Maßstäbe und Normen mit ihrer Symptomatik (z. B. Krankheit) verknüpft sind. Deshalb können wir konstatieren: Wer um die Anpassungs- und Abwehrmechanismen nicht weiß oder deren Wirkungsmechanismen nicht versteht, hat weder eine Chance seiner wahren Identität auf die Spur zu kommen, geschweige denn sein Schicksal aktiv und bewußt positiv zu verändern. Wer nicht weiß, wo seine Energien gelagert sind, nicht weiß, daß sie aufgrund des inneren Maßstabs projiziert, verschoben, symbolisch ausagiert, somatisiert etc. wurden, kann seine Persönlichkeitsanteile aus ihrem verwunschenen Zustand nicht erlösen.

ABWEHRHALTUNGEN – GIBT ES DIE WINKE DES SCHICKSALS?

Peter S. rutschte auf dem Weg zu seiner neuen Freundin aus und brach sich ein Bein. Dieses Ereignis deutete Peter, der sich lange mit Esoterik auseinandergesetzt hatte, als Wink des Schicksals, mit dieser Frau keine feste Beziehung einzugehen, weil er sonst dabei *ausrutschen* würde.

Eine solche Interpretation kann, so einleuchtend sie auch zunächst klingen mag, nicht vertreten werden. Das (äußere) Schicksal ist nicht etwas, was von oben, von einer höheren Macht geschickt wird; es ist vielmehr die äußere Widerspiegelung der eigenen innerseelischen Situation bzw. es ist das, was man selber mit dem eigenen Verhalten und der eigenen geistigen Einstellung erwirkt hat.

Wer an einen Wink oder ein Zeichen des Schicksals glaubt, erliegt einem Aberglauben. Er projiziert unbewußt seine eigenen Persönlichkeitsanteile in die Transzendenz und sieht jene als überirdische

Schicksalsgestalter. Er ist in dem irrealen Glauben gefangen, diese überirdischen Gestalter des Schicksals hätten nichts anderes zu tun, als ständig auf seine Person zu schauen und sein Leben wohlwollend zu überwachen. Bei etwaigen Gefahren würden sie dann den Betreffenden durch ein kleines Unglück warnen, um ihn vor einem größeren zu bewahren – sofern er die Botschaft zu entschlüsseln wisse. Diese *Botschaft* ist in dem Sinne wie Peter S. sie versteht, eine *falsche Botschaft*. Sie bestätigt und verstärkt nur seine falsche Glaubenshaltung und seine Ängste. Bei der Analyse wurde evident, daß Peter S. Angst hatte, eine feste Beziehung einzugehen, da dabei, wie er befürchtete, seine freie Beweglichkeit eingeschränkt werden würde. Der Ausrutscher war ein Gleichnis für seine Angst und Unsicherheit und der Beinbruch für die befürchtete Blockade seiner freien Beweglichkeit. Und daß dieser Unfall auf dem Weg zu seiner Freundin geschah, zeigt die Richtung seiner Furcht an, nämlich, sich an einen Partner binden zu müssen.

Es geht also im vorliegenden Fall primär um die eigenen Bindungsängste und die damit im Zusammenhang stehende Abwehrhaltung und erst sekundär um die Person der Freundin. Sicher wird diese Freundin zunächst seine Ängste bestätigt oder sogar verstärkt haben, indem sie dazu das komplementäre Verhalten an den Tag legte (indem sie sich besonders vereinnahmend oder besitzergreifend verhielt). Doch gilt es auch hier zu bedenken, daß Peter S. aufgrund seiner Ängste und Unsicherheiten gerade diese Frau angezogen hatte.

In der Beziehung zu dieser Frau würde sich für Peter S. jedoch die große Chance eröffnen, seine Maßstäbe und seine Vorstellungen von einer festen Partnerschaft zu überprüfen, seine Ängste aufzudecken, sie dem Partner mitzuteilen, sie zu verarbeiten, sie aufzulösen, ferner zu lernen, wie man trotz fester Beziehung persönliche Bewegungsfreiheit bewahren kann. In diesem Fall wird ein Entwicklungsprozeß absolviert, während die Interpretation von Peter S. gerade diesen Schritt verhindert. Letztere bestätigt nur seine Abwehrhaltung, die letztendlich Ursache seines Beinbruchs war.

Mit anderen Worten: Wenn er die Beziehung zu seiner Freundin löst, bleibt seine Problematik bestehen. Mit Sicherheit trägt er jene in seine nächste Beziehung und läuft Gefahr, daß ihm wieder ein ähnliches Malheur passiert.

Ähnlich gelagert ist auch der Fall von Bettina P., deren Wohnung durch eine sanitäre Panne total mit Abwässern überschwemmt wurde. Bettina deutete dies als Hinweis des Schicksals, daß sie aus dieser Wohnung ausziehen müsse.

Auch Bettina interpretiert nur eine äußere Erscheinungsform, ohne ihre dazu synchron laufende innerseelische Problematik zu beachten. Ja mehr noch! In all diesen Fällen fungiert diese Art der Interpretation als Abwehr, die wirklich zugrunde liegenden Konflikte zu eruieren bzw. als Abwehr, im eigenen Persönlichkeitssystem Veränderungen vorzunehmen. Es ist für Bettina einfacher, die Wohnung zu wechseln, als sich mit ihrem eigenen seelischen Schmutz auseinanderzusetzen. Die Kloake in der Wohnung steht nämlich symbolisch für den seelischen Schmutz, den Bettina beherbergt. Es ist ein Gleichnis für das verdrängte Potential, das von außen in ihre Seele zurückkam, sie überflutete. Ein Wohnungswechsel würde hier keine Lösung ihrer Problematik bringen. Sie würde nur den seelischen Schmutz mit in die neue Wohnung transportieren. Vielmehr ist in einem solchen Fall angezeigt, daß die Betreffende sich auf den Weg begibt, ihre wirkliche Natur, ihr wirkliches Wesen, ihre wirkliche Identität zu entdecken und durchzusetzen, damit sie nicht mehr gezwungen ist, ständig zu verdrängen (Jede Verdrängung läßt seelischen Schmutz entstehen).

Anders ausgedrückt: Sie muß ihre seelische Wohnung in Ordnung bringen und jede Lüge und jeden Schein, den sie sich selbst vormachte und der zu einer Scheinidentität führte, entlarven. Erst dann kann sie in einer Wohnung sein, in der sie sich geborgen fühlen kann.

Stefanie D. ist von ihrer Firma gekündigt worden. Daraufhin nahm sie drei Jobs an, in denen sie jeweils nur stundenweise tätig ist. (Insgesamt jedoch arbeitet sie weniger Stunden wöchentlich als bei ihrer vorhergehenden Beschäftigung!) Seit dieser Zeit leidet Stefanie an einem permanenten Völlegefühl im Magen. Sie deutete diese Symptomatik als Hinweis des Schicksals, nicht auf mehreren Hochzeiten tanzen zu können. Stefanie D.: «Drei Jobs sind einfach zuviel!»

Dieser Fall macht deutlich, daß das Unbewußte keine überpersönliche Wahrheit verkörpert, sondern individuell programmiert ist. So wie viele Menschen nach ihrer unbewußten Programmierung nur einen einzigen Partner haben dürfen, so hat Stefanie D. die Einstellung, nur einen einzigen Job ausführen zu können. Jede weitere Beschäftigung ist mit dem Gefühl der Überforderung verbunden. Eine andere Person würde in einer solchen Situation davon sprechen, wie angenehm sie die Abwechslung empfinde. Wenn man nicht gelernt hat, mehrere Dinge zu tun und zu koordinieren, liegt eine Abwehr des Unbewußten vor, auf verschiedenen Hochzeiten zu tanzen. Jede Schwäche, jeder Mangel, jede Angst ist mit Abwehr gekoppelt. Weil man mit solchen Situationen nicht umzugehen weiß, wird die Abwehr somatisiert. Das Unbewußte bräuchte jedoch keine Abwehr mehr und wäre nicht mehr gezwungen, zu somatisieren, wenn Stefanie D. den notwendigen Lernprozeß absolviert hätte: Wenn sie gelernt hätte, was sie aus Angst und Unsicherheit abgewehrt hat, könnte sie die Situation *beherrschen*.

Solch falsche Interpretationen des Schicksals treten häufig auch auf der kollektiven Ebene auf. So hat z. B. das Reaktorunglück von Tschernobyl bei vielen Menschen zwar kurzzeitig eine Verunsicherung ausgelöst, aber keinen Gesinnungswandel hervorgerufen. Bald plapperten sie wieder die alten, simplen patriarchalen Phrasen nach wie: «Das Leben ist nun mal ein Risiko», «Entweder Atomkraftwerke oder Steigerung der Arbeitslosigkeit», «Entweder Atomkraftwerke oder es gehen die Lichter aus», «Es gibt kein Zurück in die Steinzeit!».

Durch solche Plausibilitätsargumentationen wird jede Reflexion und jede weitere Diskussion im Keime erstickt. Wieder sind sie einer totalen Manipulation und Indoktrination zum Opfer gefallen und sind dabei noch der Meinung, cleverer zu sein und einen klareren

Durchblick zu haben als der andere, der die Hintergründe zu entlarven versucht.

Um sich selbst und den Kurs, den man bisher vertreten hat, nicht infrage stellen zu müssen, wird weiter verdrängt und die Schuld an dem Dilemma auf die nicht ausgereifte Konstruktion im Osten geschoben. Zugleich wird die russische Reaktorkatastrophe dazu verwendet, um sich selbst zu beweihräuchern und Lobeshymnen auf die sichere westliche Technik zu singen.

Am Fall Tschernobyl wurde besonders das patriarchale Gedankengut evident. Nur keine Schwächen oder Fehler zugeben, niemals zugeben, daß man falsch entschieden und gehandelt hat, sondern grausame Schicksalsschläge (Wirkungen auf ihre Ursachen) noch als Bestätigung des eigenen Standpunktes ansehen.

Die *Patriarchen* interpretieren den Schicksalsschlag mit derselben hybriden, kranken Haltung, mit der sie den Bau von Atomreaktoren forciert hatten und noch forcieren! Aus diesem Grunde (so scheint es) werden Menschen mit dieser Bewußtseinshaltung erst zu einer Veränderung ihres Denkens bereit sein, wenn das erwirkte Grauen noch massivere Formen annimmt.

Fazit: Das Schicksal sagt nicht, jetzt wollen wir einmal Herrn Huber oder Frau Schulze etwas aufzeigen, indem wir ihm oder ihr ein bestimmtes Ereignis senden. Das jeweilige Schicksalsereignis spiegelt vielmehr nur die derzeitige seelische Situation wider. Deshalb ist es wichtig, zu lernen, von der symbolischen Sprache der Außenwelt auf die Innenwelt schließen zu können, Lösungsmöglichkeiten von Konflikten zu entwickeln und diese neuen Wege auch konsequent zu beschreiten.

Nur auf diese Weise kann der einzelne damit rechnen, angenehmere Gleichnisse des Schicksals anzuziehen. Deshalb ist es auch müßig, immer wieder nur Schicksalsereignisse, Krankheiten und Träume zu deuten, ohne irgendwelche Veränderungen vorzunehmen. Jede Deutung eines negativen Ereignisses oder eines Krankheitsbildes muß zwangsläufig falsch sein, wenn man dabei trotzdem das bisherige Verhalten und Denken beibehalten kann. Es ist eine

Deutung, die mit der eigenen inneren Abwehrhaltung, mit den alten Normen, Maßstäben und Idealen vorgenommen wird. Sie festigt und bestätigt nur die Neurose, statt den Weg zu Freiheit und Glück zu eröffnen.

Deshalb: Das negative Schicksalsereignis darf nicht nach demselben Maßstab, der das negative Ereignis verursacht hat, interpretiert werden.

ERFAHRUNG

Wenn Gefühle, Einstellungen, Glaubenshaltungen, Maßstäbe und Ideale ganz bestimmte Schicksalsereignisse anziehen und erwirken, so muß zwangsläufig auch die bisherige Ehrfurcht gegenüber dem Begriff «Erfahrung» wegfallen.

Zunächst gilt es zu unterscheiden zwischen einer realen und einer irrealen Erfahrung. Eine irreale Erfahrung liegt z. B. vor, wenn ein Mann die Einstellung hat, Farbige wären aggressiv und aufgrund dessen unbewußt Situationen aufsucht, wo er in seiner Einstellung wieder bestätigt wird. Er besucht dann z. B. ein bestimmtes Lokal, in dem ein Farbiger mit einem Messer einen Gast bedroht oder schaltet gerade in der Stunde den Fernseher an, wo über randalierende schwarze Jugendliche berichtet wird.

Dieser Mann hat also die Erfahrung gemacht, Neger wären gefährliche Subjekte, ein anderer aber, der eine andere innere Einstellung hat, hat erfahren, daß Farbige freundliche, friedliebende Menschen sind.

Eine Frau macht die Erfahrung, daß Männer nicht zärtlich sind. Doch sie macht die Erfahrung mit ihren Mängeln, mit ihrer Art zu sprechen, sich zu kleiden, sich zu bewegen, zu lieben. Eine andere Frau mit einem anderen Verhalten macht andere Erfahrungen. Deshalb ist es sehr wichtig, sich vor Augen zu führen, daß solche Erfahrungen rein *subjektiven* Charakter haben.

Man nimmt nicht die Wirklichkeit wahr, sondern nur die Reaktion auf das eigene Selbst, also auf die eigenen Gefühle, auf das eigene

Verhalten, auf die eigenen Taten und Handlungen, auf die eigenen Einstellungen, auf die eigenen Maßstäbe, Normen und Ideale, auf die eigenen Formen. Das alles sind Realitäten, die man selbst geschaffen hat.

Man könnte auch sagen: Man sieht die Reaktion des *Schicksals* als Wirklichkeit und erliegt daher einer Täuschung. Man erfährt immer nur sich selbst oder die Wirkung auf sich bzw. sucht die Wirklichkeit außen auf, die der eigenen Innenwelt entspricht.

Daraus folgt, daß diejenigen, die so sehr auf ihre Erfahrungen pochen, weil sie so viel Frustration und Leid erfahren haben, eigentlich unbewußt damit nur zum Ausdruck bringen, daß sie immer noch nichts von den Mechanismen und Gesetzen des Schicksals verstanden haben, sie dokumentieren damit, wie falsch und destruktiv ihre eigenen Einstellungen und Maßstäbe sind. Deshalb ist es günstiger, mehr auf solche Menschen zu hören, die in ihrem Leben Liebe, Freiheit und Glück erwirkt haben. Wenn manche aus der älteren Generation ihren Kindern vorhalten, sie könnten nicht mitreden, weil sie noch zu wenig mitgemacht, insbesondere keine zwei Weltkriege erlebt hätten, so zeugt dies von großer Unwissenheit, denn es geht im Leben nicht darum, Leid zu erfahren bzw. auf einen großen Erfahrungsschatz an Leid im Leben zurückblicken zu können; der Leidensweg ist nur *ein* Weg zur Erkenntnis. Es geht demnach nicht um den Weg, sondern um die Erkenntnis plus deren praktische Umsetzung ins Leben. Das Schicksal hat also einen Sinn und verfolgt ein Ziel. Es ist nicht selbst der Sinn und das Ziel. Der einzelne ist nur solange seinem Schicksal ausgeliefert, solange er den Sinn des Leidens nicht versteht. Spürt er die Ursachen des Leidens auf und gelangt zu ihrer Erkenntnis, hat er die Möglichkeit, sein Schicksal mehr und mehr selber zu gestalten. Erfahrung ohne Veränderung, ohne Berichtigung des eigenen Verhaltens und des eigenen Denkens, ohne Erkenntnis von Gesetzmäßigkeiten, ohne Bewußtseinserweiterung, muß daher suspekt bleiben.

Zwei Weltkriege mitgemacht zu haben zeugt eher, so hart es auch klingen mag, von mehreren Defiziten und Schwächen:

- von einer Unfähigkeit, Manipulation zu erkennen
- von der mangelnden Kritikfähigkeit
- von der Unfähigkeit, Hintergründe zu erkennen
- von einem Mangel an psychologischem Wissen
- von einem Mangel an psychiatrischem Wissen (die Paranoia des Führers konnte daher nicht entlarvt werden)
- von der Wahrnehmungsschwäche bezüglich der ernsten politischen Lage
- von der politischen Unmündigkeit
- von der Bagatellisierung der Gefahr
- von der eigenen Lähmung und Angst, etwas zu verändern
- von der mangelnden Fähigkeit, Alternativen und Fluchtmöglichkeiten aufzuspüren (die Grenzen waren offen – es hätte jeder in ein anderes Land gehen können)

Dem werden manche entgegenhalten, daß nur wenige finanziell in der Lage gewesen wären, ins Ausland zu emigrieren. Doch finanzielle Impotenz ist ebenfalls ein Mangel – ein Mangel an wirtschaftlichen Fähigkeiten. Außerdem wäre bei einem wirklichen Durchschauen der Szenerie und bei dem festen Willen, in einem anderen Land etwas Neues aufzubauen, auch mit wenig Geld eine Reise ins Ausland möglich gewesen. Wieder andere werden nun kontern, daß ein solches Vorgehen feige und unsozial sei und ein Übertritt des Gebotes darstelle, sein Vaterland verteidigen zu müssen. Doch dieses Gebot wird zu einer Farce, wenn ein paranoides, destruktives politisches System herrscht, das zudem den Krieg selbst begonnen hat. Da die Masse an einem irreal gewordenen Gebot weiter festhielt, konnte sie ins Elend und in den Tod getrieben werden.

Läßt man das bezüglich Erfahrung bisher Gesagte Revue passieren, so wird deutlich, daß ein 25jähriger Mann mehr Lebenserfahrung im wirklichen Sinne haben kann als ein 75jähriger. Die meisten Menschen machen ihre Erfahrung *mit* ihren Defiziten und Idealen, *mit* ihren Projektionen und Verblendungen. Sie ziehen daher aus den Schicksalserfahrungen die falschen Schlüsse, weil sie die Ereignisse nach ihren Hemmungen und den dazu komplementär stehenden Idealen und Maßstäben bewerten. Sie erfuhren ein Schicksalsereignis aufgrund ihrer inneren Affinität und Anziehungskraft und sie hatten diese Anziehung aufgrund ihrer Gefühle, Einstellungen und Maßstäbe – und sie werteten das Ereignis mit demselben seelischen und geistigen Wertsystem, das die Affinität mit dem Ereignis geschaffen hat. Ein circulus vitiosus also.

Deshalb sollte ihnen auch kein *Fachmann* imponieren, der erzählt, er würde etwas schon dreissig Jahre so durchführen. Man kann eine Sache auch dreissig Jahre lang falsch machen.

Man denke nur an einen Chirurgen, der seit vielen Jahren Mandel- und Blinddarmoperationen erfolgreich durchführt. Er hat Erfahrung in der Tonsillektomie und in der Appendektomie, fragt aber nie, wie solche Operationen verhindert werden könnten. Es handelt sich hier nur um eine *partielle* Erfahrung, die gemessen an der Ganzheit des Lebens wenig Gewicht hat. Von einer echten, gewachsenen Erfahrung kann man erst sprechen, wenn der Betreffende die schulmedizinische Ideologie und hierbei insbesondere die Focustheorie, der er bisher angehangen hat, sowie sein bisheriges Handeln hinterfrägt, wenn er Informationen einholt, welche Faktoren Tonsillitis und Appendicitis verursachen und hierbei nicht im rein materiellen, körperlichen Bereich stecken bleibt, sondern auch die psychischen Ursachen mit in Erwägung zieht. Wenn er sich mit Naturheilkunde und Psychosomatik beschäftigen und dadurch sein Spektrum erweitern würde, wenn er sich politisch engagieren würde, um auf den Zusammenhang zwischen den Schadstoffimmissionen in der Luft und der Schwächung des lymphatischen Gewebes aufmerksam zu machen, wenn er sich nicht mehr von der Dankbarkeit seiner schulmedizingläubigen Patienten bestätigen und dadurch vormachen ließe, daß er richtig und erfolgreich handelt, wenn er den Blick nicht vor den Langzeitfolgen einer Tonsillektomie verschließen würde, ganz zu schweigen von der massiven Schädigung des Abwehrsystems und der negativen Wechselwirkung mit anderen Organen usw., dann wäre der Schritt zu einer ganzheitlichen Sicht der Dinge getan.

Aufgrund dieser Erfahrung könnte er eine Strategie und ein Konzept erarbeiten, um solchen Operationen vorzubeugen und dabei zugleich, was gewiß nicht leicht fällt, die Zuversicht entwikkeln, damit genauso seinen Lebensunterhalt verdienen zu können, wie vorher als Schulmediziner.

Der Unterschied zwischen einer *aktiven* (realen) und einer *passiven* (irrealen) Erfahrung kann anhand eines Schemas verdeutlicht werden (siehe nächste Seite).

Es handelt sich also um eine passive Erfahrung, wenn der Betreffende seine Schicksalserfahrungen als Bestätigung seiner alten Maßstäbe, Normen, Ideale und Einstellungen ansieht, wenn er sich von den Ereignissen, die das Schicksal ihm serviert (äußere Reaktionen) und von seinen Gefühlen, Träumen, Krankheiten, Süchten, Wünschen, Komplementärbildern (innere Reaktionen) *täuschen* läßt. Die *passive* Erfahrung fördert die Persönlichkeits- und Bewußtseinsentwicklung kaum; sie wirkt nur insofern entwicklungsfördernd, als die permanente negative Verstärkung eines Tages zum Zusammenbruch des Persönlichkeitssystems führt und so schließlich ein Neuaufbau möglich wird.

Passive Erfahrung bedeutet also dem Wiederholungszwang anheimgefallen zu sein, nicht aus dem neurotischen Regelkreis herauszukommen, bedeutet, daß der Betreffende nichts hinzulernt, bedeutet, daß er seiner Zukunft beraubt wird; denn seine Zukunft gleicht der Vergangenheit.

Hingegen kann man von einer *aktiven* Erfahrung sprechen, wenn er Abstand nimmt von den abwehr- und anpassungsfördernden Interpretationen des Schicksals, wenn er mit Hilfe des Wissens um die Abwehr- und Anpassungsmechanismen und um die Schicksalsgesetze erkennt, daß die äußeren Schicksalsschläge sowie seine Gefühle, Krankheiten, Süchte etc. nur Reaktionen auf seine Maßstäbe und Einstellungen sind. Wenn er ferner die diesen Maßstäben, Normen, Idealen und Meinungen zugrundeliegenden Defizite wahrnimmt und bereit ist, seine in der Entwicklung stecken gebliebenen Anlagen nachreifen zu lassen, wenn es ihm gelingt, seine Maßstäbe,

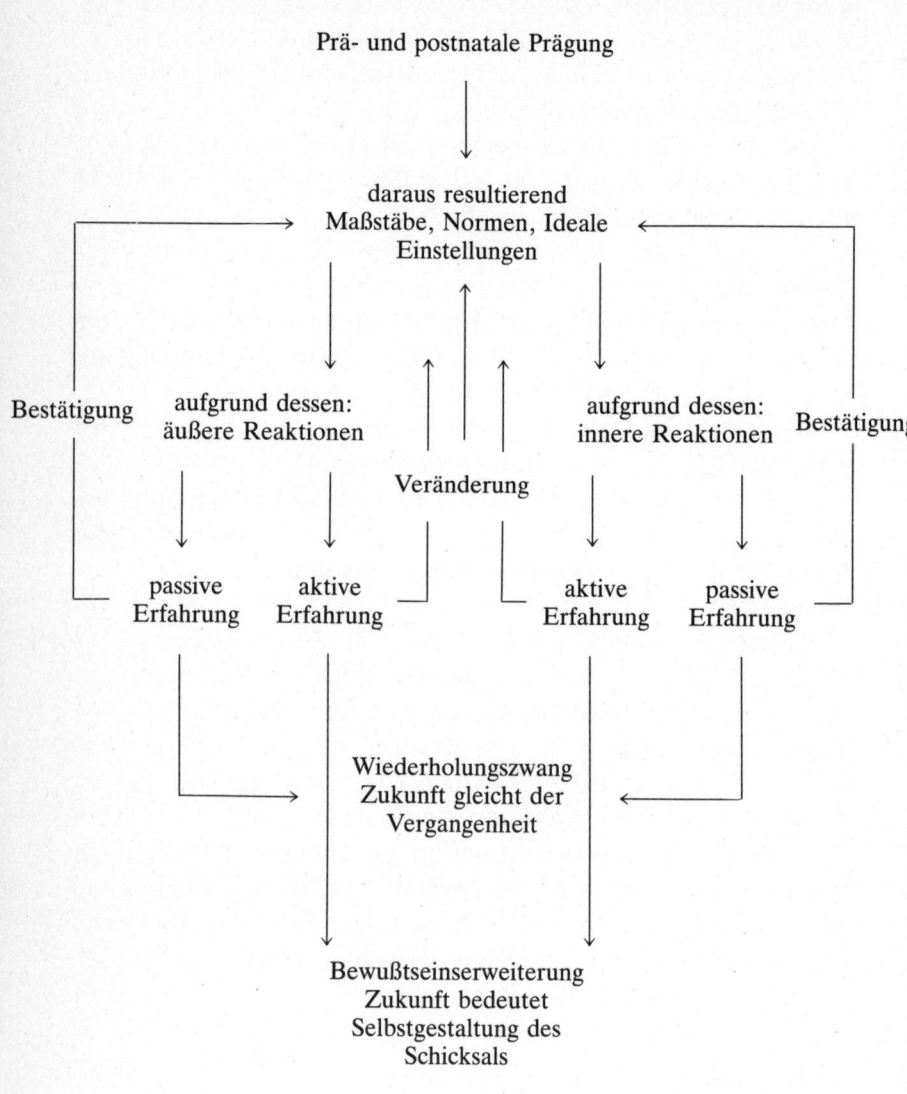

Ideale und Einstellungen zu revidieren und zu verändern, dann hat er die Möglichkeit, sein Schicksal immer mehr in den Griff zu bekommen. Er muß solange revidieren und verändern, bis auf dem betreffenden Lebensgebiet kein negatives Feedback des Schicksals mehr erfolgt. Auf diese Art und Weise kann der Betreffende optimistisch in die Zukunft schauen. Er weiß, seine Zukunft wird weitgehend davon bestimmt, ob er aus seinen negativen Erfahrungen lernt und ob es ihm gelingt, die Weichen so zu stellen, daß persönliches Glück und eigener Erfolg erwirkt werden. Er braucht nicht mehr zu Wahrsagern und Zukunftsdeutern zu gehen, denn er ist selbst Gestalter seiner Zukunft und seines Schicksals. Er steht nicht mehr ohnmächtig vor dem Programm des Schicksals, sondern wird selbst zum *Schicksalsprogrammierer*.

Fazit: Es reicht, wenn unsere Eltern und Großeltern jahrzehntelang gelitten haben. Wenn naturfremdes und lebensfeindliches Fühlen, Denken und Handeln über Generationen hinweg weitergegeben und dadurch immer und immer wieder aufs neue *Karma* erzeugt wurde, dann heißt es, jetzt endlich einmal innezuhalten und nachzudenken. «Doch die Menschen sterben lieber als daß sie nachdenken» (Tolstoi). Tatsächlich erwachen viele erst auf dem Sterbebett aus der Kulturhypnose, aus der Betäubung, aus dem Trancezustand, in dem sie sich zeitlebens befunden haben. Und manchmal scheint es, als ob manche Menschen nur für eine einzige Erkenntnis gelebt hätten, als ob nur ein einziger Satz, der quasi als Extrakt aus dem Leben gezogen wurde, für ihre *Inkarnation* entscheidend war.

So haucht der eine auf dem Sterbebett, daß es sich nicht gelohnt hätte, sich für seine Kinder aufzuopfern, ein anderer, daß Gutmütigkeit bestraft wird, ein Dritter, daß Gesundheit wichtiger sei als alles Gold und Geld dieser Welt... Es sind manchmal ganz einfache Wahrheiten, die da kurz vor dem Exitus zum Ausdruck gebracht werden – doch leider werden selbst auf dem Sterbebett oft die falschen Schlüsse aus dem bisherigen Leben gezogen – die vergangenen Schicksalsereignisse werden mit der alten Moral und mit den alten patriarchalen Maßstäben interpretiert; denn den Menschen werden nicht nur die überkommenen Normen angeboten, sondern zugleich auch die konventionellen Interpretationen der durch die Normen hervorgerufenen Schicksalsschläge.

Solange jemand diese vorgefertigten Interpretationsschemata unreflektiert übernimmt, bleibt er im Schicksalskarussell gefangen. Ziel dieses Buches ist es, dem Leser die Chance zu eröffnen, seinen Schicksalsweg abzukürzen, sein Schicksal günstiger zu gestalten. Ohne Wissen um die psychologischen Gesetzmäßigkeiten und die Gesetze des Schicksals ist es ein fast aussichtsloses Unterfangen, eine klare Linie im Wirrwarr der Ereignisse zu erkennen, ohne dieses Wissen dauert es oft 20, 30 oder 40 Jahre bis auch nur ein Gesetz des Lebens begriffen wird. Und nach so vielen Jahren scheint es oft schon zu spät zu sein (obwohl es nie zu spät ist!), weil dann das Leben meist schon als *gelaufen* angesehen wird.

So hat manche Frau zu spät erkannt, daß ihr striktes Einhalten von falschen Moralregeln ihre Chancen beim anderen Geschlecht minimiert und ihre Jugend verkorkst hat – jetzt mit 60 oder 70 Jahren können die spezifischen Freuden der Jugend nicht mehr nachgeholt werden. Oder ein anderer kam erst nach seiner Pensionierung zu der Einsicht, daß die stete Unterwürfigkeit und das stete Funktionieren im Sinne des Chefs und der Vorgesetzten seinen beruflichen Aufstieg mehr blockiert als gefördert haben. Und viele sagen einfach, wenn sie noch einmal mit zwanzig beginnen könnten, würden sie vieles anders machen. Ziel dieses Buches ist es, dem Leser zu zeigen, daß er *jetzt* zu leben beginnen kann. Indem er mit offenen Augen, gepaart mit neuem Wissen, durch die Welt geht, kann er das, was ihm widerfährt, erkennen, deuten und wenn nötig abstellen.

Er braucht Erfahrungen nicht mehr zehn- oder gar hundertmal zu machen. Es genügt, wenn er zwei- oder höchstens dreimal mit einer gewissen Problematik konfrontiert wird. Je mehr Menschen um die Gesetze des Schicksals wissen, desto größer ist die Chance, daß man offen und frei über alles sprechen kann, desto größer die Möglichkeit, auf einer erwachsenen Ebene zu kommunizieren, desto näher rückt das Ziel einer neuen glücklicheren Zeitepoche.

8
DAS GESETZ DER NEGATIVEN UND POSITIVEN VERSTÄRKUNG

Das Gesetz der positiven und negativen Verstärkung hängt eng mit dem Gesetz der Bestätigung zusammen. Jede Bestätigung einer Einstellung oder eines Verhaltens ist zugleich auch mit einer Verstärkung verbunden.

In der Verhaltenspsychologie Skinners werden u. a. bei den Lerntheorien die positive und die negative Verstärkung genannt. Sie werden dort wie folgt definiert:

Ein Reiz ist dann eine *positive Verstärkung*, wenn er auf eine Reaktion folgt und die Wahrscheinlichkeit des Auftretens dieser Reaktion erhöht. Man bezeichnet ihn als *negative Verstärkung*, wenn Vermeidung oder Fluchtverhalten die Wahrscheinlichkeit der Reaktion erhöhen.

Positive Verstärkung ist z. B. in der patriarchalen Erziehung eine wirksame Technik, um Verhaltensweisen anzukurbeln oder Verhalten aufrechtzuerhalten, d. h. dafür zu sorgen, daß es auch weiterhin gezeigt wird. Dies geschieht meist mittels Lob oder Belohnung.

Ein Reiz, der auf ein unerwünschtes Verhalten hin gegeben wird, um eine verringerte Wahrscheinlichkeit dieser Reaktion zu erreichen, wird als Bestrafung bezeichnet. Die Bestrafung verringert die antizipierte Verhaltenswahrscheinlichkeit, während die positive Verstärkung diese erhöht.

Dennoch ist die Bestrafung auf Dauer gesehen eine ziemlich unwirksame Methode zur Verhaltenskontrolle, da sie u. a. den Selbstwert des Bestraften mindert, zur Rebellion führt und außerdem eine ständige Überwachung notwendig macht.

So wie Kinder in bestimmten Verhaltensmustern durch Lob und Tadel von ihren Eltern verstärkt, abgeschwächt oder abgeblockt werden, so werden sie später im Erwachsenenalter in der Übertragung Elternrollenspielern (Vorgesetzte, Chefs, Partner usw.) begegnen, die bereitwillig diese Funktion wieder übernehmen. Und fast scheint es so, als ob das Schicksal an die Stelle der Eltern treten würde, als ob das Schicksal nun die Aufgabe übernehmen würde, zu belohnen oder zu bestrafen.

Wie wir jedoch beim Gesetz der Bestätigung gesehen haben, können selbst die härtesten Strafen des Schicksals nicht bewirken, daß schmerzerzeugende Einstellungen und Verhaltensmodi verändert, abgestellt oder gelöscht werden, solange die Betreffenden nicht wissen, wofür sie bestraft werden – und solange nicht die Norm selbst, die das Schicksal verursacht hat, infrage gestellt wird.

Aufgrund der enormen Relevanz muß deshalb an dieser Stelle nochmals konstatiert werden, daß die Normen, Ideale, Gebote und Verbote von Eltern, Erziehern und Umwelt durch Verinnerlichung zum Schicksal des einzelnen werden.

Wer die Normen und Ideale der patriarchalen Gesellschaft weitgehend erfüllen kann, ist ausgeglichen. Er hat seine Hemmung kompensiert. Schwierig wird es erst, wenn er aus irgendwelchen Gründen aus der Harmonie fällt. Wir haben einen solchen Fall bereits in dem Kapitel *Der Dieb und der Bestohlene* angeführt, konnten aber dort nicht speziell auf dieses Phänomen eingehen, da ja eine andere Problematik im Vordergrund stand.

Blenden wir einmal den Fall eines Klienten ein, der bisher im mittleren Management tätig war und arbeitslos wurde. Er konnte damit die Norm, nämlich als Mann beruflich erfolgreich zu sein, nicht mehr aufrechterhalten. Da diese berufliche Position bisher auf sein Persönlichkeitssystem stabilisierend wirkte, war sein inneres Ökosystem auf das äußerste gefährdet. Er kam in eine seelische Krise, die zudem mit körperlichen Erkrankungen einherging. Da alle Versuche, eine neue Arbeitsstelle zu finden, mißlangen, geriet er auch immer mehr in finanzielle Schwierigkeiten. Zu allem Überdruß stiegen nun auch noch auf der kollektiven Ebene die Zinsen (er hatte nach dem Kauf einer Eigentumswohnung bei der Bank einen variablen Zinssatz vereinbart!). Ferner wirkten all diese Umstände ungünstig auf seine Partnerschaft. Seine ständige Anwesenheit und seine depressive Stimmungslage strapazierten das Nervenkostüm seiner Ehefrau und ließen in ihr Fluchtgedanken aufkeimen. Tatsächlich lernte sie nach einiger Zeit einen anderen Mann kennen und erschien daraufhin oft nächtelang nicht mehr in der ehelichen Wohnung.

Dieser Mann ist also in einen negativen Sog geraten. Ein ungünstiges Ereignis löste eine ganze Kette von negativen Folgeerscheinungen aus. Wenn es diesem Mann gelänge, wieder beruflich Fuß zu fassen, käme er in einen positiven Regelkreis. Es würde in seinem Leben wieder *aufwärts* gehen.

Wir verstehen also im Unterschied zu Skinners Interpretation und Intention unter positiver und negativer Verstärkung des Schicksals, daß eine Situation oder ein Ereignis aufgrund des vernetzten Persönlichkeitssystems eines Menschen auch andere Lebensgebiete positiv oder negativ beeinflußt. Insbesondere ist hierbei jedoch die Einstellung zu dem Ereignis entscheidend. Hätte z. B. obiger Klient seine Arbeitslosigkeit als Chance gesehen, um neue geistige Eindrücke zu gewinnen, um eine Ausbildung zu absolvieren, um die Freizeit zu genießen, um einmal inne zu halten in der Tretmühle, um zu entspannen und neue Kräfte zu schöpfen, um neue Erwerbsquellen zu erschließen, wäre er sicher nicht in diese mißlichen Situationen geraten.

Wie das Gesetz der positiven und negativen Verstärkung in den verschiedensten Lebenssituationen zum Ausdruck kommt, zeigen folgende Fälle:

Holger R. hatte als selbständiger Steuerberater keinen Erfolg. Aufgrund der dadurch bedingten defizitären Finanzlage konnte er sich keine eigene Praxis in der Stadt leisten. Vielmehr war er gezwungen, ein Büro in seiner weit abseits gelegenen Privatwohnung einzurichten. Dies hatte zur Folge, daß sich seine ohnehin bereits beengte Wohnsituation (er lebte mit Frau und 3 Kindern in einer 65 m² Wohnung) noch schwieriger gestaltete. Hinzu kam, daß zwei der Kinder noch im Säuglingsalter waren und häufig schrien. Deshalb konnte sich Holger R. kaum auf seine Arbeit konzentrieren, er schaffte nur wenig oder machte Fehler.

Aufgrund dieser Rahmenbedingungen fehlte der für eine Steuerkanzlei notwendige *offizielle* Charakter. Holger R. hatte dadurch eine ungünstige Anziehung auf Klienten. Größere Aufträge von Firmen und Unternehmern blieben aus; sein Klientenstamm rekrutierte sich vorwiegend aus dem Bekannten- und Verwandtenkreis sowie aus Leuten, die möglichst preisgünstig beraten werden wollten. Holger R. war also in einem negativen Regelkreis gefangen.

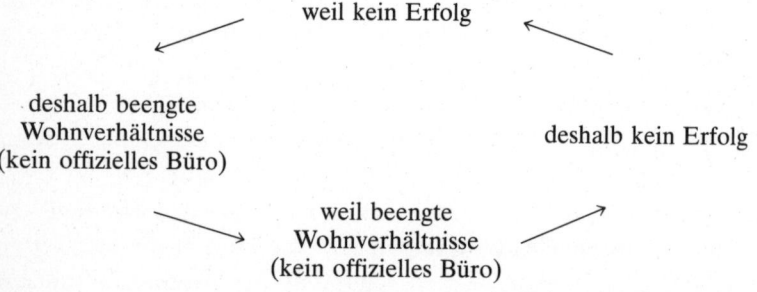

In einem ähnlichen Circulus vitiosus befand sich auch Rüdiger L. Rüdiger L. hatte sich durch zahlreiche Veröffentlichungen auf dem Gebiet der Psychotherapie einen Namen gemacht. Da er jedoch ständig destruktive Kritik an seinen Kollegen übte, wurde er zu internationalen Kongressen als Referent nicht eingeladen. Und weil er nicht eingeladen wurde, deshalb schimpfte Rüdiger L. erneut über seine *Konkurrenten*.

Auch Raphaela S. befand sich in einer ungünstigen Situation: Nach ihrer Scheidung war sie frustriert vom ständigen Alleinsein. Aufgrund dessen aß sie mehr Süßigkeiten. Die Süßigkeiten jedoch ließen ihre Figur unvorteilhafter erscheinen, was ihre Chancen bei Männern reduzierte. Doch weil sie bei den Männern nicht so ankam, kompensierte sie ihren Frust erneut mit Torten, Bonbons, Schokolade und Konfekt.

Für außenstehende Beobachter erscheint es zunächst einfach, aus solch negativen Regelkreisen *auszusteigen*: Holger R. bräuchte nur den Mut aufzubringen, eine Kanzlei in der Stadt zu eröffnen, Rüdiger L. müßte nur aufhören, seine Konkurrenten zu entwerten und Raphaela S. sollte von weiterem Konsum von Süßigkeiten Abstand nehmen.

Die Schwierigkeit liegt jedoch darin, daß die Betreffenden nur innerhalb des negativen Regelkreises denken bzw. vorwiegend nur Gedanken produzieren, die dem Status quo entsprechen. Es leuchtet ein, wenn Holger R. zum Ausdruck bringt, daß er *jetzt* schon Schwierigkeiten hat, seine Familie zu ernähren, geschweige denn dann mit der zusätzlichen Belastung der teuren Miete, auch ist die Wut von Rüdiger L. auf seine Kollegen verständlich, wenn er zu entscheidenden Kongressen nicht eingeladen wird, ebenso die Reaktion von Raphaela S., wenn sie ihren Frust mit Süßigkeiten auszugleichen versucht, um wenigstens ein bißchen Freude am Leben zu haben.

Wenn die Betreffenden jedoch den negativen Regelkreis durchbrechen wollen, müssen sie sich zunächst diesen bewußtmachen, müssen ihre unbewußte Abwehr gegenüber einer Lösung der Problematik sowie ihre masochistische Tendenz überwinden, die sie in dem jetzigen Zustand verharren läßt. Für Holger R., Rüdiger L. und Raphaela S. ist es wichtig, ein positives Zielbild vor dem geistigen Auge einzublenden, um den Mut zu haben, die ersten Schritte in diese Richtung zu gehen. Es muß ihr Glaube gestärkt werden, daß, wenn sie den Weg gehen, auch positive Rückmeldungen des Schicksals erfolgen werden.

Dann ist es z. B. für Rüdiger L. und Raphaela S. leichter, die Kritiksucht bzw. die Sucht nach Süßigkeiten zu zügeln, Selbstdisziplin an den Tag zu legen und die Energien konstruktiv einzusetzen.

Beim Gesetz der positiven und negativen Verstärkung heißt es insbesondere zu unterscheiden zwischen einer Verstärkung innerhalb und einer Verstärkung außerhalb des patriarchalen Systems. Nehmen wir als Beispiel die Ehe, die als typische patriarchale Institution angesehen werden kann. Der Ehevertrag ist ein Vertrag, der die Vertragspartner u. a. gesetzlich verpflichtet, dem anderen ein Leben lang treu zu sein. Ein solcher Vertrag ist gegen die Natur des Menschen gerichtet, weil alles Lebendige stets in Entwicklung ist. Deswegen kann nicht an einem bestimmten Tag für alle Zukunft festgelegt werden, daß man den Partner immer körperlich, seelisch und geistig lieben wird. Ganz abgesehen davon, daß eine Verpflichtung zu Liebe und Treue bereits ein Widerspruch in sich ist. Obwohl dieser Vertrag so offensichtlich irreal ist, also der Erfahrung und der Vernunft zuwiderläuft, wird er dennoch immer wieder abgeschlossen, denn bei der kollektiven Paranoia mitzuspielen, birgt viele Vorteile in sich.

Wer den Ehevertrag unterzeichnet, kann mit einer positiven Kettenreaktion innerhalb des patriarchalen Systems rechnen:

er wird von Eltern, Verwandten und Bekannten beschenkt, (Auszahlung von Aussteuer, Mitgift usw.)

er erntet Anerkennung in der Umwelt

Vater Staat fördert junge Ehen, belohnt durch günstigere Steuersätze usw.

Kinder gelten als ehelich

die beiden Eheleute brauchen nicht mehr 2 Wohnungen zu unterhalten, sparen dadurch an Miete und an Einrichtungsgegenständen

Einkommensverbesserungen durch den Arbeitgeber sind eher möglich man reist preisgünstiger (Doppelbettzimmer sind verhältnismäßig billiger als Einbettzimmer).

Paßt sich jemand an die Forderung der patriarchalen Gesellschaft, die Partnerschaft durch eine Ehe zu besiegeln, nicht an, hat er umgekehrt mit negativen Kettenreaktionen zu rechnen:
    keine Geschenke oder Gehaltszuwendungen
    keine Anerkennung
    höhere Steuersätze
    Kinder gelten als unehelich
    jeder der beiden Partner muß einen eigenen Haushalt unterhalten, es entstehen nicht nur doppelte Kosten, sondern auch doppelte Arbeitsaufwendungen beim Kochen, Waschen usw.

Daraus folgt, daß nur der es sich leisten kann, nicht zu heiraten, der über ein entsprechendes Einkommen verfügt und entsprechend selbstsicher ist, weitgehend selbständig und unabhängig ist, also auf die finanziellen Zuwendungen nicht angewiesen ist und auf die Anerkennung der Umwelt verzichten kann, weil er das patriarchale System durchschaut und entlarvt hat und weil er erkannt hat, daß die Form der Anerkennung, die ein Funktionieren im Sinne der Norm belohnt, eine Farce ist.
    Umgekehrt kann man sagen, daß die positive Kettenreaktion voraussetzt, daß die Partner, die den Ehevertrag unterzeichnen, an die paranoide Norm der Treue glauben, daß sie sich mit dem patriarchalen System identifizieren, daß sie sich den geltenden Normen und Idealen anpassen und dadurch gehemmt sind. Zur Kompensation ihrer Hemmung ein ihrer wirklichen Natur entsprechendes Leben leben zu können, brauchen sie den Ehevertrag. Sie werden dadurch zwar ausgeglichen, d. h. es geht ihnen zunächst tatsächlich besser. Die Institution der Ehe paßt zu ihrem reduzierten Leben, zu ihrer Hemmung wie der Schlüssel zum Schloß.
    Wenn die Betreffenden in der Institution Ehe brav und anständig verweilen, hält die Belohnung aus der Umwelt ein Leben lang an.

Halten die beiden Eheleute nicht durch und kommt es zur Scheidung, fallen sie abrupt vom positiven in den negativen Regelkreis. Weil sie den Vertrag aufgelöst haben, werden sie nun durch Entzug von allen Vergünstigungen und durch Entzug von Anerkennung bestraft. Man sitzt über sie zu Gericht. Es entstehen Gebühren und Kosten. Scheidung ist teuer.

Hingegen befindet sich derjenige, der das patriarchale System entlarvt hat und daher die Ideale dieses Systems nicht mehr zu erfüllen sucht, in einer besseren Position und Situation. Da er an sich gearbeitet hat und Fähigkeiten zur Selbständigkeit wie: Managementfähigkeiten, Kompromißfähigkeit, Fähigkeit die Reaktion des anderen wahrzunehmen, erotische Fähigkeiten ausgebildet hat, erlebt er mehr Echtheit in seiner Beziehung. Da er statt Hemmungen und Defizite, Anlagen einbringt, kommt es zum Austausch von Fähigkeiten und Energien – die Beziehung gewinnt an Qualität.

Insofern unterscheidet sich die positive Kettenreaktion des außerhalb des patriarchalen Systems Stehenden grundlegend von der des Angepaßten. Während der Angepaßte von außen belohnt wird, weil er funktioniert wie die Umwelt es haben will und weil er gehemmt bleibt und an die zu dieser Hemmung komplementär stehenden Ideale (siehe Gesetz des Ausgleichs) glaubt, liegt die Belohnung des Erwachsenen mehr im Glück aus *inneren Werten*, in Fähigkeiten, die in der eigenen und in der Person des Partners wurzeln, mehr im Glück des Austauschs von Energien. Wenn der Ehevertrag die gegenseitige Abhängigkeit untermauert, die Hemmungen und geschlechtsspezifischen Reduzierungen festschreibt und insofern nur eine Form ist, die fehlende Inhalte kompensiert, so ist das Vertrauen zu den Lebensgesetzen und zu den lebendigen Anlagen eine realere Basis – die Beziehung wird dadurch mit *Inhalten* gefüllt.

Der Erwachsene läuft also weder Gefahr in einen positiven, noch in einen negativen Regelkreis innerhalb des patriarchalen Systems zu fallen. Er steht außerhalb von Belohnung und Strafe. Schicksal in dem Sinne, wie es der patriarchale Mensch erfährt, kann bei ihm aus diesem Grunde nicht mehr wirksam werden. Er kann selbst bestimmen, wohin die Reise seines Lebensschiffes geht, hat es *selbst* in der Hand, durch Ausbildung von Fähigkeiten positive Kettenreaktionen auszulösen. Wenn er z. B. gelernt hat, sich verbal besser auszudrükken, wird er durchsetzungsfähiger und steigert seinen Eigenwert und wird dadurch beziehungsfähiger, oder wenn er etwa lernt, sich besser abzugrenzen, die Fähigkeit einübt, auf verschiedene Art und Weise seine Gefühle zu zeigen, Zärtlichkeit zu schenken, zu analysieren und Probleme zu bewältigen, kann er sicher sein, daß sich seine Partnerschaft verbessert.

9
DAS GESETZ VON INHALT UND FORM

Jede Anlage eines Menschen besteht aus einem Inhalt und einer Form. So können Gefühle, Gedanken, Vorstellungen, geistige Einstellungen, Pläne, Programme, Ideologien und Weltanschauungen schließlich auch in der äußeren Welt zum Ausdruck kommen. Dabei ist es wichtig, die Form zu finden, die dem Inhalt, also den eigenen Gefühlen und dem eigenen geistigen Gut gemäß ist.

Besteht Diskrepanz zwischen Inhalt und Form, so führt dies zu mannigfaltigen Schicksalserscheinungen.

Ein Beispiel aus der Praxis soll dies erläutern:
Herbert S. wuchs in einem Milieu auf, das kein Verständnis für seine wirklichen Anlagen hatte. Bereits als Kind im Alter von 10 Jahren brütete er in seinem Zimmer über verschiedene technische Probleme und überraschte des öfteren seine Eltern mit einer *neuen Erfindung*.

Doch sowohl seine Mutter als auch sein Vater entwerteten seine Einfälle als Flausen und Spleens und seine Erfindungen als Humbug und Quatsch. Sie wollten, daß ihr Sohn etwas *Anständiges* wird und steckten ihn schließlich nach der Mittleren Reife ins

Büro. Doch Herbert S. war dort todunglücklich. Er war für diese Arbeit gänzlich ungeeignet. Seine Vorgesetzten interpretierten dies jedoch teils als Dummheit, teils als Faulheit. Herbert S. hatte seine Gedanken überall, nur nicht bei der Arbeit. Auch zu Hause machte man sich Gedanken über den *mißratenen* Sohn, der offen erklärte, er würde seine Arbeit hassen.

Es kam, wie es kommen mußte: Herbert S. wurde entlassen, was für seine Umwelt Wasser auf die Mühlen war, wurde doch nun ihre Sorge bestätigt. Auch Herberts Freundin Marianne beschimpfte ihn nun als Taugenichts, für den man sich schämen müsse.

Einige Zeit später konnte sich Herbert über ein Grundstücksspekulationsgeschäft finanziell sanieren. Auch hier reagierte die Umwelt durchaus negativ. Nun hieß es, er sei nun gänzlich auf die schiefe Bank geraten. Herbert glaubte aber nun erreicht zu haben, was er immer wollte: Ein paar Jahre nur für seine Ideen leben, ein paar Jahre experimentieren, um neue Erfindungen auf den Markt zu werfen.

Seine neue Freundin Nicole machte ihm jedoch einen Strich durch die Rechnung: Sie bekam ein Kind von ihm und sie *mußten* heiraten. Nicole erwartete nach den Geboten der Gleichberechtigung und insbesondere in Anbetracht dessen, daß er ja ständig zu Hause nur herumsaß und *nichts tat*, daß er ihr die Hälfte der Hausarbeit abnähme und daß er sich auch an der Kindererziehung beteiligen solle. Widerwillig gab sich Herbert in sein Schicksal, zumal alle Bekannten und Verwandten Nicole in ihrer progressiven Meinung bestätigten; allgemein wurde er als *Pascha* apostrophiert. Sein Argument, er müsse arbeiten, wurde stets entweder mit Gelächter beantwortet, da man ja seine Tätigkeiten nicht als Arbeit sah, oder man deutete es als bloße Flucht vor *echter* Arbeit und Verantwortung.

Auf den Gedanken, daß es Menschen geben könnte, die für Büroarbeit oder andere konventionelle, entfremdete Tätigkeiten, für Ehe oder Hausarbeit, nicht geeignet sind, daß sie für etwas anderes berufen sein könnten, kam keiner. Man wollte ihn unbedingt zur Norm zwingen, wollte, daß auch er ein *normaler, anständiger* Mensch wird.

Als die Pflicht zu kochen und auf das Kind aufzupassen für Herbert immer grauenvoller wurde, da seine Begabung immer nachhaltiger in ihm nach Ausdruck verlangte, trennte er sich auch von Nicole. Dies war nun ein Grund für die Umwelt, ihn gänzlich zu ächten. Man stempelte ihn als moralisch minderwertigen Menschen ab, der selbstsüchtig Frau und Kind zurückläßt.

Herbert wohnte nun in einem 1-Zimmer-Appartement. Dort sah es bald aus wie in einem Tohuwabohu. Das Geschirr stand wochenlang ungewaschen, es wurde nie abgestaubt, die Fenster wurden nie geputzt. Herbert litt unter all dem, konnte aber nicht die Kraft aufbringen, solche Tätigkeiten zu verrichten und er konnte sie auch nicht delegieren, denn das Geld, das er aus dem Grundstücksverkauf gewonnen hatte, war inzwischen aufgebraucht. Dieses Elend dauerte so lange, bis eine neue Partnerin, Sieglinde, auf der Bildfläche seines Lebens erschien. Sieglinde konnte hier ihren Helferdrang ausagieren und dadurch Macht gewinnen. Das alte Elend wurde gegen ein neues eingetauscht. Als Herbert immer mehr unter Sieglindes Dominanz zu leiden begann, kam es auch hier zur Beendigung der Beziehung.

Schließlich machte Herbert einen Generalangriff. Er arbeitete, getrieben von der Not, tagelang und nächtelang durch. Eine neue Erfindung war geboren. Und sie wurde nach kurzer Zeit patentiert und auf dem Markt eingeführt. Herbert S. konnte es sich nun leisten, ein eigenes Forschungsinstitut zu gründen und zu unterhalten. Herbert S. bringt nun, beseelt von seinem ersten Erfolg, in bestimmten Intervallen immer wieder neue Patente auf den Markt. Sein Institut besteht jetzt aus mehr als 50 Mitarbeitern. Herbert S. hat es geschafft! Die mahnenden Stimmen der Umwelt sind verstummt. Nur manchmal fragt jemand *aus der Vergangenheit* bittend an, ob er nicht in seinem Institut eine Bürokraft gebrauchen könne.

Auch im Privatleben hat es nun endlich geklappt! Manuela L. hat für Herberts unkonventionelles Schaffen volles Verständnis. Sie hat alles so organisiert, daß Herbert von den Arbeiten, die ihm zuwider sind, verschont bleibt. Dadurch ist er wieder frei für neue Erfindungen.

So wie Herbert S. geht es vielen Menschen. Man läßt sich in eine Lebensform pressen, obwohl man von den Inhalten her eine ganz andere Form leben möchte und müßte. Hier gilt der Satz von E. E. Cummings: «Nur du selbst zu sein in einer Welt, die sich Tag und Nacht bemüht, aus dir einen wie alle anderen zu machen – das ist der schwerste Kampf, den ein Mensch bestehen kann, und er hört nie auf.» Zur Stärkung der eigenen Wahrhaftigkeit sind Albert Schweitzers Ausführungen geeignet:

> Ich will unter keinen Umständen ein Allerweltsmensch sein. Ich habe ein Recht darauf, aus dem Rahmen zu fallen – wenn ich es kann. Ich wünsche mir Chancen, nicht Sicherheiten. Ich will kein ausgehaltener Bürger sein, gedemütigt und abgestumpft, weil der Staat für mich sorgt. Ich will dem Risiko begegnen, mich nach etwas sehnen und es verwirklichen, Schiffbruch erleiden und Erfolg haben. Ich lehne es ab, mir den eigenen Antrieb mit einem Trinkgeld abkaufen zu lassen. Lieber will ich den Schwierigkeiten des Lebens entgegentreten, als ein gesichertes Dasein führen; lieber die gespannte Erregung des eigenen Erfolgs, als die dumpfe Ruhe Utopiens. Ich will weder meine Freiheit gegen Wohltaten hergeben, noch meine Menschenwürde gegen milde Gaben. Ich habe gelernt, selbst für mich zu denken und zu handeln, der Welt gerade ins Gesicht zu sehen und zu bekennen, dies ist mein Werk. Das alles ist gemeint, wenn wir sagen: Ich bin ein freier Mensch.

Und dennoch findet man oft nur zu dem, was einem entspricht, über das Erleben von dem, was zu einem nicht paßt, womit man keine Identität hat. Über das Erleben der Nichtidentität bzw. anderer Formen ist es schließlich möglich, zu erkennen, wie man leben möchte.

Herbert S. war gänzlich ungeeignet für Büroarbeiten, für das konventionelle Eheleben, für Kochen, Waschen, Putzen, Einkaufen, für Kindererziehung, für Alleinwohnen usw. Und jedesmal hatte er entsprechend seiner *falschen* Formen, die er leben mußte, auch die falschen Partnerinnen angezogen. Letztere haben ihn jeweils falsch eingeschätzt, haben auf ihn was anderes projiziert, weil er seine Form noch nicht gefunden hatte, also eine falsche Projektionsfläche abgab.

Herbert S. konnte sich glücklich schätzen, daß sich sein Talent allen Unkenrufen zum Trotz noch durchgesetzt und dafür einen entsprechenden Rahmen, eine entsprechende Form gefunden hatte. Viele Menschen jedoch bleiben mit ihren Fertigkeiten, Anlagen und Talenten auf der Strecke. Sie schaffen den Sprung nicht und bleiben weiter Opfer einer unnachsichtigen Umwelt.

Andere wiederum bleiben zu lange in Formen, die ihnen nicht entsprechen. Jahre- und jahrzehntelang leben sie etwas, wofür sie nicht geschaffen sind und schaffen den Ablöseprozeß nicht.

Die große Schwierigkeit liegt darin, daß die meisten Menschen nicht um ihre Potenzen und Möglichkeiten wissen. Daher sind sie auch oft trotz widrigster Umstände mit ihrem Leben zufrieden. Sie haben meist wenig wirklich echte seelische Liebe, seelische Wärme, Geborgenheit, Freundschaft, sexuelles Glück etc. kennengelernt und vermissen daher dies alles nicht, weil Symbole ihre Defizite auffüllen (siehe Gesetz des Ausgleichs). Sie ahnen nicht, daß die meisten Symbole nur Projektionen von verdrängten Energien, Anlagen und Fähigkeiten sind und daß sie in den Symbolen nur ein Ersatzglück erleben, weil das andere Glück, das Glück der Entfaltung von echter Lebendigkeit, von Leben und Erleben ihnen verwehrt ist.

Wer glaubt denn daran, daß der Fernsehapparat u. a. nur als Symbol für eigene verdrängte Phantasie sowie für verdrängte Selbstverwirklichung fungiert und daß die verschiedenen Fernsehprogramme nur ersatzweise für eigene Lebensprogramme stehen?

Oder: Da im eigenen Leben keine freudige Spannung und Erregung vorherrscht, wird Spannung pervertiert in Kriminalromanen und Fernsehkrimis erlebt.

Auch stellt sich die Frage, ob z. B. der Jeep vor der Haustüre, das abstrakte Gemälde oder die Aufsehen erregende Kleidung tatsächlich Form für einen progressiven außergewöhnlichen Inhalt ist und inwieweit solche Formen nur die nicht gelebte Progressivität und die unverwirklichte Individualität darstellen.

Wann ist das Symbol also eine Form ohne Inhalt und wann ist es eine äußere Widerspiegelung von gewachsenen seelischen und geistigen Inhalten? Eine solche Unterscheidung ist sehr schwer vorzunehmen.

Wann ist z. B. eine Freundschaft mit einem anderen Menschen *echt*? Die Frage nach dem Echten und Wirklichen kann nur durch die Unterscheidung zwischen Neurose und Realität, zwischen zweiter und erster Natur beantwortet werden.

Eine Freundschaft hat etwa dann eine neurotische Basis, wenn die Freunde sich nur an meiner Schwäche, an meiner Hilflosigkeit, an meiner Unbedeutendheit oder an meinem Elend stabilisieren (Elternrollenspieler) oder wenn sie umgekehrt mich nur besuchen, um sich durch meinen Status, durch mein Prestige, durch meinen Ruhm aufzuwerten oder um am Sonntag mein schönes Haus oder meinen Swimmingpool nutzen zu können (Kindrollenspieler).

Wann ist wirklich Intimität, Vertrautheit, seelische Wärme und Harmonie in einer Beziehung und wann lebt man nur eine Form ohne Inhalt? In diesem Zusammenhang spielen wieder Ideale eine große Rolle.

So wird z. B. mit dem Familienideal Vater, Mutter und Kind eine ganz bestimmte Rolle zugewiesen, die jeweils die seelische Eigenart dieser Menschen kaum zuläßt. Die Beteiligten werden Schauspieler eines Films mit dem Titel *Familienideal*. Das Kind trägt artig am Muttertag sein Verslein vor, kein Geburts- und kein Namenstag wird vergessen, Weihnachten ist alles in sentimentaler Stimmung vor dem Christbaum vereint, im Fasching kleben sich die Familienmitglieder Pappnasen an und auf dem alljährlich in der Nähe stattfindenden Volksfest schießt der Pappi in einer Bude eine Stoffblume für die Mammi...

Jeden Samstagabend nehmen sämtliche Familienmitglieder nacheinander je ein Vollbad und jeden Sonntagnachmittag steht ein gemeinsamer Spaziergang auf dem Programm. Eine intakte, liebe Familie – kaum ein Streit, scheinbar alles in Ordnung! Solange die Familienmitglieder ihre wirklichen seelisch-geistigen Inhalte, ihre wirklichen Eigenarten nicht entwickeln, äußern und leben, kann die äußere Form so stehen bleiben. Schert jedoch einer aus seiner zugewiesenen Rolle aus – etwa, wenn die Mutter am Wochenende Weiterbildungs- und Selbsterfahrungskurse besucht und aufgrund dessen andere Interessen entwickelt – beginnen die Konflikte. Es wird plötzlich evident, daß die ursprüngliche Intimität und Vertrautheit vorwiegend nur das Resultat aus dem Absolvieren der verschiedenen Rituale und nicht das Ergebnis eines inhaltlichen Wachstums waren.

Ihr Partner, der sich mit dem alten Familienideal nach wie vor identifiziert, weil er es als Kompensation für die eigene Wachstumsblockade seiner seelischen Eigenart braucht, wird dabei große seelische Schmerzen erleiden. Er wird alles versuchen, sie in die alte Rolle zurückzudrängen, um die ursprüngliche *Harmonie* wieder herzustellen. Er kann sich nicht in das andere Empfinden einfühlen, weil er nur norm- oder idealgemäß empfindet und umgekehrt ist es für die Frau seelisch schmerzhaft, wenn sie ihre neu gewonnene Identität in neuen Lebensformen nicht ausdrücken kann.

Es leidet also in solchen Situationen immer einer der beiden Partner. Solche Schmerzen können aber eine Transformation in Gang setzen. Die alte Form der Geborgenheit und Vertrautheit, die durch das Ideal gewährleistet war, muß sterben und eine neue Form muß entstehen.

Erst wenn beide ihre Eigenart entwickelt haben und gegenseitig zulassen können, entsteht eine Form von Liebe, Verstehen, Vertrautheit, Geborgenheit und Harmonie, die sich von der vorhergehenden gänzlich unterscheidet. Jetzt erst sind Inhalte da, jetzt erst keimt echte Menschlichkeit auf, jetzt erst hat sich etwas entwickelt, was wirklich dauerhaft und unzerstörbar ist. Solch neue Formen des

Zusammenlebens werden auch in den neuentstehenden Wohnformen widergespiegelt.

Der gutbürgerliche Wohnzimmerschrank mit eingebauter Bar und Farbfernseher und das konventionelle gemeinschaftliche Schlafzimmer mit den weißen Wolkenstores und dem achttürigen Kleiderschrank haben ihre Attraktivität eingebüßt. Sie werden abgelöst durch neue Wohnformen, durch neue Grundrisse, durch neue Konzeptionen, durch ein neues Design.

In der patriarchalen Phase verfügte keiner der Partner über ein eigenes Zimmer – sieht man einmal von Mutters Küche und Vaters Arbeitszimmer ab. Die Wohnungen waren ausschließlich auf Gemeinschaft zugeschnitten. Jetzt geht es darum, sowohl der Individualität als auch der Gemeinsamkeit Rechnung zu tragen, indem jeder Partner ein eigenes Zimmer hat, das nach eigenem Geschmack eingerichtet ist, zum anderen aber auch sich in den gemeinschaftlichen Räumen wie Küche und Wohnzimmer geborgen zu fühlen. Der einzelne hat dadurch die Möglichkeit, sich abzugrenzen, allein zu sein, wenn ihm danach zumute ist oder die Gemeinschaft aufzusuchen. Eine solche Partnerschaft, bestehend aus zwei Menschen, die ihre eigene Identität weitgehend entdeckt haben und deren äußere Form nicht mehr den Zwang zur fast ständigen Gemeinschaft impliziert, hält länger als manch konventionelle Beziehung.

Eine Diskrepanz zwischen Inhalt und Form liegt aber auch vor, wenn man Mitmenschen nach dem Munde redet, sich innerlich aber ganz etwas anderes denkt, wenn man religiöse Rituale absolviert, aber den Mitmenschen unbarmherzig und hart begegnet, wenn man trotz atheistischer Einstellung dennoch eingeschriebenes Mitglied einer kirchlichen Institution bleibt, wenn man für Ökologie plädiert, aber gleichzeitig seinen umweltbelastenden Lebensstil nicht verändert, wenn ein gewichtiger Inhalt mit langweilendem Ausdruck, ein erfreulicher Inhalt mit deprimiertem Ausdruck, ein erstaunlicher Inhalt mit selbstverständlichem Ausdruck vorgetragen wird...

Ferner kann man von einer Diskrepanz zwischen Inhalt und Form sprechen, wenn ein Wohnort, eine Wohngegend, eine Wohnung oder ein Haus, eine Inneneinrichtung, ein Beruf oder eine Arbeitsstelle etc. falsch gewählt worden ist. Etwa, wenn jemand in einer ländlichen Umgebung leben möchte, aber in der Großstadt wohnen muß, wenn ein Mann einen Hang zum *High Life* aufweist, aber in einem Arbeiterviertel sein Zuhause hat, wenn jemand großzügig wohnen möchte, aber nur ein kleines Zimmer zur Verfügung hat, wenn eine Person einen Beruf wählt, der ihren Anlagen nicht entspricht, wenn jemand eine Arbeitsstelle annimmt, wo er sich nicht wohlfühlt...

In solchen Fällen müssen die Betreffenden mit ihrem körperlichen, seelischen und geistigen Organismus stets auf die fremden Formen reagieren. Sie reagieren mit Haß, Wut, Ärger, Aggression, Depression oder mit Sucht oder reagieren mit Krankheiten, die solange nicht verschwinden, solange die ungünstigen Rahmenbedingungen bestehen. Manche Menschen leben nur ein psychisches Reaktionsmuster auf ihnen wesensfremde Formen und halten dies fälschlicherweise für ihr wahres Wesen.

Hinzu kommt, daß sie aufgrund dessen auch von anderen falsch eingeschätzt werden. Auch löst dieses Reaktionsmuster ungünstige Reaktionen bei den Mitmenschen aus, worauf man wieder erneut *falsch* reagiert. Die Betreffenden entfernen sich damit immer mehr von der Wirklichkeit. Sie sind dann gänzlich in falschen Bezügen gefangen.

Hier wäre es notwendig, sich die Diskrepanz zwischen den eigenen Inhalten und den Formen, in denen man leben muß, bewußtzumachen. Man könnte sich sagen: «Ich fühle mich hier nicht wohl. Das bin ich nicht! Damit habe ich keine Identität. Ich bin anders!» Man könnte (um ein Beispiel zu nennen) sämtliche Einrichtungsgegenstände der Wohnung abchecken, ob man sich jeweils damit identifizieren kann. Man könnte sich fragen: Ist die alte Uhr im Wohnzimmer eine Materialisation eines eigenen realen Inhalts oder nur ein äußeres Gleichnis für eine alte unerlöste Struktur in mir? Kann ich mich mit dem Bild an der Wand oder mit der spanischen Vitrine identifizieren oder ist es bzw. sie ein steter Störfaktor für mein Wohlbefinden? Entspricht die Sitzecke in der Küche noch meinem Geschmack? Ist die Diele so gestaltet, daß ich sie als Visitenkarte meines Hauses verwenden kann oder schäme ich mich damit sogar?

Doch gewöhnlich bewirkt die bloße Erkenntnis oder Bewußtwerdung einer Diskrepanz zwischen Inhalt und Form noch keinerlei radikale Veränderung; denn die Bereitschaft zur Änderung, die durch die Entdeckung einer solchen Diskrepanz ausgelöst wird, ist meist zweifelhaft und es fehlt ihr daher an Impetus. Außerdem ist eine Bereitschaft zur Änderung, selbst wenn sie auf einen eindeutigen Wunsch hinausläuft, noch nicht gleichbedeutend mit der Fähigkeit dazu. Halten wir also fest: Wer eine Diskrepanz zwischen Inhalt und Form beseitigen möchte, muß fünf Voraussetzungen erfüllen:

1 Er muß sich der Diskrepanz bewußt sein.
2 Er muß den Willen zur Umsetzung aufbringen.
3 Er muß das nötige Vorstellungsvermögen besitzen.
4 Er muß die Fähigkeit zur Umsetzung haben.
5 Er muß auch die Kraft und die Zeit haben, um die Form zu realisieren.

Wer also die Verhältnisse nicht vorfindet, die er braucht, muß die Fähigkeit entwickeln und die Kraft aufbringen, solche Bedingungen zu schaffen, die ihm ein angenehmes und freudvolles Leben gewährleisten. Wenn man die Dinge nicht ändert, wird man von den Dingen verändert.

Wer es geschafft hat, seinen Inhalten (Empfindungen, Vorstellungen, Geschmack usw.) eine äußere Form zu verleihen, ist ausgeglichen und zufrieden. Er hat jedesmal, wenn er seine äußeren Formen (z. B. Haus, Inneneinrichtung, Garten usw.) sieht, ein angenehmes Gefühl. Er gewinnt an Selbstvertrauen; denn die äußeren Formen wirken zurück auf die Psyche, sie bestätigen und verstärken die Inhalte. Man könnte das Gefühl, das sich dabei einstellt, auch als gesunden Stolz bezeichnen. Diese Art von Stolz unterscheidet sich grundlegend von einem Stolz, der auf Inhaltslosigkeit basiert und deshalb mit äußeren Formen prahlen muß. Es ist ein Gefühl des *persönlichen* Erfolges, der im Gegensatz zum neurotischen Stolz nicht mit einem Überlegenheitsgefühl dem Mitmenschen gegenüber einhergeht. Der gesunde Stolz gründet sich nicht auf dem Mißerfolg des anderen. Im Gegenteil! Wer seinen Inhalten Form verschafft hat, wird aufgrund seiner Freude und seines Glücks toleranter. Er war nur solange gegenüber anderen Formen intolerant, solange er seine Form noch nicht gefunden und verwirklicht hatte.

So haßte Birgit C. antike Möbel. Sie konnte nicht verstehen, wie andere junge Menschen ihre Wohnzimmer im Biedermeier-, Altdeutsch- oder Jugendstil einrichten konnten. Auch ihr Freund Lars A. schwärmte für solche alten Stücke. Und als er ihr vorschlug, ihre gemeinsame Wohnung so einzurichten, platzte sie heraus: «Ich werde verrückt in einer solchen Atmosphäre! Ich will in der Gegenwart leben und nicht in einer modrigen, wurmstichigen Vergangenheit! Mir ekelt davor!»

Doch Birgit C. wurde paradoxerweise gerade durch diese alten Möbel in ihrem Persönlichkeitssystem ausgeglichen. Sie hatte zwar eine Vorstellung, wie sie wohnen wollte, war aber aus verschiedenen Gründen nicht imstande, diese Vorstellung zu realisieren. Sie war darin gehemmt. Dieses Steckenbleiben im Formschaffen war ein altes Verhaltensmuster von ihr. Sie war rege im Geist, hatte aber ständig Handlungsblockaden. Sie war oft wie gelähmt, wenn es darum ging, etwas durchzusetzen und zu verwirklichen.

Da derjenige, der ständig das Formschaffen verdrängt, durch die Form des anderen ausgeglichen wird, war klar, daß Birgit C. immer wieder mit antiken Möbeln konfrontiert wurde. Die alten Möbel standen als äußeres Symbol für ihre alte Hemmung, für ihre durch die Verdrängung *modrig* und *wurmstichig* gewordene Fähigkeit. Da durch den Akt der Verdrängung die Energie pervertiert wird, erschien ihr die Hemmung in einer verzerrten, pervertierten Form, die sie nicht annehmen konnte. Es ekelte ihr vor der Materialisation ihrer eigenen verdrängten Anlage. Erst als sie nach einigen Jahren Daniel L. kennenlernte, war es ihr möglich, ihren Inhalten Form zu verleihen. Daniel L., der handwerklich sehr begabt war und über entsprechende unternehmerische Anlagen verfügte, baute ihr nach ihren Vorstellungen eine Regalwand und eine gemütliche Sitzecke, fuhr mit ihr zu Einrichtungshäusern und Möbelboutiquen, wo sie noch die dazu passenden Accessoires auswählen konnte.

Nachdem sie auf diese Art und Weise ihren Inhalten Ausdruck verleihen konnte, regte sich Birgit C. über die Wohnungseinrichtung anderer Menschen nicht mehr auf. Sie konnte nun einen anderen Geschmack – so konträr er auch zu ihrem sein mochte – akzeptieren. Ähnlich gelagert ist auch der Fall von Stefan W.:

Stefan W. fühlte sich in seinem Beruf als Beamter nicht wohl. Er wäre viel lieber Modeschöpfer geworden. Er hatte eine genaue Vorstellung davon, wie die Frauen und insbesondere wie seine jeweilige Partnerin sich kleiden sollte. Doch die Frauen, mit denen Stefan W. über den Mechanismus der unbewußten Anziehung in Kontakt kam, waren alle alternativ angezogen. Es war für Stefan ein Greuel, ständig Frauen mit wallenden indischen Kleidern, Pumphosen oder mit Kleidern im Burgfräuleinstil um sich zu haben. Stefan W.: «Mein ästhetisches Auge fühlt sich dabei verletzt. Ich kann da kaum mehr hinsehen. Manchmal bekomme ich sogar einen Würgreiz ob dieser tristen, unerotischen Kleidung. Es ist wie verhext, nur Frauen mit solch alternativem Aufzug interessieren sich für mich. Andere lassen mich abblitzen. Und wenn ich versuche, die Frauen, die mich mögen, zu überreden, sich so zu kleiden wie ich es mir vorstelle, stoße ich auf vehementen Widerstand. Selbst, wenn ich sie auf meine Kosten komplett einkleiden würde, lehnen die Betreffenden ab.»

Bei der Analyse wurde u. a. auch evident, daß Stefan sich selbst nachlässig kleidete, bei sich selbst seine Vorstellung von ästhetischer, schöner Kleidung nicht umsetzte. Die alternative Kleidung der Frauen war also sowohl Widerspiegelung seines eigenen verdrängten Formschaffens als auch Widerspiegelung seiner eigenen verdrängten Fähigkeit, Schönheit und Mode für andere zu kreieren.

Auch hier wurde die Anlage durch den Akt der Verdrängung pervertiert und erschien ihm in einer verzerrten, für ihn nicht annehmbaren Form in der Außenwelt. Weil er keine eigene Form hatte, erlitt er durch die Form der anderen seelische Schmerzen. Weil er seine Inhalte weder für sich noch für andere verwirklichen konnte, wurde er durch die Form der anderen ausgeglichen.

Erst als es Stefan W. gelang, über eine Erbschaft vom Beamtenberuf in die Modebranche zu wechseln, änderte sich die Situation, die für Stefan bisher wie ein Spuk oder wie ein Fluch war, grundlegend. Zwar war es ihm nicht mehr möglich, den Beruf des Modeschöpfers zu ergreifen, aber er fand eine andere Lösung.

Stefan eröffnete ein großes Modehaus und kaufte nur von einer Firma, deren Designer seine Vorstellungen umsetzte. Zusätzlich legte Stefan mehr Wert darauf, auch selbst seinen Inhalten in der Kleidung Form zu verleihen. Seither wurde Stefan nie mehr mit dieser Problematik konfrontiert. Seine neue Freundin trug a priori und von selbst Kleidung, die ihm gefiel. Er brauchte ihr seinen Stil nicht mehr aufzwingen. Auch konnte er nunmehr einem anderen Styling gegenüber mehr Toleranz an den Tag legen.

10
DAS GESETZ DES DENKENS UND GLAUBENS

Man könnte über jedes Schicksalsgesetz mehrere Bücher schreiben. Joseph Murphy, ein Führer der Ideologie des positiven Denkens, hat dies in bezug auf das Gesetz des Denkens und Glaubens getan. Er hat dieses Gesetz in hunderten von Fallbeispielen in allen Erscheinungsformen und Nuancen darzustellen und zu beschreiben versucht.

So sehr Murphys Pionierarbeit und Leistung zu schätzen ist, so darf doch Kritik nicht ausgeklammert werden, insbesondere wenn damit eine neue Sichtweise des Gesetzes verbunden ist.

Wir haben beim Gesetz des Ausgleichs von den Komplementärbildern gesprochen, die immer dann vor dem geistigen Auge auftauchen, wenn Anlagendefizite im Persönlichkeitssystem zu verzeichnen sind. Komplementärbilder haben:

1 Ausgleichsfunktion – und als solche verhindern sie zunächst den Ausbruch einer körperlichen Krankheit.
2 Signalfunktion – um den Betreffenden zu veranlassen, Ursachen aufzuspüren und Mängel zu beheben.
3 die Tendenz, ständig reproduziert zu werden, wenn die entsprechenden Ursachen nicht beseitigt worden sind. Die Folge der

ständigen Reproduktion kann unter Umständen eine körperliche Erkrankung sein.
4 die Tendenz, als Fluchtmöglichkeit zu fungieren und damit die jeweilige Problematik zu verstärken.
5 die Tendenz, bei Unterdrückung oder Blockierung ihrer Ausgleichsfunktion eine Somatisierung des Problems einzuleiten.

Wenn die Wünsche, Ideen, Vorstellungen, die aus einem Mangel resultieren, Ausgleichsfunktion haben, dann muß zwangsläufig die Unterdrückung und Blockierung dieser Kompensationsmöglichkeit zu Krankheiten führen. Diese Somatisierung des Problems unterscheidet sich von der Somatisierung, die aufgrund der steten Reproduktion der Komplementärbilder (Punkt 3) verursacht wird. Bei letzterer wird erst somatisiert, wenn die menschliche Natur sich im ständigen Erzeugen von Komplementärbildern, also im steten Akt der Kompensation, erschöpft hat. Je länger ein Komplementärbild bestehen bleibt, also ein chronischer Mangelzustand nicht beseitigt wird, desto größer wird die Gefahr der Somatisierung.

Bei Unterdrückung oder Blockierung wird hingegen das Problem schneller auf die körperliche Ebene verlegt. Bezeichnend ist auch der Umstand, daß, wie der Krebsforscher Ronald Grossarth-Maticek festgestellt hat, bei krebskranken Patienten weitgehend Komplementärbilder fehlen. Umgekehrt läßt die Existenz von Komplementärbildern den Schluß zu, daß noch Hoffnung besteht, das Defizit einmal auffüllen zu können, da die Natur noch Signale abgibt und noch nicht aufgegeben hat. Hier wird deutlich, daß die körperlichen, seelischen und geistigen Reaktionen Ausdrucksformen des Lebens sind, Energien und Kräfte darstellen, die auf einen Ausgleich und damit auf die Gesundheit hinzielen. Solange sich Krankheiten, Haß, Wut, Aggression und Komplementärbilder einstellen, sind Lebenskraft und folglich auch Hoffnung vorhanden. Kann der körperliche, seelische und geistige Organismus eines Menschen nicht mehr reagieren, wird auf Selbstvernichtung umgeschaltet, die unter anderem in der Krebskrankheit ihren Ausdruck finden kann.

Joseph Murphy schreibt in *Die unendliche Quelle ihrer Kraft*: Ihre Träume, Bestrebungen, Ideen und Lebensziele sind zunächst einmal Gedanken, Vorstellungen und Bilder in Ihrem Geist. Sie müssen erkennen, daß eine Vorstellung oder ein Wunsch in Ihrem Geist genauso wirklich ist, wie Ihre Hand oder Ihr Herz. In einer anderen geistigen Dimension hat Ihre Vorstellung oder Ihr Wunsch bereits Form, Gestalt und Substanz. Sie müssen nun lernen, Ihren Wunsch zu akzeptieren, ihn als etwas Wirkliches zu empfinden und die Überzeugung zu gewinnen, daß die unendliche Kraft in Ihrem Inneren ihn in göttlicher Fügung erfüllen wird.

Wenn Murphy also davon ausgeht, daß alle Vorstellungen und Wünsche Wirklichkeit werden, wenn man nur intensiv genug daran glaubt, dann unterstützt und fördert er die Realisation von Komplementärbildern, was sich zunächst günstig auf das Persönlichkeitssystem des einzelnen auswirkt, aber er zieht dabei nicht in Betracht, daß damit das zugrundeliegende Defizit nicht aufgefüllt wird. Es stellen sich im Gegenteil nach der Realisation des einen Wunsches wieder neue Wünsche ein, die wieder befriedigt werden müssen – im Grunde also ein endloses Unterfangen (Forcieren des Konsumterrors). Hat jemand z. B. einen Mangel an Eigenwert, so wird dieser Mangel auch durch die Realisation von Wünschen wie Videorecorder, Luxusbungalow, Motoryacht oder glanzvolle Karriere bei einem multinationalen Großkonzern nicht verschwinden. Er wird lediglich dadurch übertüncht.

Auch wird kaum eine Frau, so wie Murphy es immer wieder darzustellen versucht, allein durch die ständige Reproduktion der Vorstellung eines glücklichen Paares, eine erfüllende Beziehung erreichen. Solange sie nicht die entsprechenden Fähigkeiten hierfür wie Durchsetzungsfähigkeit, Abgrenzungs- und Genußfähigkeit, Kommunikationsfähigkeit, Fähigkeit, seelische Liebe und Wärme zu schenken, Fähigkeit, sich in einen anderen einzufühlen, sexuelle und erotische Fähigkeiten, Kompromißfähigkeit etc. ausgebildet hat, kann sie das Vorstellungsbild tausendmal vor jedem Schlafengehen einblenden, es wird sich nicht erfüllen.

Ebenso verhält es sich mit dem beruflichen Erfolg. Murphy bringt hierzu das Beispiel eines Hoteldieners: «Eine meiner Vortragsreisen führte mich ins kanadische Ottawa. Nach dem Vortrag kam ein junger Mann zu mir und erzählte mir, er sei in New York zwei Jahre lang Hoteldiener gewesen und ein Hotelgast habe ihm mein Buch *Die Macht Ihres Unterbewußtseins* gegeben. Er habe es viermal gelesen und dann entsprechend den Anweisungen darin vor dem Einschlafen immer wieder zu sich gesagt: «Beruflicher Aufstieg wird mir jetzt beschieden sein. Erfolg wird mir jetzt beschieden sein. Reichtum wird mir jetzt beschieden sein.» Jeden Abend lullte er sich mit diesen Worten in Schlaf, und nach etwa zwei Wochen beförderte man ihn plötzlich zum stellvertretenden Geschäftsführer. Neun Monate später wurde er Geschäftsführer einer ganzen Hotelkette. Er wußte, daß die Kraft, die ihn durchströmte, von Gott kam. «Denken Sie nur», sagte er, «so viele Jahre meines Lebens begnügte ich mich damit, bloß von einem schwachen Tröpfeln dieser ungeheuren Möglichkeiten in meinem Inneren zu existieren.» Der Mann hatte gelernt, die unendliche Kraft freizusetzen und sein Leben war von ihr in wunderbare Harmonie gebracht worden.» Ach, wenn es nur so einfach wäre! Murphy dogmatisiert das Gesetz des Denkens und Glaubens und vergißt dabei die anderen Schicksalsgesetze, die ebenso Gültigkeit haben und die das Gesetz des Denkens und Glaubens maßgebend beeinflussen. Nie wirkt ein Gesetz abstrakt von den anderen, sondern alle Gesetze wirken ständig ineinander.

In obigem Fall wurde dem Gesetz der Entwicklung nicht Rechnung getragen. Unseres Erachtens muß der Hoteldiener sich zuerst in langen Jahren die Fähigkeiten aneignen, über die ein Geschäftsführer verfügen muß, ehe er an eine Beförderung denken kann. Das Unbewußte läßt sich durch Suggestionsformeln nicht täuschen. Es weiß ganz genau, wann der Betreffende für eine Partnerschaft oder für einen beruflichen Aufstieg *reif* ist. Erst, wenn die entsprechenden Fähigkeiten ausgebildet sind, ist das Unbewußte echt überzeugt und dann erst kann man positiv denken und vertrauen und dann erst kann dieses Gesetz wirksam werden.

Es besteht dann die innerseelische *Bereitschaft*, einen bestimmten Partner, ein bestimmtes Ereignis oder eine bestimmte berufliche Beförderung anzuziehen. Wenn nur ständig das Zielbild vor dem geistigen Auge eingeblendet wird, wird der Weg vernachlässigt; doch nur der, der den Weg geht, kann ein Ziel erreichen. Das Ziel wird nicht a priori von höheren Mächten geliefert, durch *die Kraft des Geistes* herbeigezaubert oder durch eine wunderbare Fügung des Schicksals erreicht. Fast scheint es, als ob viele Anhänger des positiven Denkens sich durch das ständige Reproduzieren der Zielbilder sich der Mühe entheben wollten, tatsächlich den Weg zu gehen (Tendenz der Komplementärbilder als Fluchtmöglichkeit zu fungieren). Es besteht hierbei die Gefahr, sich in paranoiden Gefilden zu verirren!

Kurzum: Die Vorstellung eines Zieles kann lediglich zur *Motivation* dienen, einen Weg zu beschreiben und nicht Selbstzweck sein. Bevor man jedoch den Weg zu einem Ziel einschlägt, sollte man vorher genau analysieren, ob es sich um reale oder um neurotische Ziele handelt. Reale Ziele sind die Entwicklung der in jedem Menschen angelegten Anlagen und Fähigkeiten, ist das Wachstum der Persönlichkeit und die Verbesserung der Lebensqualität, mehr Liebe und Glück in der Partnerschaft, mehr Erfüllung und Sinnfindung im Beruf, mehr Mündigkeit und Freiheit... Neurotische Ziele sind die Steigerung von Macht und Ansehen, die Erfüllung von materiellen Wünschen als Ersatz für lebendige Anlagen, z. B. das ständige Begehren von noch mehr Schmuck und Gold als Ersatz für das Gold der Selbstverwirklichung, der berufliche Erfolg innerhalb der gesellschaftlichen Hierarchie, der nur auf dem Mißerfolg der anderen basiert und meist als Ersatz für echten Erfolg als Mensch fungiert und die vielen patriarchalen Ideale, die wir an anderer Stelle bereits eingehend erläutert haben.

Jede Vorstellung ist mit einer körperlichen und seelischen Reaktion verbunden. Nehmen wir das Beispiel einer Zitrone: Der Organismus reagiert gleichermaßen mit einer Vermehrung des Speichelflusses auf:

die Vorstellung einer Zitrone, die vor dem geistigen Auge erscheint;
ein materialisiertes Bild einer Zitrone, etwa, wenn ein Künstler eine Zitrone gemalt hat oder etwa auf ein Foto, auf dem eine Zitrone festgehalten wurde;
eine echte Zitrone, die materiell und greifbar vorhanden ist.

Wenn die Vorstellung einer Zitrone, das Bild einer Zitrone und eine echte Zitrone unseren psycho-physischen Organismus so beeinflussen können, um wieviel mehr werden wir dann erst beeinflußt durch unsere Einstellungen und Ideologien, durch materialisierte und projizierte Vorstellungen wie Zeitungsberichte, Bücher, Filme, Fernsehen usw. und durch die wirkliche Umweltsituation, also durch Speisen, durch unsere Kleidung, durch unsere Wohnungseinrichtung, durch unsere Wohngegend, in der wir uns befinden sowie insbesondere durch unseren Partner, unsere Kinder, unsere Freunde, unsere Nachbarn und Geschäftskollegen. Körper und Seele reagieren darauf, einer zwingenden Gesetzmäßigkeit zur Folge. Diese Tatsache ist für Krankheit und Gesundheit sowie für das Schicksal schlechthin von entscheidender Bedeutung.

Also doch positiv denken und so positive Reaktionen ernten? Murphy sagt: «Ihnen widerfährt das, was Sie glauben.» Das ist richtig. Doch, wenn ein Schüler daran glaubt, daß er eine gute Prüfung schreiben wird und sich nicht das entsprechende Wissen aneignet, wird er auf die Nase fallen. Oder wenn jemand, ohne über entsprechende Inhalte zu verfügen, glaubt, er wäre ein Genie, wird ihn deshalb kaum einer wirklich für ein Genie halten. Wer an etwas glaubt, was nicht der Wirklichkeit entspricht, wer also an einen Schein glaubt, dem widerfährt auch der Schein bzw. bei dem platzt eines Tages die Seifenblase (Gesetz von Ursache und Wirkung). Wie bei den Gefühlen so gilt es auch beim Denken zwischen einem realen und einem irrealen zu unterscheiden. Denken ist zunächst neutral, man denkt einfach. Positives oder negatives Denken sind nur die zwei Kehrseiten einer Medaille, nämlich des realen Denkens.

Reales Denken wie es z. B. der in unserem Sinne Erwachsene praktiziert, läßt alle Möglichkeiten offen. Der *Erwachsene* wägt ab, zieht alles, also positives wie negatives in Betracht. Er handelt nur dann, wenn er für alle negativen Umstände, die eintreten könnten, ein entsprechendes Konzept hat, ein Gegenmittel parat hat, sich dagegen wappnen kann. Er vertraut nicht auf glückliche Umstände oder auf die Kraft seiner Gedanken. Aber er wird sich auch nicht negativen Gedankenströmungen hingeben und ständig Szenarien von Mißerfolg, Unglück und Grauen vor dem geistigen Auge einblenden, wie dies z. B. der Hypochonder im nächsten Kapitel tut.

KRANKHEIT –
EINE REAKTION AUF NEGATIVE
SELBSTSUGGESTION

Fast die Hälfte aller Krankheiten ist durch unbewußte negative Selbstsuggestion bedingt.

Der eingebildete Kranke, der sog. Hypochonder, gibt uns hier, indem er die Extremform verkörpert, wertvolle Hinweise, um diesem Phänomen auf die Spur zu kommen. Die hypochondrische Fehlhaltung ist durch eine extrem besorgte Einstellung des Menschen auf seinen Leib, durch ängstliche Selbstbeobachtung und Krankheitsfurcht mit qualvollen Phantasien gekennzeichnet. Die hypochondrischen Befürchtungen beziehen sich vor allem auf das Herz, den Magen-Darm-Trakt, Harn- und Geschlechtsorgane, Gehirn und Rückenmark. Autonome Funktionen werden mit Sorge und Angst beobachtet. Durch diese unphysiologische Zuwendung der Aufmerksamkeit und ängstliche Einstellung können vegetativ innervierte Organsysteme in ihren Funktionen beeinträchtigt werden; denn die autonome Regulation ist emotional störbar. Allein hierdurch schon können harmlose vegetative Funktionsstörungen entstehen, die ihrerseits die hypochondrischen Befürchtungen *verstärken*. Es entsteht also ein circulus vitiosus:

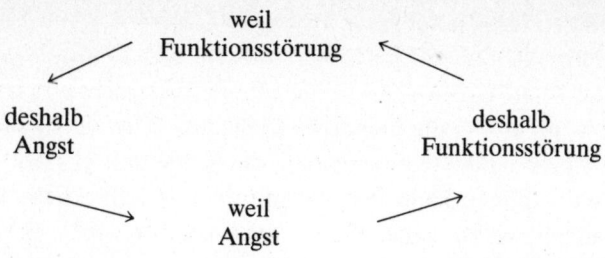

Viele würden es weit von sich weisen, als Hypochonder apostrophiert zu werden. Sie sind der Überzeugung, daß sie wirklich krank sind, daß ihre Symptome echt sind, daß ihre Krankheit nicht eingebildet ist. Doch die Erfahrung zeigt, daß Millionen von Menschen *schwarze Magie* mit ihrem eigenen Körper treiben, indem sie ihren Organismus ständig mit negativen Einreden torpedieren.

So wie die bloße Vorstellung einer Zitrone den Speichelfluß vermehren kann und einem buchstäblich dabei das Wasser im Munde zusammenlaufen läßt oder wie allein der Gedanke an eine schöne, erotisch anziehende Frau einen Mann in sexuelle Erregung versetzen kann, so ist auch jede andere Vorstellung dazu angetan, gerade an der körperlichen Stelle Reaktionen hervorzurufen, die dem geistigen Inhalt entspricht.

Wer die bewußte oder unbewußte Glaubenshaltung hat, Sex wäre etwas Schlechtes, muß daher mit Frigidität, Impotenz, Sexualleiden etc. rechnen, wer die Vorstellung hat, sich nie befreien zu können, muß mit einer Zunahme seiner Nervosität rechnen, oder, um auf die Hypochondrie zurückzukommen, wer die Vorstellung hat, er hätte ein schwaches Herz oder sein Magen-Darm-Trakt funktioniere nicht richtig, dem geschieht nach seinem Glauben – das Herz wird tatsächlich verunsichert und das Magen-Darm-System wird in seinem Tonus irritiert.

Besonders gefährlich sind in diesem Zusammenhang die Diagnosen von Ärzten und Heilpraktikern; denn die Diagnose bestätigt und verstärkt die negativen Glaubenshaltungen des Hypochonders und damit bedingt auch dessen Ängste. Auf diese Art und Weise kann es zu einer Organfixierung kommen, die, wenn nicht entsprechende psychotherapeutische Interventionen erfolgen, meist bis zum Exitus aufrechterhalten wird.

Der Betreffende glaubt an seine *Schwachstelle*, die objektiv gesehen nur durch die bewußte oder unbewußte geistige Wiederholung einer Diagnose aus der Vergangenheit zu einer solchen geworden ist.

Erhält der Hypochonder vom Behandler keine Diagnose bzw. keine Bestätigung, daß er echt körperlich krank ist, muß er zwangsläufig andere Ärzte und Heilpraktiker aufsuchen. Dies praktiziert er solange, bis einer ihm die entsprechende Diagnose stellt. So wie manche Kinder unbewußt alles anstellen, um eine Ohrfeige zu erhalten, so bittet und bettelt der Hypochonder um sein Stigma. Unbewußt will er ein Gezeichneter sein, um ein Alibi zu haben, ständig leiden zu können.

Die Ursache für die Chronifizierung des Leidens liegt also nicht in der Stigmatisierung durch die ärztliche Diagnose, sondern in einer unerlösten Anlage des Patienten. Die Organfixierung fungiert dabei als Ersatz für die Entwicklung und Ausbildung der entsprechenden Anlagen.

So kann eine Fixierung auf das Herz die Widerspiegelung einer Handlungslähmung, also Ersatz dafür sein, eine Vorstellung auszubilden und danach zu handeln oder kann z. B. eine Fixierung auf das Blasensystem Widerspiegelung eines Machtungleichgewichts oder Ersatz sein für eine nichtverwirklichte Vorstellung in der Partnerschaft.

Auf diese Art und Weise werden wertvolle Persönlichkeitsanteile destruktiv ausgelebt und daher *verschleudert*. Die Energien sind damit nicht mehr für den Aufbau der Persönlichkeit und für den Aufbau einer neuen Welt einsetzbar.

Das Stigma der ärztlichen Diagnose steht also komplementär zur Minusladung einer Anlage des Patienten. Es trifft dabei den Arzt oder den Heilpraktiker keine Schuld – er war nur Erfüllungsgehilfe dafür, daß der Patient *ausgeglichen* wurde.

Man könnte es auch noch anders formulieren: Mit einer ausgebildeten Anlage wäre dem Betreffenden eine solche Stigmatisierung nicht widerfahren; denn mit einer ausgebildeten Anlage hätte er gar nicht die Praxis des Therapeuten aufsuchen müssen – die Energie wäre dann ja im freien Fluß gewesen und hätte daher nicht durch den Gegenpol kompensiert werden müssen. Kurzum: Es wäre gar keine Affinität vorhanden gewesen.

Wieder andere haben Einschärfungen und Gebote ihrer Eltern wie: Gehe nie mit nassen Haaren oder ohne Kopfbedeckung nach draußen! Iß nicht so heiß! Wenn es kalt ist, mußt du eine lange Unterhose anziehen, sonst bekommst du eine Blasenentzündung! so sehr introjiziert, daß sich tatsächlich entsprechende Beschwerden bemerkbar machen. Auch hierbei sind es nicht so sehr die nassen Haare oder die kurze Unterhose, sondern die Glaubenshaltungen des Betreffenden, die die körperlichen Reaktionen hervorrufen.

Wären es nicht die Glaubenshaltungen, die die Krankheit immer wieder aufs neu nähren, könnten die sogenannten Placebos (Milchzuckertabletten ohne Wirkstoffe) nicht bei vielen Patienten so große Wirkungen zeitigen. Indem der Patient an die heilende Wirkung einer Arznei glaubt, ob an ein *echtes* Heilmittel oder an ein Placebo ist in diesem Fall ohne Belang, hat er einen *Gegenglauben* entwickelt, der, falls er stärker ist als der Glaube an die Krankheit, letzteren aufzulösen vermag.

Der Krankheit wird damit der Nährboden entzogen, die Symptome verschwinden, weil der Organismus nicht mehr dauernd auf die negative Selbsteinrede reagieren muß. Was für die Placebowirkung gilt, gilt auch im übertragenen Sinn für die Autorität des Behandlers. Ein Arzt, der, mit welchen Mitteln auch immer, fähig ist, den Glauben des Patienten an ihn und seine Therapiemethode zu wecken, wird größere Heilerfolge verbuchen als einer, der seine Unsicherheit nicht zu verbergen vermag.

Doch zurück zur hypochondrischen Fehlhaltung. Die Fähigkeit zu Wahrnehmung und Beobachtung wird nicht eingesetzt, um sich in der Umwelt besser zurechtzufinden, sondern die Aufmerksamkeit wird auf den eigenen Leib verschoben. Die Hypochondrie wird zudem meist begünstigt durch einen sehr introvertierten Lebensstil. Hypochonder sind meist innerlich sehr vereinsamt; ihre Krankheiten und deren Verlauf fungieren also häufig als Ersatz für erfüllende mitmenschliche Kontakte sowie als Ersatz für Ereignisse in der Außenwelt.

Unbewußt zieht der Hypochonder die körperlichen Ereignisse in Form seiner Symptome den Ereignissen in der Begegnungs- und Partnersituation vor. Dies geschieht aus Angst vor Auseinandersetzungen, Konflikten, Frustrationen und Problemen. Fatalerweise zeigt sich jedoch gerade hier, daß das Hätscheln und Pflegen seiner Krankheiten ihn wiederum noch mehr vom Mitmenschen isoliert, wodurch sich seine Problematik weiter verstärkt.

Die Energien, die eigentlich für die Mitmenschen eingesetzt werden müßten, werden für die Aufrechterhaltung der Krankheitssymptomatik verwendet. Aus diesem Grunde können auch aus der Umwelt keine positiven Energien zurückströmen; der Hypochonder wird kaum mehr von der Umwelt energetisch aufgeladen, was schließlich tatsächlich zu realen, nicht eingebildeten Krankheiten führen kann.

Er müßte in der Therapie soweit gebracht werden, daß er fähig wird, sich im größeren Maße selbst zu verwirklichen, daß er mehr als bisher seine Gefühle in der Begegnung mit anderen und in der Partnerschaft zum Ausdruck bringt. Er müßte lernen, mehr Frustrationen aktiv zu verarbeiten, den extravertierten Pol nicht mehr zu vernachlässigen, eine erfüllende Aufgabe anzugehen...

Je mehr der Hypochonder von seinem körperlichen Erleben abgelenkt wird, um so günstiger wird das Bild der hypochondrischen Fehlhaltung beeinflußt. Wer alle Hände voll zu tun hat, seine Anlagen zu verwirklichen und dabei beglückende Erfolgserlebnisse verbuchen kann, wird kaum mehr Zeit für die krankhafte Selbstbeobachtung haben. Er wird höchstens kurz die Jahre bereuen, in denen er als Hypochonder dahinvegetierte, um dann aber voller Elan die Weichen für eine bessere Zukunft zu stellen.

CHANCEN FÜR EIN GLÜCKLICHES SCHICKSAL

Jedes Schicksalsereignis, egal ob positiver oder negativer Natur, kann von allen zehn Gesetzmäßigkeiten aus betrachtet werden. Hatte jemand z. B. mit seinem Auto eine Karambolage mit einem anderen Verkehrsteilnehmer, so muß nach dem Gesetz von Ursache und Wirkung ein innerseelischer Konflikt vorhanden gewesen sein. Dieser innerseelische Konflikt wiederum war zurückzuführen auf die Verdrängung einer oder mehrerer Anlagen. Im Unfall kehrte diese verdrängte Energie (Gesetz der Wiederkehr des Verdrängten) wieder. Gleichzeitig konnte, über den Unfall, den destruktiven Inhalten eine äußere Form verliehen werden (Gesetz von Inhalt und Form).

Dem Unfall sind schon andere negative Ereignisse vorangegangen. Der Unfall wirkte daher zusätzlich noch als negativer Verstärker (Gesetz der positiven und negativen Verstärkung). Auch bestätigte er einen alten Maßstab oder eine Glaubenshaltung im Inneren des Betreffenden (Gesetz des Denkens und Glaubens und Gesetz der Bestätigung). Ferner kam es nicht von ungefähr, daß sich dieser Unfall gerade in der jetzigen biographischen Situation ereignete und nicht schon fünf Jahre früher oder nicht erst zwei Jahre später (Gesetz der Entwicklung).

Außerdem ist es nach dem Gesetz der Anziehung und der Affinität wichtig zu eruieren, warum man in den Sog des Unfalls hineingeraten ist und warum man gerade mit diesem oder jenem Fahrzeughalter kollidierte, warum der Unfall bei Regen, Glatteis oder Nebel passierte und warum gerade an der spezifischen Stelle der Welt und nicht woanders.

Ferner war der Unfall ein unbewußter *Ausgleichsversuch*. Über den Unfall versuchte das Unbewußte wieder zur *Harmonie* zu gelangen. So kann z. B. ein extrem extravertierter Lebensstil durch einen längeren Krankenhausaufenthalt, der zu Reflexion und Kontemplation zwingt, wieder ausgeglichen werden.

Wie können wir negativem Schicksal vorbeugen? Was ist zu tun? Ist es möglich, nur solche Ursachen zu setzen, die positive Wirkungen zeitigen, nur die Form zu leben, die den eigenen seelischen und geistigen Inhalten entspricht, nur das nach dem Gesetz des Ausgleichs und dem Gesetz der Affinität anzuziehen, was man für das eigene Persönlichkeitssystem braucht? Können wir uns immer von Verdrängtem freimachen? Können wir die Weichen in unserem Schicksal so stellen, daß wir immer nur positiv bestätigt und verstärkt werden?

Wie können wir unterscheiden, wann wir für eine feste Beziehung oder für einen spezifischen Job reif sind (Gesetz der Entwicklung) und wann wir uns *Reife* nur einbilden (Gesetz des Denkens und Glaubens)? Werden wir oft nicht erst gerade dadurch reifer, indem wir zu früh, zu spät oder unter falschen Voraussetzungen zu handeln beginnen? Ist es also nicht auch wichtig, Fehler zu machen, um daraus zu lernen und um gerade dadurch zu wachsen und sich zu entwickeln?

Den Weg von Versuch und Irrtum zu gehen, also auch Fehler zu machen, ist mühsam und hart. Immer wieder erteilt das Schicksal einen neuen Schlag und man weiß nicht wofür; denn dieser Weg wird ja meist aus tiefer Unwissenheit heraus begangen. Nirgendwo scheint ein System erkennbar, nirgendwo eine klare Linie. Das Schicksal scheint immer wieder willkürlich zuzuschlagen.

Wenn man um die zehn Schicksalsgesetze weiß, dann bedeutet das deswegen noch nicht, daß man nicht mehr gegen das eine oder andere Gesetz verstößt oder gar, daß man nun schon alles *im Griff* hätte.

Doch eines ist angenehm: Aufgrund des erworbenen Wissens ist man nicht mehr gezwungen, sich jahre- und womöglich jahrzehntelang in Sackgassen aufzuhalten. Das Wissen um die Schicksalsgesetze ist nicht nur ein wichtiges geistiges Rüstzeug, um *den Karren aus dem Dreck ziehen* oder rechtzeitig die Fahrt in den Abgrund stoppen zu können, sondern auch ein Meilenstein für die eigene Sinnfindung.

Wenn das Schicksal nicht mehr undefinierbar und vom Ratschluß der Götter abhängig ist, kann der einzelne selbst beginnen, zu experimentieren. Erleidet er einen Schicksalsschlag, dann kann er wie folgt vorgehen:

1 Er erklärt sich dafür selbst verantwortlich, legt die Ursachen zutage und macht sich bewußt, gegen welches Gesetz er verstoßen hat.
2 Er wirft die Frage auf, was er tun müßte bzw. welche Möglichkeiten bestünden, um sich in dieses Gesetz zu integrieren.
3 Umsetzen dessen, was man unter Punkt 2 konzipiert hat.
4 Daraufhin gilt es, die entsprechenden neuen Rückmeldungen des Schicksals wahrzunehmen und ggf. weitere Integrationsversuche zu starten.

Auf diese Art und Weise kann er solange Verbesserungen vornehmen, bis er mit seinem Schicksal zufrieden ist.

Insofern kann der einzelne endlich selbst in das Geschehen eingreifen. Der neue Mensch läßt sich nicht mehr fremdbestimmen, sondern entwickelt selbst Programme für sein Leben. Er bildet seine Anlagen und Fähigkeiten aus und versucht sich in die Gesetze einzugliedern. Er wird mehr und mehr Gestalter seines eigenen Schicksals. Wie sagt doch Goethe?

«Wer immer strebend sich bemüht, den wollen wir erlösen.»

Der Autor führt Kurse in verschiedenen Städten der BRD, Österreichs und der Schweiz durch. Wer sich dafür interessiert, kann sich an folgende Adresse wenden:

Institut für psychologische Astrologie
Sendlinger Straße 66
8000 München 2
Tel. 0 89/2 60 88 42 (9–12 Uhr)

DAS BUCH

Anhand von eindrucksvollen Beispielen zeigt der Autor, daß Schicksal nichts Numinoses, Außerirdisches oder Transzendentes ist, sondern von uns selbst unbewußt erwirkt wird.

Die zehn Schicksalsgesetze bringen Ordnung in das Chaos unserer Schicksalsereignisse. Sie weisen auf eine Gerechtigkeit jenseits von Konvention und Moral hin, auf einen kosmischen Plan, der neue, ungeahnte Möglichkeiten zur Lösung unserer Probleme aufzeigt und uns ein erfülltes Leben ermöglicht.

Wir leben nach einem anachronistischen Sitten- und Moralkodex, der auf das Gute und Edle abzielt, aber vorwiegend nur Krankheit, Elend und Leid erzeugt. Da zugunsten der Normen und Ideale eigene individuelle Bedürfnisse verdrängt werden, geraten die Energien und Anlagen des Menschen in ein Schicksalskarussell, aus dem es keinen Ausstieg mehr gibt, solange dieser Mechanismus nicht durchschaut wird.

Wie diejenigen, welche die Gesetze der Manipulation nicht kennen, immer wieder Opfer von Manipulationen werden, so bleiben Einzelne ihrem Schicksal ausgeliefert, solange sie um die Gesetze des Schicksals nicht wissen und sie daher nicht in ihr Denken und Handeln einbeziehen können.

DER AUTOR

Hermann Meyer hat sich als Astrologe und Psychologe jahrelang in Theorie und Praxis mit dem Phänomen ‹Schicksal› auseinandergesetzt und in diesem Buch die Quintessenz aus den Erfahrungen mit seinen Klienten und Kursteilnehmern gezogen. Großes Aufsehen in Fachkreisen hat die von ihm entwickelte ‹Astropsychotherapie› erregt. Hermann Meyer lebt und arbeitet in München.

Hermann Meyer

Der Tod ist kein Zufall
Befreiung des verdrängten Lebens

210 Seiten, gebunden

Die meisten sogenannten «Unfälle» und tödlich verlaufenden Krankheiten bei Menschen in jüngeren Jahren sind unerkannte Selbsttötungen. Hermann Meyer schildert Fälle aus seiner Praxis, unterscheidet zehn hauptsächliche Todesursachen - z.B. falschverstandene Konsequenz, verdrängte Sexualität und Aggression, vorgeburtliche Seelenprägungen - und gibt ausser der Erläuterung der gesellschaftlichen Hintergründe auch Hinweise, wie jeder durch eine neue Selbsteinschätzung der eigenen Lebenssituation einem frühen Tod vorbeugen kann. «Der Tod ist kein Zufall» ist trotz seines vielschichtigen Themas leicht verständlich und anschaulich geschrieben, ein Buch, dessen originelle und provokative Thesen den Leser zur Auseinandersetzung auffordern.

Joseph Campbell

Mythologie der Urvölker
Die Masken Gottes - Band I

570 Seiten. Gebunden

Alle wichtigen Elemente der Mythen bis in unsere Tage sind in ihren Frühformen bei den Urvölkern bereits angelegt. Joseph Campbell hat Erkenntnisse aus Archäologie, Ethnologie, Religionswissenschaft und vielen anderen Wissengebieten zu einem Bild der urgeschichtlichen Vorstellungswelten verwoben, das die Verbindung dieses ersten Abschnitts der Geschichte der Mythologien der Welt zur Gegenwart deutlich sichtbar werden lässt. So diente das erste Kapitel dieses Buches als Ideenvorlage zu Stanley Kubriks Film «2001 - Odyssee im Weltraum». Beginnend bei biologisch ererbten Strukturen, ihrer Prägung durch die verschiedenen Lebensabschnitte des Menschen, über die Mythologie der Pflanzer und die der Jäger, reicht die Zeitspanne von Campbells Schilderung bis ca. 2500 v. Chr. Im Zentrum steht für ihn dabei die Wahrheit des Mythos, das heisst, dass der Mythos auf einer äusseren Ebene widerspiegelt, was die Menschen im Innersten bewegt.

Joseph Campbell

Mythologie des Ostens
Die Masken Gottes - Band 2

660 Seiten. Gebunden

Unsere heutige Zeitmessung geht auf die 6000 Jahre alten, in Mythen bewahrten astronomischen Beobachtungen der Sumerer zurück. Es lassen sich viele Beispiele finden, die in MYTHOLOGIE DES OSTENS die grossen östlichen Mythen für unser kulturelles und individuelles Selbstverständnis bewusst und lebendig machen. Ausgehend von der allen gemeinsamen Ursprungsidee, dass das Göttliche innerhalb und ausserhalb des Menschen immer schon vorhanden ist, schildert Campbell die verschiedenen Entwicklungen der Mythologie im vorderen Orient, in den drei grossen Abschnitten der indischen Geschichte und in der chinesischen und japanischen Kultur. Indem er die östlichen Gedankenwelten für den westlichen Leser transparent macht, leistet Campbell mit diesem Buch auch einen wichtigen Beitrag zur Begegnung der Religionen und Kulturen dieser Erde.

SPHINX

Das Neue Selbstverständnis der Frau aus der Quelle antiker Mythen

In diesem Buch wird eine neue Perspektive der Psychologie der Frau entworfen; sie stützt sich auf – bei den griechischen Göttern entlehnte – Frauenbilder, die seit über dreitausend Jahren in der menschlichen Vorstellungswelt lebendig geblieben sind. Diese Psychologie der Frau unterscheidet sich von sämtlichen Theorien, gemäß denen eine «normale» Frau definiert wird, welche einem spezifischen Persönlichkeitsmuster oder einer bestimmten psychologischen Struktur entspricht. Dabei handelt es sich um eine Theorie, die auf der Erkenntnis der Vielfalt normaler Variationen zwischen den Frauen beruht.

Jean Shinoda Bolen
Göttinnen in jeder Frau
Psychologie einer neuen Weiblichkeit
432 Seiten, broschiert

«Ein Buch, das zündet, dessen Reiz – auch für Männer – im spielerisch Analytischen liegt.»
AZ München

«Für Frauen, die sich selbst, und für Männer, die Frauen besser verstehen wollen.»
BuchJournal

Archetypen der männlichen Psyche und ihre praktische Deutung

Das Buch zeigt, wie der Mann seine in ihm wirkenden «göttlichen» Kräfte besser verstehen und einsetzen kann. Frauen hilft es zu erkennen, welche archetypischen Bilder im Mann ihren Vorstellungen entsprechen und welche ihre Erwartungen kaum erfüllen werden. Gestützt auf die Lehre von C.G. Jung erklärt die Autorin, wie sowohl Männer als auch Frauen ein Gefühl der Ganzheit erfahren, wenn sie sich ihrem Wesen entsprechend verhalten. Von den autoritären, machtbegierigen Göttern (Zeus, Poseidon) über die schöpferischen Götter (Apollo der Musische, Hephaistos der Handwerker) zum sinnlichen Dionysos lehrt Bolen die Leser die individuellen Archetypen festzustellen.

«Götter in jedem Mann» hilft Männern *und* Frauen sich selbst und die Beziehungen zu Vätern, Söhnen, Brüdern und Liebhabern besser zu verstehen.

Jean Shinoda Bolen
Götter in jedem Mann
Besser verstehen,
wie Männer leben und lieben
350 Seiten, broschiert